CERCLE DE GYMNASTIQUE RATIONNELLE
FONDÉ LE 1ᵉʳ JANVIER 1880

RÉSUMÉ DE COURS THÉORIQUES

SUR

L'ÉDUCATION PHYSIQUE

Précédé d'un plan d'Enseignement supérieur de la gymnastique

PAR

Georges DEMENY

Préparateur de la station physiologique annexe du Collège de France

(LABORATOIRE DE M. MAREY)

—

PREMIER FASCICULE
1880-1886

—

LE MANS

TYPOGRAPHIE EDMOND MONNOYER

—

1886

ENSEIGNEMENT SUPÉRIEUR DE L'ÉDUCATION PHYSIQUE

PROGRAMME GÉNÉRAL D'UN COURS THÉORIQUE

DE L'ÉDUCATION PHYSIQUE

Destiné au personnel enseignant

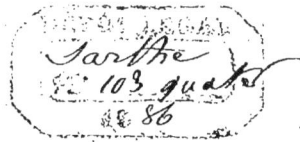

a

PRÉLIMINAIRES

L'éducation physique est nécessaire.

L'homme ne sait se servir de ses organes locomoteurs qu'à la suite d'une longue habitude contractée par la répétition fréquente des mêmes actes musculaires plus ou moins complexes.

Exemples de l'enfant qui apprend à marcher ; des sujets chez qui une mutilation vient tout à coup à modifier la locomotion. Observations générales sur les jeunes animaux qui s'essaient à nager ou à voler.

Aspect d'un jeune homme qui entre pour la première fois au gymnase ; ses tendances à la recherche de l'exagération de la force brutale ; son inaptitude aux mouvements d'adresse ; ses mouvements incoordonnés, sa respiration haletante, ses troubles circulatoires ; finalement, sa fatigue excessive peu en rapport avec le travail produit.

Observations analogues faites sur un apprenti ouvrier livré au travail manuel.

Gaucherie caractéristique des hommes qui ne se sont jamais livrés aux exercices du corps.

Contrastes que présentent les mêmes sujets au bout d'un certain temps consacré à la pratique des exercices.

Il s'est produit chez eux des modifications extérieures qui sont visibles pour tous.

L'étude approfondie de ces modifications peut être faite en observant de plus près les phénomènes physiologiques ; cette étude permet de déterminer, parmi toutes les modifications observées, quelles sont celles qui sont le plus avantageuses et le plus appropriées à la vie que le sujet est appelé à mener ;

elle conduit à la recherche des moyens les plus efficaces pour obtenir des résultats désirés.

Cette étude, toute moderne, donne naissance à un ensemble de connaissances constituant une science nouvelle. Ceux qui s'y consacrent remplissent, par rapport à la *machine humaine*, un rôle semblable à celui des *ingénieurs-mécaniciens* qui s'occupent de la meilleure utilisation des forces de la nature.

On peut leur donner le nom d'*ingénieurs biologiques*. De leurs travaux doit ressortir une systématisation de l'éducation physique, construite avec les nombreux matériaux amassés par l'empirisme.

Rôle de M. Marey dans l'évolution de cette nouvelle science. Fondation de la Station Physiologique du Parc-des-Princes. — Travaux qui s'y élaborent.

Le fait important qui frappe d'abord l'observateur, c'est que la modification saillante qui se produit chez l'homme par l'exercice, est beaucoup moins l'augmentation absolue de la force musculaire que la meilleure économie, la meilleure application de cette force à une résistance à vaincre.

De cette observation générale, on est autorisé à formuler comme il suit la définition de l'éducation physique :

L'éducation physique est l'ensemble des moyens destinés à apprendre à l'homme à exécuter un travail mécanique quelconque avec la plus grande économie possible dans la dépense de force musculaire.

Il y a donc autant d'éducations spéciales qu'il y a de formes de travail à accomplir; la *Gymnastique* comprise dans cette définition, se propose de perfectionner la locomotion de l'homme ainsi que ses organes locomoteurs.

La Gymnastique intéresse la Patrie et la Société, parce qu'elle augmente le rendement utile de chaque individu, qu'elle augmente ainsi le rendement collectif de la Patrie et de l'Humanité. Elle aide l'art militaire pour cette même raison, mais à la condition qu'elle se propose le double but bien défini :

1° D'exercer les organes locomoteurs de l'homme, afin de lutter contre leur leur atrophie et les mauvaises conditions de santé générale qui sont la conséquence de l'inactivité musculaire ;

2° De perfectionner la locomotion de l'homme, en le familiarisant avec des pratiques qui trouvent leur application dans la vie sociale, principalement dans la vie militaire, augmentent les moyens de sauvegarde et de défense dont il peut tirer bénéfice pour lui-même et ses semblables ; la *force* une fois acquise devant toujours être dominée par la *moralité*.

Si l'on accepte ce but final de la Gymnastique ainsi défini, on doit accepter aussi tous les moyens qui y tendent et qui composent ce qu'on appelle la *méthode*.

Toutes les désaccords sur ce sujet proviennent de ce que l'on discute sur les moyens en perdant de vue le but final.

On s'égare en effet si, au lieu de circonscrire l'éducation physique dans de sages limites, on la confond avec la recherche de l'exagération de la force musculaire et de l'habileté excessive à vaincre des difficultés de pure fantaisie, imaginées pour servir de spectacle et satisfaire la vanité, sans bénéfice réel pour l'individu et la société.

Cette branche de l'Education physique, que l'on appelle *acrobatie*, offre cependant l'intérêt de montrer quelle perfection peut atteindre l'adresse corporelle, et de combien, par un travail persévérant, peuvent être reculées les limites du perfectionnement physique chez quelques sujets.

Cependant, il ne faut pas se faire illusion sur elle ; si elle semble se jouer de la pesanteur et de toutes les difficultés matérielles, en réalité, elle ne fait qu'étonner, et la plupart des difficultés qu'elle met en jeu sont factices et demandent des conditions irréalisables dans la vie.

Cette aberration de la Gymnastique serait dangereuse à propager, et il faudrait se garder de confier la direction de l'enseignement de l'éducation physique, soit des Ecoles, soit des Sociétés de Gymnastique, à des professeurs qui perdraient de vue le but élevé ainsi que la saine influence sociale vers laquelle doit toujours tendre leur activité et qu'on doit exiger d'eux.

En résumé, la Gymnastique se propose d'obtenir par l'éducation la meilleure utilisation de la force musculaire de l'homme, tant dans la locomotion proprement dite ou les allures normales, marche, course, saut, que dans les applications militaires et sociales, sauvetage, transport des fardeaux maniement des armes.

Les moyens qu'elle emploie pour arriver à cette économie peuvent être systématisés et se résumer en une série d'exercices musculaires, dont les uns sont exclusivement destinés à amener dans la structure de l'homme des modifications incontestablement utiles, qui constituent son perfectionnement physique. *Leur ensemble constitue la Gymnastique de développement ou des écoles.*

Les autres consistent dans l'application des résultats obtenus et dans la recherche du meilleur parti à en tirer, surtout au point de vue militaire, *et forment la Gymnastique d'application.*

Ici se place donc l'étude des modifications persistantes ou passagères qui se manifestent chez l'homme par la pratique de l'exercice musculaire, et l'indication des moyens connus qui hâtent la production des résultats utiles.

Nous avons recueilli à ce sujet un ensemble de faits qui peut déjà constituer une doctrine et fournir la base d'un enseignement nouveau, *l'Enseignement théorique de la Gymnastique.* Nous les énumérons ci-après.

PREMIÈRE PARTIE

Principes fondamentaux au moyen desquels peut être constitué un Enseignement théorique de la Gymnastique

I

MODIFICATIONS IMPORTANTES QUI SE MANIFESTENT SPONTANÉMENT CHEZ L'HOMME PAR LA PRATIQUE DE L'EXERCICE MUSCULAIRE ET QUE L'ON PEUT VOLONTAIREMENT PRODUIRE PAR L'ÉDUCATION

Gymnastique de développement

§ 1. — MODIFICATIONS PERSISTANTES A RECHERCHER DANS LA STRUCTURE DE L'HOMME

A. — *Modifications générales du squelette.*

Actions des muscles sur les os.

Influence de la pesanteur, influence des attitudes dans les professions diverses.

Ossification hâtive chez les enfants livrés à un travail musculaire prématuré; soudure des épiphyses et arrêt de croissance.

Les mouvements de force doivent être exclus de la gymnastique des enfants. On ne doit pas rechercher chez eux le développement musculaire excessif, mais bien l'harmonie, l'adresse et la souplesse dans les mouvements.

Modifications qui se produisent dans les os chez le vieillard.

B. — *Modifications générales du système musculaire.*

Utilité d'un développement musculaire modéré :

Au point de vue de la santé ;

Au point de vue de la force.

Dangers d'un développement exagéré

Inintelligence des athlètes.

Recherche de l'harmonie dans le développement musculaire, au moyen de la *gymnastique générale.*

L'harmonie musculaire qui constitue la beauté n'existe point ou rarement dans l'état actuel de la vie sociale.

EXEMPLES : Sujets qui ne font point de gymnastique et qui n'ont point de métier manuel ;

Sujets ne faisant pas de gymnastique et ayant un métier manuel ;

Sujets ne faisant qu'une gymnastique spéciale ;

Lois du développement des muscles.

Tout acte musculaire peut être étudié sous quatre rapports :

    A. L'intensité de la contraction ;

    B. L'amplitude du mouvement produit ;

    C. La durée de la contraction ;

    D. La répétition ou la fréquence de la contraction

A. — L'intensité de la contraction ; ses limites ;

    Danger de l'exagération ; rupture de muscles.

B. — L'amplitude du mouvement doit être complète.

Adaptation du muscle à la forme du travail qu'on lui fait exécuter.

Conditions de la souplesse.

Mouvements des Suédois.

Inconvénients des appareils fixes.

C. — La durée de la contraction ou la cadence du mouvement doit varier avec *la masse du segment à mouvoir;* raisons mécaniques.

Il faut éviter les chocs inévitables dans les mouvements brusques.

Dans les mouvements composés, chaque mouvement partiel doit conserver le rythme qui lui est propre.

D. — La fréquence de la contraction est en rapport avec le travail produit dans cette contraction et la grosseur des muscles mis en jeu.

La fatigue ne doit jamais être atteinte.

Il est bon d'exécuter alternativement les mouvements des membres supérieurs et ceux des membres inférieurs.

Haltes nécessaires.

C. — *Fixation de l'épaule en arrière.*

Anatomie sommaire du squelette, des articulations et des muscles de l'épaule.

Mobilité de l'épaule.

Equilibre de l'épaule.

Influence de la pesanteur et des atrophies musculaires.

Muscles fixateurs de l'épaule.

Utilité de leur développement au point de vue de l'énergie des mouvements du membre supérieur et de la dilatation thoracique.

Mécanisme de la circumduction du bras.

Mouvements propres au développement des muscles fixateurs de l'épaule. Prédominance nécessaire des muscles *grands dorsaux* sur les *pectoraux.*

Tractions horizontales sollicitant les *rhomboïdes* et les *trapèzes.*

Suspensions à l'échelle horizontale et aux perches fixes développant les grands dorsaux.

Défectuosité des appareils de suspension à distance variable, comme les anneaux.

D. — *Ampliation du thorax.*

Description du thorax, — sa structure, ses articulations, sa forme, ses diamètres.

Avantage de l'ampliation thoracique au point de vue de la capacité pulmonaire.

Mécanisme de la dilatation de la cage thoracique. Influence du redressement des courbures de la colonne vertébrale et de l'élévation des côtes.

Augmentation de l'amplitude des mouvements des côtes au moyen d'exercices souvent répétés et qui produisent forcément la dilatation thoracique.

Influence des attitudes, des vêtements, de l'exagération de la courbure du dos, de la position vicieuse des épaules.

Valeur relative des mouvements usités dans les gymnases, au point de vue de la dilatation thoracique; détermination expérimentale.

Influence des mouvements suivants :

Mouvement horizontal des bras tendus, exagération de ce mouvement, par une traction d'avant en arrière;

Rotation des bras;

Abduction modérée des bras en arrière ;

Abduction exagérée à la suspension (renversement aux anneaux);

Abduction à l'appui (mouvements aux barres à fond) ;

Élévation des bras ;

Suspension allongée, maximum de dilatation ;

Suspensions fléchies, mains écartées, mains réunies;

Effet indifférent ou mauvais de l'appui tendu, suivant le mode d'exécution du mouvement (progressions aux barres parallèles).

E. — *Solidité des parois abdominales.*

Muscles des parois abdominales.

Points faibles de ces parois. — Rôle des muscles abdominaux dans l'expiration, le chant, la défécation, l'accouchement.

Atrophie qu'ils présentent en général.

Utilité de leur développement. Hernies et exagération de l'ensellure.

Mouvements spéciaux propres à développer les muscles abdominaux.

F. — *Modifications du système nerveux.*

Idée sommaire de la coordination des mouvements.

Complexité des actes musculaires.

La contraction isolée d'un muscle n'est pas normale.

La perfection des mouvements demande le concours d'un certain nombre de muscles dont le rôle est différent. Ce sont :

Les muscles spéciaux, directeurs, fixateurs des points fixes et modérateurs.

Associations musculaires, groupes synergiques.

Perfectionnement possible de la coordination des mouvements qui sont sous la dépendance de la volonté.

Sujets coordonnés et sujets incoordonnés.

Moyens d'améliorer la coordination des mouvements.

Mouvements simples et lents amenant l'indépendance des mouvements. — Influence de l'habitude, de l'âge.

Limite variable de cette amélioration en rapport avec la constitution cérébrale, la volonté, l'intelligence, la délicatesse des sens et la perception des sensations.

Équilibristes, Musiciens, etc.

Coordination de la respiration volontairement obtenue dans la marche, la course, les exercices de grimper, la natation,etc.

Substitution des grandes respirations lentes aux petites inspirations fréquentes; modifications persistantes dans le mécanisme respiratoire des coureurs.

§ 2. — MODIFICATIONS MOMENTANÉES DE L'ACTIVITÉ DES ORGANES SOUS L'INFLUENCE DE L'EXERCICE MUSCULAIRE

Relations intimes entre les fonctions de la vie organique.

Influence générale de l'activité musculaire sur les fonctions, en particulier sur la circulation et la respiration.

Influence de la respiration sur la circulation.

Différentes manières de respirer.

De l'effort, ses dangers.

Dilatation du cœur droit chez les sujets qui abusent de l'effort.

Raisons pour conseiller de cesser progressivement l'effort.

Influence de l'exercice musculaire sur l'activité cérébrale.
De l'entraînement.
Etat particulier des sujets entraînés ;
Aperçu des méthodes d'entraînement des boxeurs et des coureurs.

II

Gymnastique d'application

Règles générales de l'économie du travail musculaire.

A. — Economie dans l'intensité de la contraction ou la dépense d'excitation nerveuse.

B. — Economie dans la somme du travail en limitant la contraction à un groupe de muscles absolument utiles à un mouvement déterminé.

Qualités de souplesse innées chez certains sujets.

Souplesse acquise par les exercices et envisagée comme la réalisation de l'économie dans le travail musculaire. Utilité de la correction parfaite des mouvements.

Analyse des mouvements facilitant leur correction.

Bases sur lesquelles on peut s'appuyer pour juger de la qualité d'exécution d'un mouvement.

Étude des allures normales de l'homme

MARCHE DE L'HOMME

Description. — Appui du pied, suspension, double appui.

Relations entre la longueur du pas et le rythme.

Relations entre la vitesse de progression et le rythme.

Influence de la taille, de la charge, de la nature du sol, de la forme de la chaussure, de la fatigue.

COURSE DE L'HOMME

Description. — Parallèle de la marche et de la course.

Variation de la longueur du pas et de la vitesse de progression en fonction du rythme.

Influence de la taille, de la charge, de la nature du sol, de la chaussure, de la fatigue.

SAUTS

Préparation au saut, impulsion, suspension, chute.

Saut vertical.

Saut oblique de pied ferme.

Sauts précédés d'une course dits en hauteur ou longueur.

Influence du mouvement des bras pendant la préparation du saut. Emploi de masses additionnelles.

Variation de la pression des pieds pendant l'impulsion.

Influence de la nature du sol. Tremplins.

Définition et forme du coup de jarret.

Influence de l'élasticité des muscles sur la restitution du travail qui leur est communiqué.

Définition de la hauteur du saut.

Relation entre la hauteur du saut, l'impulsion et le poids du corps.

Avantage de deux sauts successifs.

Trajectoire des points remarquables du corps pendant la suspension du saut.

Hauteur franchie. — Influence de l'attitude pendant la suspension sur la hauteur franchie; données pratiques.

Qualité de la chute.

Forme de la chute suivant la nature des sauts et suivant la nature du terrain.

Importance de la course préalable dans la longueur du saut; son importance moindre sur la hauteur du saut.

Influence de la longueur du pied, du poids, de la taille sur la longueur et la hauteur des sauts.

MESURE DU TRAVAIL MÉCANIQUE PRODUIT DANS LA LOCOMOTION HUMAINE

Travail dans les sauts.

Travail dans la marche et la course.

Variation de ce travail en fonction du rythme.

Allures avantageuses, allures défectueuses.

Des manières économiques de franchir une distance donnée et de franchir la plus grande distance possible dans un temps donné.

Résistance à la fatigue obtenue par l'économie dans la dépense du travail.

De la marche des hommes en troupe.

Marches militaires.

De la course de vélocité et de la course de résistance.

Du grimper, de la natation, des sauvetages.

De l'utilisation des forces de l'homme au moyen de machines :

Vélocipède, canot, patins, treuil des carriers, manivelles, etc.

III
Des appareils de gymnastique

Les appareils employés pour diriger les efforts et susciter des réactions musculaires convenables sont portatifs ou fixes; ils utilisent comme résistance à vaincre, leur propre poids ou le poids du corps lui-même.

Les appareils à contrepoids, les tiges rigides et poignées pour luttes deux à deux, permettent des mouvements plus généraux.

Les appareils d'application, les obstacles, instruments de grimper et d'escalade, les armes, etc., habituent le gymnaste à savoir tirer parti de sa force acquise et à l'appliquer dans des situations difficiles et périlleuses.

En général, les appareils de gymnastique doivent avoir un but utile et déterminé. Ils doivent être adaptés à l'organisation de l'homme et considérés, soit comme des moyens de développement, soit comme des moyens d'acquérir une adresse et de se familiariser avec des pratiques qui peuvent trouver leur application dans la vie.

La classification des appareils ne peut être faite que si l'on étudie les propriétés et la nature des mouvements qu'ils permettent d'exécuter, ainsi que les efforts musculaires qu'ils suscitent.

Données sur la construction des appareils de gymnastique.

DEUXIÈME PARTIE

Plan d'un Enseignement théorique de la Gymnastique destiné aux Professeurs

I
Généralités

But de la Gymnastique au point de vue individuel et social.

Développement du corps, conservation de la santé et de la force, résistance à la fatigue, adresse corporelle.

La gymnastique doit faire partie de l'éducation complète : physique, morale et intellectuelle.

Son enseignement, pour être complet et élevé, doit donc contenir tout ce qui touche à ces trois grandes parties de l'éducation. C'est dire qu'il doit renfermer :

1° Ce qui se rapporte à *l'homme* considéré comme *individu* (principes de l'hygiène et de l'entraînement, application dans les cas de sauvetage);

2° Ce qui se rapporte à l'homme considéré comme faisant partie d'une *société* (principes de morale, virilité inspirant l'horreur de la mollesse et des mauvaises mœurs, force mise au service de la justice et du droit, dévouement à sa patrie et à son semblable) ;

3° Ce qui est la part de l'intelligence (analyse et étude des moyens employés, contrôle des résultats et discussion basée sur la raison et l'expérience; notions historiques).

Moyens employés en gymnastique, bases de l'enseignement.

Le seul moyen employé dans la gymnastique des écoles et des sociétés étant le mouvement volontaire, ce n'est que de la qualité de ces mouvements et de leur coordination que dépend l'excellence du résultat.

Donc, si la gymnastique est la base d'une éducation complète, l'étude des mouvements est la base de l'enseignement de la gymnastique.

L'étude des mouvements peut se faire à deux points de vue :

L'étude ou analyse des mouvements au *point de vue mécanique*, qui consiste, étant connue la structure de l'appareil locomoteur, à déterminer quels sont les organes du mouvement mis en jeu dans un exercice déterminé et, réciproquement, quels sont les exercices au moyen desquels on peut faire fonctionner un groupe restreint de muscles et d'articulations.

Utilité de cette étude dans l'enseignement et dans la discussion ;

L'étude des mouvements au *point de vue physiologique*, qui consiste à se rendre compte des effets que produisent les mouvements sur le développement de l'homme et sur l'activité des fonctions de premier ordre, à savoir : la circulation du sang, la respiration, les fonctions du système nerveux, sécrétions et excrétions, etc., au bon accomplissement desquelles tous les mouvements doivent être subordonnés.

Utilité des connaissances théoriques pour le moniteur de gymnastique.

Sachant analyser les mouvements, le moniteur pourra les choisir et les varier de telle sorte que le travail musculaire soit harmonieusement réparti et que les mouvements articulaires soient totalement exécutés.

Ayant des notions sur l'influence de l'exercice, sur les fonctions principales, il surveillera ses élèves et pourra éviter qu'il se manifeste chez eux des désordres du côté de la circulation du sang et de la respiration.

Le moniteur ne perdra donc *jamais de vue le corps humain* et les modifications apportées durant l'exercice par le travail musculaire.

II

De l'analyse des mouvements

Le mouvement est la principale manifestation de la vie.

L'activité musculaire régie par le système nerveux retentit sur toutes les autres fonctions.

L'analyse des mouvements nécessite des connaissances élémentaires de mécanique :

Notions de mécanique animale indispensables à l'analyse des mouvements ;

Forces qui produisent les mouvements ;

Forces motrices, résistance à vaincre ;

Tous les mouvements se réduisent à ceux du levier ;

Notions d'anatomie et de physiologie des mouvements ;

Etude sommaire des organes de la locomotion au point de vue uniquement mécanique.

Organes passifs. — Squelette et articulations du squelette.

Dénomination des mouvements des membres et du tronc.

Comparaison des mouvements du membre supérieur et du membre inférieur ; limite de ces mouvements imposée par la structure des articulations.

Organes spéciaux du mouvement. — Muscles ; propriétés mécaniques ; notions sur leur structure.

Contraction musculaire ; rapports des muscles avec les os ; leur groupement sur le squelette, leurs principales fonctions ; influence de leur situation sur l'effet de leur contraction et sur le mouvement produit.

Notions sur les principaux groupes de muscles du corps humain classés d'après les mouvements qu'ils produisent.

Règles générales pour l'analyse des mouvements.

Analyse et classification des mouvements :

Stations ; différents modes de station ; suspension ; appui.

Mouvements pendant la station.

Progressions : marche, course, saut.

Grimper, natation, locomotions indirectes.

III

De la leçon de gymnastique

La leçon de gymnastique est l'ensemble des moyens propres à atteindre dans le plus bref délai possible, en tenant compte des exigences sociales, le but défini précédemment, en lui conservant tous ses caractères hygiéniques, intelligents et moraux.

Qualités que doit remplir la leçon de gymnastique

1º Elle doit être *complète* et *utile*

Elle doit renfermer tous les moyens directs d'arriver promptement au développement physique, à la conservation de la santé dans le milieu où chacun doit vivre, à la résistance à la fatigue et à l'adresse corporelle utilisable dans la pratique.

La leçon sera *complète* si toutes les articulations ont été mises en jeu, si tous les mouvements qu'elles comportent ont été exécutés largement en donnant même à ceux qui se pratiquent le moins dans la vie ordinaire ou dans la profession de l'élève, une prédominance marquée.

Une leçon complète et bien graduée ne doit produire aucun accablement, aucune lassitude persistante.

La leçon sera *utile*, à tous les points de vue, si l'on joint aux moyens de développement et d'entraînement les applications de la gymnastique dans l'armée, le maniement des armes, etc.

Plan d'une leçon.

Leçon de plancher.

Gymnastique aux appareils.

Parallèle des mouvements de plancher et des mouvements aux appareils.

Choix des exercices et importance relative que l'on doit donner à chacun d'eux.

Points spéciaux importants vers lesquels il est utile de diriger l'enseignement gymnastique.

Qualités d'exécution des exercices.

Comparaison des sujets au point de vue de l'exécution des mouvements, en particulier dans la marche, la course, les sauts.

Du rôle de soutien du moniteur pour aider l'exécution des mouvements et parer au danger des chutes.

Défauts constants que l'on a à corriger chez les élèves nouveaux.

2ª Elle doit être graduée, intéressante, conduite avec ordre et énergie

Modification de la leçon suivant les âges, les constitutions, la coordination acquise dans les mouvements.

Pourtant la leçon sera unique au fond, car il n'y a qu'une seule organisation humaine. Dans la même leçon il y aura graduation dans l'intensité des mouvements.

Manière d'apporter de la variété dans les exercices sans nuire aux qualités générales de la leçon. Équivalence des exercices. Il serait à souhaiter que le moniteur donnât des explications sur l'utilité des mouvements qu'il fait exécuter.

Il est indispensable que la discipline soit bien observée, afin de perdre le moins de temps possible. Le gymnaste doit s'accoutumer à savoir obéir, à discipliner son corps et son esprit, car il ne doit pas perdre de vue qu'un jour il doit prendre place dans les rangs de l'armée. Son devoir est alors de faire honneur à l'enseignement qu'il a reçu dans les écoles et les sociétés de gymnastique.

IV

Notions sur l'hygiène des exercices de corps

Hygiène de l'alimentation.

Inconvénients de la leçon prise immédiatement avant ou après les repas.

Avantages et inconvénients de la leçon en plein air.

Influence de la saison, de la température, de la nature du sol.

Inconvénients de la leçon en local clos; ventilation insuffisante; poussières dans l'atmosphère, éclairage au gaz; humidité des vêtements; heures et locaux les plus convenables.

Hygiène du vêtement.

Usage de la chemise de flanelle large.

Bottines sans talons, à semelles larges et bouts carrés.

Pantalon légèrement serré à la cheville et sans poches.

Arguments contre la ceinture large non élastique, ainsi que contre l'usage des gilets sans manches.

Soins de la peau; ablutions.

Influence salutaire des exercices de corps au point de vue de la santé générale.

Accidents qui peuvent survenir dans les gymnases; premiers secours à donner aux blessés.

V

De la constatation des résultats au moyen des mensurations

Données pratiques pour populariser utilement les mensurations dans les écoles et les sociétés de gymnastique.

Feuilles de mensurations; pesées; dynamométrie; mesures intéressantes au point de vue de la locomotion.

Mesure extérieure du thorax; spirométrie.

CERCLE DE GYMNASTIQUE RATIONNELLE

FONDÉ LE 1er JANVIER 1880

RÉSUMÉ DE COURS THÉORIQUES

SUR

L'ÉDUCATION PHYSIQUE

Précédé d'un plan d'Enseignement supérieur de la gymnastique

PAR

Georges DEMENY

Préparateur de la station physiologique annexe du Collège de France

(LABORATOIRE DE M. MAREY)

PREMIER FASCICULE

1880–1886

LE MANS

TYPOGRAPHIE EDMOND MONNOYER

1886

PRÉFACE

On a généralement, chez nous, l'habitude de considérer la gymnastique à un point de vue fort restreint, au lieu de lui laisser le caractère de généralité qui la rend si digne d'intérêt.

Les uns n'en voient que les effets exagérés, le développement excessif des muscles, la recherche de l'adresse corporelle poussée jusqu'à la témérité.

Les autres ne l'envisagent qu'au point de vue militaire et patriotique.

Il y a de chaque côté une manière de voir exclusive, insuffisante, qui en rapetisse la portée et nuit à son développement.

Entre les mains des premiers, l'enseignement de la gymnastique est empirique, il perd toute élévation, développe la sotte vanité que donne la conscience de la force musculaire dans un esprit inculte et prépare des accidents en abusant l'homme sur les moyens dont il dispose. De plus, il éloigne le faible et ceux qui n'ont pas la moindre envie d'acquérir des talents acrobatiques parce qu'ils n'en reconnaissent pas l'utilité dans la vie.

Entre les mains des seconds, l'enseignement devient l'application inintelligente d'une théorie stéréotypée, présentant l'inconvénient de toute obéissance passive, sans conviction.

Aussi, dans les deux cas, la gymnastique est-elle bientôt délaissée à l'âge viril, alors que le plaisir enfantin de faire parade de ses forces a fait place à des préoccupations plus sérieuses et que l'on n'est plus soumis aux programmes des lycées et du service militaire.

Il en serait tout autrement si, dès l'école, l'enseignement de la gymnastique revêtait une forme moins spéciale, s'il était présenté comme un ensemble de règles d'hygiène d'une utilité aussi indiscutable que celles de la morale, règles que chaque citoyen doit posséder en lui pour savoir se diriger dans la vie et acquérir ainsi une véritable indépendance.

Or, comme tous désirent la santé, convoitent une longue et verte vieillesse, il n'est pas douteux que tous aussi, s'ils en avaient la conviction, prendraient l'habitude de se livrer à des pratiques qui leur procureraient certainement ces bienfaits indisputés.

C'est là le vrai point de vue auquel on doit considérer l'éducation physique, c'est le seul vraiment digne d'intérêt car il trouve dans la vie son application quotidienne.

Le point de vue militaire en est une conséquence toute naturelle, une spécialisation facile à réaliser; et, pour cela, il n'est pas besoin de longues années passées sous les armes; quelques mois d'instruction militaire feront d'un homme maitenu constamment en bonne santé par l'entraînement, un soldat parfaitement résistant qui, rentré dans ses foyers, sera toujours préparé aux fatigues de la guerre, car il n'abandonnera pas les pratiques qui lui ont été enseignées à l'école, devenues pour lui un véritable besoin et faisant désormais partie intégrante de sa vie privée.

Nous avons donc la conviction que, pour que la gymnastique soit tout à fait généralisée, il faut qu'elle ait un but compris de tous, qu'elle se compose de moyens prompts, certains, accessibles à tous et que son enseignement revête un caractère sérieux et élevé.

Son but sera compris de tous s'il concourt à l'*éducation complète* physique, morale et intellectuelle qui doit, avant toutes choses, préparer l'homme au milieu dans lequel il est appelé a vivre, lui donner les moyens de se diriger dans ce milieu et la faculté de conserver l'équilibre entre la force physique et la force intellectuelle, sans lequel il doit vite succomber dans la lutte quotidienne.

Les moyens seront prompts, certains, et accessibles à tous s'ils ont été raisonnés, discutés scientifiquement et confirmés par l'expérience. Ils seront alors d'une simplicité extrême si on les compare à toute cette complication, fruit de l'ignorance première, que l'on rencontre encore dans les gymnases modernes.

Les conditions les meilleures pour que l'homme puisse se développer physiquement, à coup sûr, dans le plus court espace de temps possible, sont un problème susceptible de solution précise, et du domaine de la biologie. L'on ne peut s'expliquer que ces questions d'un intérêt direct pour l'humanité et, à ce titre, plus intéressantes que les vaines spéculations qui visent la recherche des causes premières, n'aient été un objet d'étude pour nos grands biologistes que si l'on a vu de près l'état actuel de l'enseignement et de la pratique de la gymnastique. On conçoit seulement alors que l'éloignement des savants n'a d'autre cause que le manque absolu de points de contact avec les praticiens.

Mais cet état doit changer, l'éducation physique attire déjà l'attention des hommes éminents à la tête de l'instruction publique. Ceux-ci y apporteront des réformes sérieuses et positives, hâteront son évolution, et verront même s'élargir le champ de leurs investigations en introduisant dans la thérapeutique les immenses ressources de l'exercice et de l'hydrothérapie.

C'est là qu'est l'avenir de la gymnastique en France.

Son enseignement devra être à la hauteur de son importance, il sera dirigé par des hommes dont les connaissances étendues, appliquées spécialement à l'éducation physique, donneront à celle-ci tout son développement et toute sa certitude en lui maintenant un caractère élevé.

Toutes les branches de cet enseignement pourraient former des chaires spéciales où seraient popularisées : la pédagogie, la science des mouvements au point de vue mécanique et physiologique, la thérapeutique par le mouvement appelée vulgairement *gymnastique médicale*.

Ces connaissances réduites s'étendraient jusqu'à l'école où l'on ne verrait plus des hommes spéciaux s'étant formés eux-mêmes et ne pouvant acquérir de supériorité sur leurs élèves qu'en développant devant eux des talents de force et d'adresse, altérer la forme de l'éducation physique et préparer pour un temps très rapproché l'abandon des exercices corporels.

C'est pour aider dans la mesure de nos forces à cette evolution de la gymnastique et nous rendre utiles aux praticiens qui ressentent le besoin de se perfectionner que nous avons écrit cette analyse des mouvements.

Ce petit ouvrage, qui pour être complet, demanderait de longs développements, renferme les questions traitées par nous dans les cours faits au sein du cercle de gymnastique rationnelle; la méthode analytique est la seule qui nous ait semblé devoir servir de base à toutes les discussions, jeter quelque clarté sur la valeur relative des exercices et diriger l'enseignement vers ces trois buts principaux :

Le développement musculaire harmonieux, l'ampliation du thorax, la régulation et l'activité des fonctions circulatoire et respiratoire, buts ayant pour résultat final commun : la résistance à la fatigue et aux causes morbides, enfin, l'augmentation de la somme du travail musculaire et du rendement humain.

Nous sommes heureux si ce résumé de nos méditations faites sur les exercices du corps après une longue et ardente pratique, peut montrer à quelques professeurs combien leur science est vaste et susceptible de précision, s'il éveille en eux des idées nouvelles, si nous contribuons enfin à introduire le raisonnement, c'est-à-dire la lumière au milieu de faits nombreux sans classement et sans coordination.

Dans tous les cas, cet essai est un acheminement vers l'état positif de la science de l'éducation physique de l'homme.

C'est un degré qu'elle doit franchir a moins qu'elle soit condamnée à rester en deçà, entre les mains des empiristes.

G. DEMENY.

Février 1881.

ETUDE ÉLÉMENTAIRE

DES MOUVEMENTS GYMNASTIQUES

AU POINT DE VUE MÉCANIQUE ET PHYSIOLOGIQUE

PREMIÈRE PARTIE

CONSIDÉRATIONS GÉNÉRALES

But et importance de la Gymnastique. — La Gymnastique est une science qui a pour but de réveiller chez le faible le ralentissement de la vie organique, de rétablir et de conserver chez lui, jusque dans l'âge avancé, l'harmonie des fonctions, c'est-à-dire la santé; enfin de le rendre fort, de lui apprendre à être maître de son corps et à augmenter en un mot les ressources de sa vie de relation.

1° Elle est *morale et la base de l'éducation de l'homme*, car elle lutte chez lui, enfant ou adulte, contre les causes nombreuses de dégénérescence de la vie des villes et lui inspire l'amour de la vigueur, l'horreur de la faiblesse et de tout ce qui peut y conduire.

2° Elle est *prophylactique, hygiénique et médicale*, car elle est un moyen indispensable, presque infaillible, de prévenir les maladies et même d'en guérir quelques unes alors qu'elles se sont déclarées.

3° Enfin elle est *patriotique*, car elle donne au citoyen le moyen d'augmenter sa force, son adresse et sa résistance à la fatigue, d'acquérir toutes les qualités viriles, d'en doter ses descendants et par cela même de participer à la régénération, à la défense et à la grandeur de la patrie.

Moyens qu'elle emploie. — Le seul moyen employé en gymnastique, si l'on excepte la gymnastique passive, le massage, l'hydrothérapie et l'électrisation, est la contraction musculaire volontaire, soit pour produire des mouvements, soit pour résister contre une réaction convenablement dirigée. Mais ce n'est que de la qualité propre de ces mouvements et de leur coordination que dépend l'excellence du résultat.

Donc, *si la Gymnastique est la base de l'éducation, la science des mouvements est la base de la Gymnastique.*

L'étude des mouvements est double, elle comprend :

1° *L'étude des mouvements en eux-mêmes,* au point de vue mécanique, qui consiste, étant connue la structure du squelette et la disposition des muscles, à déterminer quels sont ceux de ces organes mis en jeu dans un exercice déterminé, et, réciproquement, quels sont les exercices au moyen desquels on peut faire fonctionner un groupe restreint et déterminé de muscles et d'articulations.

Cette étude permet de grouper et de classer les exercices analogues, de les différencier entre eux, de faire la part des actions musculaires et des forces qui entrent en jeu dans l'équilibre ou dans les mouvements du corps, dans les stations ou dans les allures. Elle est la clef de l'enseignement et de l'analyse.

2° *L'étude des mouvements au point de vue physiologique* qui consiste, la physiologie élémentaire étant supposée connue, à se rendre compte des effets que produisent les mouvements sur les fonctions de premier ordre de la circulation, de la respiration, du système nerveux, des excrétions, etc., au bon accomplissement desquelles tous les mouvements doivent être subordonnés.

Appareils. — Pour diriger les efforts et susciter des réactions musculaires convenables, on emploie en gymnastique divers appareils. Les uns, portatifs, sont des corps pesants : haltères, massues, barres à sphères, etc., agissant comme forces extérieures verticales toujours de haut en bas ou seulement comme des liaisons. D'autres utilisent, comme résistance à vaincre, le poids du corps lui-même et forment deux classes suivant qu'ils servent à l'appui ou à la suspension et ont pour types les barres parallèles et la barre horizontale. Il existe encore des appareils plus complets qui permettent de diriger l'effort dans une direction déterminée. Ce sont les appareils à contrepoids, les tiges rigides, les poignées servant aux luttes ou oppositions de deux gymnastes.

Enfin, il est divers obstacles par lesquels on habitue l'homme à savoir tirer parti de la force acquise par les moyens précédents, et à l'appliquer dans des situations difficiles et périlleuses. Exemple : les fossés sautirs, les talus, les planches à rainures et à rétablissement, les instruments servant à grimper et à escalader. Les armes rentreraient aussi dans cette catégorie.

Néanmoins, *tous les appareils doivent avoir un but déterminé. Ils doivent être adaptés à l'organisme humain et considérés, soit comme des moyens de développement, soit comme des moyens d'acquérir une adresse et de se familiariser avec des pratiques qui peuvent trouver leur application dans la vie.*

Vêtement. — Le costume doit avant tout ne gêner en rien les mouvements des membres et être assez chaud pour préserver des refroidissements. La bottine sera préférée au soulier comme maintenant mieux l'articulation du pied, elle sera sans talon, la semelle large, permettant aux orteils de s'étaler sur le sol; peu serrée, si elle est à lacets. Le pantalon de toile boutonné à la cheville est d'un excellent usage; il sera assez large pour laisser faire avec aisance les flexions des membres inférieurs, sans poches latérales et bien boutonné sur le devant. Il sera assez serré pour tenir sur les hanches, la ceinture à boucles sera rejetée, elle blesse le professeur et ne suit pas les mouvements de dilatation de l'abdomen.

La ceinture de serge étroite, longue et sans boucle, faisant trois ou quatre fois le tour du corps est d'une assez bonne pratique. Nous sommes loin pourtant de partager cette opinion que la ceinture est préservatrice des hernies, tout au contraire; la meilleure que l'on puisse posséder contre ces accidents est sans contredit la sangle naturelle formé par les muscles abdominaux.

Nous n'approuvons pas non plus l'habitude de tenir les bras nus. Si elle flatte la coquetterie des jeunes gymnastes qui aiment à étaler les reliefs de leurs muscles naissants, elle présente l'inconvénient réel de laisser la peau sans protection contre les froissements et les écorchures, puis de refroidir suffisamment les membres pour y ralentir la circulation du sang. La chemise de flanelle large et flottante, peu serrée aux poignets et au cou, a cet avantage d'absorber la sueur à mesure qu'elle se produit, de prévenir les refroidissements. Seulement elle a le défaut d'être d'un prix assez élevé et de se rétrécir beaucoup par le lavage.

Il serait hygiénique, après la leçon de gymnastique, de changer le linge qui s'est imbibé de sueur, c'est-à-dire les chaussettes, caleçons et gilet de flanelle qu'on aurait pu conserver.

De la Leçon de Gymnastique. — La leçon de gymnastique doit être dirigée *en ne perdant jamais de vue le corps humain* et les modifications que l'on apporte dans ses fonctions.

C'est dire que le professeur sera avant tout intelligent et instruit.

Elle doit être *graduée, complète, intéressante, conduite avec ordre et énergie.*

1° *Elle doit être graduée,* c'est-à-dire en rapport avec l'âge, les forces et la constitution de l'élève. De plus, l'énergie des mouvements devra croître du commencement au milieu de la leçon, être maximum en ce point pour diminuer ensuite jusqu'à la fin.

L'énergie peut se manifester soit par la vivacité, par la cadence des mouvements, soit par l'intensité des contractions musculaires lentes et durables.

Suivant que l'on donnera la prédominence à l'une ou l'autre de ces énergies, on développera chez l'élève la promptitude et la souplesse ou la force athlétique et la résistance.

Dans tous les cas, la douleur musculaire persistante, l'essoufflement et les palpitations du cœur seront un avertissement que le repos est nécessaire. On fera donc souvent de petites haltes destinées à rétablir la régularité de la circulation et de la respiration. Ces haltes suivront toujours un effort violent et seront employées à exécuter des exercices respiratoires, c'est-à-dire de lentes et profondes inspirations suivies d'expirations plus vives. Du reste, l'effort ne sera toléré qu'avec de grandes réserves exposées dans le cours de ces leçons, car il cause une tension exagérée du sang dans les vaisseaux, trouble surtout la circulation cérébrale et pulmonaire et produit le ralentissement, quelquefois même l'arrêt complet du cœur, arrêt suivi d'une accélération compensatrice.

Le chant, selon son caractère et son mode d'exécution, spécialement suivant sa structure propre, sera un excellent exercice respiratoire et nous souhaitons que des compositions spéciales sortent, pour nos écoles, des mains de nos poètes et compositeurs distingués et soient empreints d'un cachet de simplicité et de grandeur qui inspire le respect.

Mais le chant pratiqué pendant les exercices a pour effet de donner à l'expiration la plus grande importance dans une révolution respiratoire et, par suite, de contrarier les mouvements rythmés du thorax nécessités par l'activité musculaire. Aussi nous offre-t-il les plus mauvaises conditions dans lesquelles se puisse faire l'hématose et doit-il être rejeté pour cette raison de la gymnastique rationnelle.

Son but est encore manqué si, par des sujets naïfs ou grotesques, il expose au ridicule celui qui s'y livre. Dans tous les cas, on ne le pratiquera qu'avec ménagement si l'on désire qu'il ne devienne un sujet d'ennui et de dégoût.

La course est un exercice respiratoire plus violent, mais qui, faite progressivement, peut avoir les meilleurs effets sur le développement de la capacité pulmonaire.

Enfin les mouvements analogues ne seront pas répétés un grand nombre de fois de suite et seront toujours suivis par d'autres propres à reposer et à décongestionner les muscles qui avaient agi précédemment.

2° *La leçon sera complète*, c'est-à-dire qu'elle répartira harmonieusement le travail musculaire sur toutes les parties du corps. Toutes les articulations devront avoir été mises en jeu, avoir exécuté largement les variétés de mouvements qu'elles comportent, en donnant même à ceux qui s'effectuent le moins dans la vie ordinaire ou dans la profession de l'élève, une prédominance marquée. Mais il faudra éviter de faire dépasser aux articulations la limite d'amplitude angulaire qu'exige leur structure et par cela de faire subir aux ligaments un effort plus grand que ne le permettent leur élasticité et leur résistance.

Une leçon complète et bien graduée ne doit produire aucun accablement, aucune lassitude persistante, elle doit au contraire avoir pour effet de réveiller toutes les fonctions organiques et de donner à l'esprit une sensation de calme, de confiance, de force et de gaîté.

S'il en était autrement, ce serait un signe certain qu'on a dépassé les forces de l'élève, circonstance qui sera toujours à celui-ci plus nuisible qu'utile, s'il ne prend pas le temps de laisser son organisme se débarrasser des produits malsains de combustions résultant de la contraction musculaire, et s'il n'a pas le moyen de réparer par une nourriture convenable les pertes qu'il a subies.

3° *La leçon doit être intéressante*, c'est-à-dire, que le professeur soutiendra l'attention de l'élève, soit par la diversité des exercices, sans pour cela perdre un instant de vue leur qualité propre ; soit, ce qui serait préférable, en leur expliquant le but des mouvements qu'il leur fait exécuter, qu'il soit hygiénique ou militaire.

C'est à l'initiative et au tact du professeur de trouver la manière agréable de présenter son enseignement et d'imaginer les mille petits détails qui le font aimer de ses élèves, et gagnent ainsi à la gymnastique de jeunes partisans qui en deviendront plus tard d'ardents propagateurs. Mais, quelle que soit la nécessité d'apporter le charme dans la leçon, ce charme sera toujours subordonné à l'utilité, à la qualité des exercices et ne devra jamais être un prétexte à la recherche du vain plaisir de la difficulté vaincue ni à des excentricités qui puissent faire encourir à l'élève le moindre danger.

Le professeur devra toujours être prêt à donner l'explication et le but de son commandement.

4° Enfin *la leçon sera conduite avec discipline*, le professeur montrera en tout point l'exemple et se fera respecter par son savoir, la dignité de sa tenue et sa moralité. Il n'imposera point l'ordre, il l'inspirera ; ne se fera pas craindre, ce qui éloignerait de lui les élèves ; ne les fatiguera pas par des observations multipliées ce qui lui ôterait son influence ; il saura fermer les yeux, mais au moment opportun il ne laissera pas échapper l'occasion de montrer qu'il voit et sait réprimer les fautifs.

En un mot, il sera juste et indulgent, mais inflexible dans ses ordres. La leçon aura lieu une heure environ avant ou deux heures après le repas, de préférence le matin ou l'après-midi, sera, autant que possible, suivie d'une ablution d'eau à 12° centigrades, de frictions avec des linges secs et terminée par un exercice modéré comme une marche de 10 minutes environ.

Des modifications sont nécessaires suivant les saisons et suivant que la leçon a lieu dans un local fermé ou à l'air libre. Aussi, comme la température du corps dépend de l'équilibre qui s'établit entre la chaleur qui se produit en lui et celle qui est consommée en travail ou bien perdue, soit par rayonnement, soit par conductibilité et absorbée par le milieu environnant. Nous conseillons, pendant l'hiver, dans une atmosphère froide, d'augmenter la production de chaleur animale en absorbant de préférence des aliments hydrocarbonés, et en exécutant des mouvements rapides, généraux qui accélèrent la respiration. On évitera donc les mouvements partiels qui laissent une partie du corps dans l'inaction ainsi que les grands efforts musculaires avant que le sang soit en pleine circulation et que le corps ne se soit entièrement réchauffé.

Pour atténuer la perte de calorique due au contact de l'air froid environnant, on se couvrira de vêtements de laine épais, peu conducteurs de la chaleur et de préférence de couleur blanche, et l'on réduira les haltes au minimum possible.

Il faudra aussi redouter et éviter même les chutes sur la terre gelée et raboteuse, recommander l'aspiration de l'air froid par le nez, et donner à la leçon une durée moyenne peu considérable.

En été, la leçon sera conduite moins précipitamment, la cadence des mouvements moins vive, les haltes plus longues, la durée générale plus étendue, mais il faudra craindre l'accablement qui vient vite pendant les journées chaudes, et malgré la soif on se privera de boissons, surtout de boissons glacées.

Un principe général important et fort négligé est de modifier la cadence suivant la nature de l'exercice et même d'avoir dans un mouvement composé, un même rythme formé de cadences diverses. Le rhythme sera bien accusé, la contraction musculaire intense, le professeur aura toujours le soin, pendant l'exécution d'un mouvement, de penser à celui qui va suivre immédiatement, en un mot il aura un plan bien étudié, bien défini, ne montrera aucune indécision et donnera ainsi à la leçon un caractère d'animation et de gaîté indispensable à son bon effet moral et physique.

MÉCANIQUE ANIMALE APPLIQUÉE A LA GYMNASTIQUE

DE LA MACHINE HUMAINE (1).

La manifestation la plus frappante de la vie chez l'homme, comme chez tous les autres animaux est sans contredit le *Mouvement*, surtout le mouvement volontaire. Sans compter les mouvements intimes, indépendants de notre volonté, tout acte intellectuel, toute passion, tout besoin aboutit en définitive à un mouvement volontaire.

Mais ce mouvement n'a rien de mystérieux, il n'est pas plus étonnant que celui d'un piston de machine à vapeur. Le mouvement volontaire d'une partie quelconque du corps revient au déplacement d'une certaine masse, il y a donc travail accompli; or, la machine humaine, pas plus qu'aucune autre, ne peut créer du travail, elle ne peut qu'en transformer. Le sang renferme des matières hydrocarbonées, analogues à l'huile de nos lampes, au charbon de nos foyers, et de l'oxygène qui, se combinant avec elles, produit leur combustion, source de chaleur. Or, nous savons que la chaleur peut se transformer en travail mécanique. C'est en effet la chaleur produite au sein d'organes spéciaux appelés muscles, par la combustion des matières contenues dans le sang qui se transforme en travail et qui se manifeste par la contraction musculaire et le mouvement. La contraction n'a lieu qu'autant que les matières oxydables et l'oxygène se trouvent en présence, leur combustion est provoquée et précédée par une excitation spéciale, par la volonté venant des centres nerveux et se propageant le long de conducteurs spéciaux appelés nerfs; après elle, on retrouve l'hydrogène, le carbone, l'oxygène combinés à l'état d'eau, et d'acide carbonique. La substance même des tissus n'a pas été épargnée dans cette combustion, elle a été attaquée et a subi un état d'oxydation plus ou moins intense.

Le sang doit donc se renouveler sans cesse pour apporter de nouveaux matériaux de combustion et pour réparer les pertes subies par nos tissus. Aussi le sang est-il en mouvement dans des canaux qui forment l'appareil de la circulation ; à mesure

---

(1) Nous supposons connus les principes de *statique* et de *dynamique* qu'on pourra retrouver dans tous les traités classiques. Nous conseillons comme ouvrage élémentaire complet dépourvu autant qu'il est possible de l'intervention mathématique, l'excellent traité de M. Delaunay.

qu'il chemine, il dépose les matériaux de réparation, devient le siège des combustions, sources de chaleur et de mouvement; il perd en éléments utiles, il s'appauvrit, et se charge de résidus analogues aux cendres des foyers, il devient impur. Deux choses sont alors indispensables à l'entretien du mouvement: recharger le sang de matériaux de réparation et de combustion et le débarrasser des résidus de ces combustions nuisibles.

Ces deux nécessités sont la charge des appareils spéciaux de la digestion, de la respiration et des excrétions.

Par les phénomènes de digestion et d'absorption, l'homme fait passer dans le sang les matériaux nécessaires à son entretien et à son travail musculaire, matériaux qu'il puise dans le monde extérieur sous la forme d'aliments. Il puise aussi dans l'air et par la respiration l'élément comburant par excellence, l'oxygène, pendant que par la même voie il se débarrasse des produits gazeux de combustion devenus nuisibles : l'eau en excès et l'acide carbonique. Les autres résidus de la digestion et de la combustion au sein des tissus sont expulsés par des voies spéciales.

Ainsi les mouvements peuvent s'entretenir, car ils sont produits par la combustion au sein de l'organisme des matières puisées en dehors de lui; et c'est en le considérant à ce point de vue, que l'homme est assimilable à une véritable machine qui répare l'usure de ses organes et peut même se développer et se reproduire.

Si toutes les fonctions sont subordonnées à celle des mouvements qui sont sous la dépendance de la volonté, mode de manifestation du système nerveux, on conçoit que la fonction motrice ait à son tour, vu la corrélation qui existe entre toutes les fonctions, une grande influence sur celles-ci, que s'exagérant, elle puisse en exagérer l'action ou en rétablir l'harmonie. C'est là tout le secret de la gymnastique, au point de vue de l'hygiène.

Le tableau suivant permet d'embrasser d'un coup d'œil les rapports des fonctions dans le sens de leur subordination.

MÉCANISME DE LA VIE

Rapport et subordination des fonctions dans la machine animale

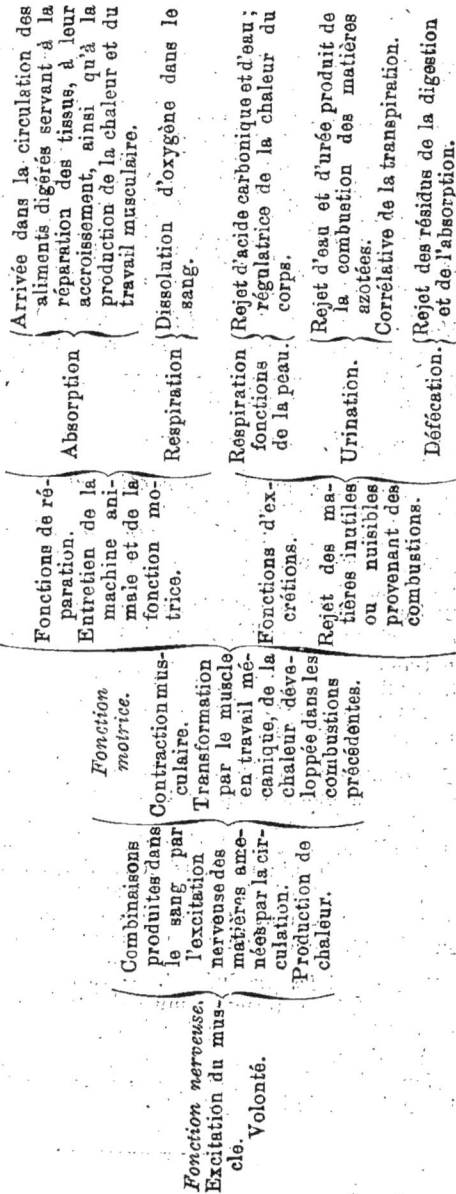

Fonction nerveuse. Excitation du muscle. Volonté.

Combinaisons produites dans le sang par l'excitation nerveuse amenées par la circulation. Production de chaleur.

Fonction motrice. Contraction musculaire. Transformation par le muscle en travail mécanique, de la chaleur développée dans les combustions précédentes.

Fonctions de réparation. Entretien de la machine animale et de la fonction motrice.

Fonctions d'excrétions.

Rejet des matières inutiles ou nuisibles provenant des combustions.

Absorption } Arrivée dans la circulation des aliments digérés servant à la réparation des tissus, à leur accroissement, ainsi qu'à la production de la chaleur et du travail musculaire.

Respiration } Dissolution d'oxygène dans le sang.

Respiration fonctions de la peau } Rejet d'acide carbonique et d'eau; régulatrice de la chaleur du corps.

Urination. Rejet d'eau et d'urée produit de la combustion des matières azotées.

Corrélative de la transpiration.

Défécation. } Rejet des résidus de la digestion et de l'absorption.

ANALYSE DES MOUVEMENTS AU POINT DE VUE MÉCANIQUE

Comme nous l'avons indiqué, l'étude des mouvements est à faire à un double point de vue mécanique et physiologique.

Comme le point de vue uniquement physiologique a été traité dans la brochure qu'a fait paraître le Cercle de gymnastique, sous le titre : *Effets physiologiques et philosophiques de la Gymnastique rationnelle*, c'est le point de vue *mécanique* que nous aborderons plus spécialement ici en demeurant dans les bornes que nous impose le cadre de ces études.

Mouvements extérieurs du corps. — Quand nous voyons un gymnaste mouvoir un de ses membres ou se déplacer totalement, nous pouvons assurer, conformément au principe de l'inertie, qu'il y a des forces qui agissent sur lui.

Forces qui les produisent.— Ces forces lui sont *intérieures* ou *extérieures*.

Les premières sont la *contraction et la tonicité musculaire* ainsi que l'*élasticité des tissus*.

Les secondes sont : 1° La *pesanteur*, agissant sur tout ou une partie du corps ainsi que sur des appareils portatifs, haltères, barres, massues, etc.

2° Des *réactions extérieures* dues à la pesanteur du corps ou à des efforts musculaires contre des obstacles fixes nommés appareils.

3° Enfin, des *résistances* suscitées par des machines spéciales ou par un gymnaste comme dans les appareils à contre-poids, les luttes raisonnées.

Mouvements intérieurs. — Mais il existe d'autres mouvements que les mouvements apparents volontaires des membres servant à la vie de relation.

Les aliments, tous les liquides, les gaz qui servent à la respiration cheminent dans tout l'organisme, au moyen de mouvements imprimés aux organes qui les renferment. Ces mouvements se font sans le secours de notre volonté et l'on peut dire que nous n'en ressentons que les troubles.

Forces qui les produisent. — Les forces qui les produisent sont encore la contraction musculaire, la pesanteur, la pression atmosphérique, et ce qu'on indique sous le nom de forces moléculaires.

Nous n'en dirons qu'un mot, à propos du mécanisme de la circulation et de la respiration.

NATURE DES FORCES QUI AGISSENT DANS LA MACHINE HUMAINE

Forces intérieures

Contraction musculaire. — Toutes les recherches qui ont eu pour but la cause de la contraction musculaire n'ont abouti qu'à démontrer que dans ce phénomène complexe n'interviennent, à part l'excitation nerveuse, que des agents connus et étudiés dans les sciences physiques. Cela est suffisant pour nous, vouloir aller plus loin serait perdre un temps précieux qui, employé à tirer des faits positifs bien connus, des conséquences utiles, rendrait des services plus réels que la recherche des causes premières.

Pour nous donc, la propriété contractile sera une propriété caractéristique du tissu musculaire. Par la volonté excitative venant des centres nerveux et qui se propage le long des conducteurs appelés nerfs, avec une vitesse très appréciable , 32 mètres environ à la seconde, la fibre musculaire où vient aboutir la terminaison nerveuse, se gonfle sous l'influence de l'excitation. Ce gonflement a pour effet d'agrandir le diamètre de la fibre en ce point aux dépens de sa longueur.

Ce gonflement ou onde chemine le long de la fibre comme une onde liquide, une vague, avec une vitesse de 4 m. par seconde, de sorte que sous l'influence d'une excitation unique, une secousse a lieu qui, bien que brève, causera le raccourcissement de la fibre tant que l'onde ne sera pas arrivée à son extrémité.

Si la première excitation est suivie d'une seconde, on a des secousses successives, et si les excitations sont suffisamment rapprochées, toutes les secousses fusionnées se confondent et donnent lieu à la contraction musculaire volontaire continue. Un indice de ces secousses existe encore dans le son que l'on perçoit en appliquant l'oreille sur un muscle contracté ou en serrant fortement la machoire et se bouchant les oreilles avec les doigts.

Dans ce cas, on entend un son qui correspond environ à 32 vibrations par seconde, et dont la hauteur augmente avec l'intensité de la contraction, ce qui annonce que les secousses deviennent plus fréquentes. C'est le masséter que l'on entend ainsi dans les phénomènes intimes de sa contraction.

L'intensité de la contraction musculaire dépend de l'intensité de l'excitation nerveuse et varie avec toutes les causes qui influent sur celle-ci ; ainsi, le froid la diminue, la chaleur et la passion l'augmentent.

La diminution des matériaux de combustion, l'inanition et la présence des acides de combustion produisent l'inactivité et la fatigue du muscle, c'est-à-dire diminuent sa faculté de réagir aux excitations volontaires. Aussi, la contraction ne peut être prolongée longtemps, et ne doit-elle pas être répétée au-delà d'un certain nombre de fois, sans être suivie de repos.

Ces repos courts, mais fréquents ont plus d'influence sur la réparation que de longues haltes suivant de longues périodes de travail.

La meilleure condition de développement est sans contredit l'activité habituelle dn muscle, activité qui est avec sa nutrition dans un rapport tel que le repos prolongé atrophie l'organe et diminue son aptitude à agir, tandis que l'action fréquemment répétée, augmente cette aptitude et le volume du muscle si l'alimentation générale est suffisante.

Différentes manières de contracter ses muscles. — Conditions meilleures de nutrition. — Il y a différentes manières de contracter ses muscles :

La contraction peut être vive ou lente ; statique c'est-à-dire sans déplacement, sans travail ou dynamique, c'est-à-dire avec déplacement.

Nous croyons que la contraction lente avec grand déplacement, c'est-à-dire celle qui produit le mouvement le plus ample possible, sans exagération d'intensité est celle qui favorise le mieux la circulation du sang et par suite la nutrition des tissus, si l'on a soin de veiller toujours à la réparation par les périodes réitérées de repos indiquées plus haut.

Notons que la contraction lente d'un muscle n'a lieu que grâce à l'antagonisme des muscles qui agissent en sens inverse et s'opposent à sa détente. Ajoutons que quand un muscle se contracte, il ne change pas sensiblement de volume, sa longueur diminue et sa grosseur augmente dans le même rapport, de là, la saillie que produisent les muscles contractés et qui croît avec l'intensité de la contraction.

Elasticité. — L'élasticité des corps et tissus est cette propriété physique qui consiste en ce que si l'on produit une déformation soit par traction comme sur un fil de caoutchouc, soit par pression comme sur un ressort ou un choc contre une bille d'ivoire, le corps restitue de lui-même tout ou une partie du travail qu'il a fallu pour le déformer suivant son élasticité plus ou moins parfaite et revient à sa forme première.

Un tissu élastique résiste à un effort car il cède d'abord et distribue cet effort sur une grande partie de ses molécules.

L'élasticité parfaite du tissu musculaire a une grande influence dans la contraction, c'est elle qui confond et fusionne les secousses dues aux excitations intermittentes. ...

Tonicité musculaire.— Mais les muscles ne sont pas seulement élastiques, ils sont toujours à un certain degré de tension qui se manifesté lorsqu'on détache l'extrémité de l'un d'eux, l'on voit alors l'extrémité mobile attirée vers l'insertion fixe.

Cet état de tension modérée à laquelle sont soumis les muscles et qui est sous la dépendance du système nerveux s'appelle la *Tonicité* et c'est elle qui influe sur la position relative d'équilibre des os mobiles à l'état de repos musculaire.

Forces extérieures

Pesanteur. — La pesanteur qui agit sur toutes les parties du corps ainsi que sur les liquides et solides qu'il renferme est un cas particulier de l'attraction universelle, elle est due à l'attraction de la terre sur chacune des molécules du corps et varie en raison directe de leur masse et en raison inverse du carré de la distance au centre de la terre. La direction est celle du fil-à-plomb, on l'appelle *verticale* et agit de haut en bas, c'est-à-dire de la surface de la terre vers le centre. Ainsi sont dirigées toutes les forces suscitées sur le corps par les altères.

Réactions extérieures, obstacles fixes. — Ces réactions sont : des frottements qui sont des forces extérieures développées au contact du corps avec le sol, augmentent avec la rugosité de celui-ci et nous permettent de progresser.

De plus, quand le corps est en équilibre, à l'appui sur les barres parallèles, par exemple, la pesanteur qui le sollicite est détruite par la solidité des barres. Celles-ci supportent en effet chacune la moitié du poids du corps et peuvent être remplacées dans la pensée par deux forces égales verticales dirigées de bas en haut et ayant justement la valeur de la charge.

Ces deux forces qui remplacent l'obstacle fixe offert par les barres sont appelées réactions des points d'appui.

Nous voyons qu'elles ont pour effet de changer dans les bras le sens de l'effet de la pesanteur. Ces réactions peuvent être dirigées à volonté suivant la disposition des obstacles fixes et des efforts musculaires qu'ils suscitent; il faut en tenir grand compte dans l'analyse des mouvements ou des stations.

Réactions suscitées par les machines et dans les luttes. — Les réactions suscitées par des machines à contre-poids ou par un gymnaste ont cet immense avantage de pouvoir être dirigées dans une direction quelconque. Toujours elles donnent lieu chez l'élève à une réaction qui est égale et de sens contraire à l'action.

C'est de ces luttes que la gymnastique suédoise a tiré le plus grand parti et son excellence indiscutée ; car, si la réaction est suscitée par un professeur intelligent, son intensité, sa direction, sa vivacité ou sa lenteur seront graduées convenablement suivant l'effet à obtenir.

Définition de la mécanique animale. — Néanmoins, quelle que soit la nature de toutes ces forces, nous pouvons raisonner sur elles et sur leurs effets en les considérant comme des causes de mouvement. Et la part qu'il faut donner à chacune de ces actions, la façon dont ces forces se font équilibre sur la charpente humaine dans le repos ou l'emportent l'une sur l'autre dans le mouvement, *tel est l'objet de la mécanique animale.* Nous voyons de suite que si nous savons mesurer et représenter les actions précédentes, toute leur étude rentrera dans le cadre de la mécanique ordinaire, mais il ne faut pas se faire illusion sur cette étude.

La précision est impossible dans ces questions vu leur complexité. — Si l'on voulait aborder les problèmes qui se présentent avec la précision que l'on peut mettre dans la mécanique des machines, outre que l'on ferait une bien vaine besogne, on serait immédiatement arrêté par des complications insurmontables.

Synergie musculaire. — Ainsi, l'expérience montre que dans un mouvement aussi simple qu'il soit, sauf dans des cas spéciaux et pathologiques, aucun muscle ne se contracte seul.

Si l'on fléchit la cuisse sur le bassin, le psoas iliaque, l'agent principal du mouvement, porterait, s'il se contractait seul, la cuisse dans la flexion avec rotation en dehors. Il faut le secours des rotateurs en dedans ou des fléchisseurs rotateurs pour obtenir le mouvement direct.

Quand on élève le bras latéralement à l'horizontale, par la contraction du deltoïde qui prend ses insertions principales sur l'omoplate, celle-ci serait entraînée par le poids du bras et basculerait de manière à ce que son angle inférieur se rapproche de la ligne médiane, si le grand dentelé ne venait principalement empêcher ce mouvement et fixer l'omoplate contre le thorax.

Quand le corps est couché horizontalement, le mouvement de flexion de la tête exige que le sternum soit fixé par les muscles droits de l'abdomen, que le bassin, la cuisse et la jambe soient maintenus dans la rectitude.

Dans la flexion de l'avant-bras sur le bras faite avec lenteur, la contraction des extenseurs est indispensable à la régularité du mouvement. Ces derniers agissent comme modérateurs et, s'ils viennent à manquer, le mouvement est saccadé, brusque et discontinu.

Dans certaines allures, la marche par exemple, nous exécutons des mouvements des membres supérieurs et inférieurs parfaitement harmonieux, ayant une simultanéité nécessaire au bon accomplissement du but final et sans que nous en ayions conscience.

Il s'est fait là, comme en d'autres cas, une adaptation, une relation intime et inséparable dans l'intervention des muscles servant à régulariser le mouvement. Nous reviendrons un peu sur ces questions à propos de la coordination.

Enfin, dans un effort, on peut dire qu'alors tous les muscles du corps entrent en action.

Chez l'enfant et chez le jeune gymnaste inexpérimenté, il n'est pas besoin d'un grand effort pour produire cette contraction, cette raideur totale du corps, ce n'est que par une longue éducation qu'il arrive à cesser les contractions inutiles, mais il subsiste toujours :

1° L'effet principal des *muscles spéciaux*, moteurs du mouvement.

2° Celui des *muscles directeurs* qui maintiennent le membre, dans une direction convenable dans le même plan, par exemple ;

3° Des *muscles fixateurs* qui immobilisent les parties où les muscles moteurs prennent leurs insertions fixes ;

4° Des *modérateurs* ou antagonistes, qui agissant en sens contraire, retiennent et pour ainsi dire ne cèdent que pas à pas aux muscles moteurs ;

5° Enfin des muscles qui impriment à quelques parties du corps des mouvements propres à contrebalancer les inégalités produites par les muscles moteurs à fournir comme dans la marche une progression continue et directe.

Tous ces muscles agissant de concert forment des groupes déterminés auxquels on a donné le nom de *synergiques* et leur action harmonieuse et simultanée s'appelle *synergie*.

Il ne faut pas la confondre avec l'action dite congénère de plusieurs muscles spéciaux qui agissent dans le même but et dans la même direction, car nous avons vu que des antagonistes peuvent être et sont même toujours synergiques.

Simplification de l'étude des mouvements du squelette. — Néanmoins, malgré toutes ces complications, le résultat final est le mouvement imprimé à la charpente solide, au squelette, sous l'influence de la volonté, en un mot, tout revient aux mouvements dont sont susceptibles les os les uns sur les autres, c'est-à-dire, aux mouvements articulaires, ou à l'équilibre de tout, ou une partie du système osseux.

Quels sont donc les mouvements possibles ?

Nous savons qu'il est des articulations qui donnent lieu :

1° A de simples glissements comme le scapulum sur le tronc, le maxillaire inférieur dans l'acte du broiement des aliments ;

2° A de simples inclinaisons d'un os l'un sur l'autre comme le jeu d'un corps d'une vertèbre sur la vertèbre voisine ;

3° A des mouvements angulaires dans lesquels l'extrémité de l'os mobile décrit dans un plan unique, une circonférence de cercle comme cela se voit à l'articulation des phalanges, du cubitus avec l'humérus, de l'atlas avec l'occipital, du fémur avec le tibia ;

4° A des mouvements dans lesquels l'extrémité de l'os mobile décrit deux circonférences dont les plans sont rectangulaires comme à l'articulation du premier métacarpien avec le trapèze, à la mortaise radio-cubitale.

5° A des mouvements dans lesquels l'extrémité libre de l'os mobile décrit un nombre illimité de circonférences, une surface sphérique, comme à l'articulation scapulo-humérale, coxo-fémorale (énarthroses) ;

6° Enfin à des mouvements de rotation autour d'un axe comme dans les trochoïdes, le déplacement du radius autour du cubitus, celui de l'atlas et de l'axis, celui du tronc autour de l'axe des têtes fémorales.

Tous les mouvements se réduisent à ceux du levier. — Or, à part le mouvement confus de glissement dû à la traction prépondérante d'un muscle sur ses antagonistes ou à des chocs qui déplacent les os du tarse et du carpe, tous ces mouvements se réduisent à ceux du levier simple ou ce qui revient au même à ceux d'un treuil, dont les points ou axes, quoique fixes, n'existent que théoriquement au centre ou à l'axe du mouvement.

La théorie du levier suffit donc à l'étude des conditions d'équilibre ou de mouvement d'un os sur l'os immédiatement voisin et, comme le squelette se compose d'un système d'os contigus dont on étudie les rapports en arthrologie, il en résulte que les statures ou allures du corps humain dépendant de l'équilibre ou des mouvements des différents pièces qui le constituent, leur étude revient donc à celle de l'équilibre ou des mouvements de leviers les uns par rapport aux autres.

Voilà déjà le problème simplifié du côté des organes passifs.

Simplification des forces, simplification des puissances élémentaires. — Du côté des forces, nous simplifions facilement encore les questions de mécanique animale.

Car toutes les petites puissances en quantité indéfinie, dues aux contractions des éléments musculaires appelés fibrilles groupés en faisceaux et agissant sur un même tendon, se composent, et c'est leur résultante qui est l'action du muscle.

Cette action a pour direction celle du tendon lui-même ou plutôt celle du dernier élément de ce tendon lorsque celui-ci se réfléchit dans une coulisse osseuse.

De plus, si plusieurs muscles agissent sur un même os comme sur l'omoplate, nous composerons les actions de ces muscles et nous n'en prendrons que leur résultante unique :

Voilà pour les puissances musculaires, et il en serait de même pour les forces toniques.

Simplification des résistances. — Du côté des résistances, toutes les actions parallèles exercées sur les molécules du corps par la pesanteur se composent et peuvent être remplacées par plusieurs actions partielles, le poids d'un membre ou du tronc appliqué au centre de gravité de cette partie ou une action totale : le poids du corps, appliqué au centre de gravité, point qui varie avec chacune des attitudes.

Règles générales pour la résolution des problèmes de mécanique. — Ainsi, ayant bien déterminé les résistances qui agissent sur le corps dans une de ses attitudes, résistances dues à la pesanteur ou aux réactions extérieures définies plus haut, ayant réduit leur nombre au minimum en les composant entre elles, nous déterminerons facilement la direction de la puissance musculaire et parsuite les muscles qui entrent spécialement en jeu, par cette condition que pour l'équilibre il faut que la résultante des actions musculaires soit égale et opposée à la résultante des résistances

L'équilibre étant ainsi déterminé il suffira de voir laquelle des deux résultantes celle des puissances musculaires ou des résistances extérieures il convient d'exagérer pour que le mouvement commence dans un sens ou dans l'autre.

La loi du mouvement nous étant indifférente en général, tous les problèmes de mécanique seront donc ramenés à des problèmes simples d'équilibre entre un petit nombre de forces et, comme il suffit d'indiquer sans précision les résultats, il ne faudra qu'une certaine intuition pour se familiariser avec eux et les résoudre avec facilité.

CONSIDÉRATIONS GÉNÉRALES SUR LES ORGANES DE LOCOMOTION

Néanmoins, avant toutes choses, il est nécessaire de connaître la structure du squelette, celle des articulations et la disposition des principaux muscles qui s'y insèrent. Il faudra donc étudier l'anatomie des organes de la locomotion au point de vue mécanique, c'est-à-dire, en considérant les muscles comme des organes de transmission de mouvement et de protection.

L'étude du squelette est pleine d'enseignements. — Si la connaissance d'une grande quantité de petits muscles et de leurs rapports exacts est inutile pour faire l'analyse sommaire des mouvements gymnastiques, rien n'est indifférent dans le squelette pour celui qui s'occupe de mécanique animale.

En effet, sous l'action nerveuse, sous l'influence de la fréquence des actions musculaires qui s'en suivent, c'est-à-dire des instincts et des habitudes, le squelette se modifie, il porte sur toutes ses parties l'histoire de la vie de l'animal auquel il a appartenu, si l'on apprend à y lire, on verra que la direction des apophyses indique quelle était la direction, l'intensité des efforts musculaires qui avaient à vaincre les résistances extérieures ; la forme des surfaces articulaires donne une idée exacte des mouvements exécutés par les membres pendant la vie, la disposition de ceux-ci, la longueur comparée de leurs segments, annoncent le milieu auquel s'était accommodé l'animal, son mode de progression, s'il marchait ou s'il rampait, s'il grimpait ou sautait, s'il nageait ou volait.

La forme du bassin indique si cette ceinture osseuse supportait le poids des viscères et par la mobilité de l'épaule, la présence de la clavicule, on décide si le membre supérieur était indépendant, un organe de préhension au service de la volonté ou bien remplissait seulement un rôle de soutien, de colonne osseuse analogue au membre inférieur.

L'observation des courbures de la colonne vertébrale achève l'étude des modifications du squelette qui se produisent nécessairement, quand l'animal d'abord quadrupède devient un bipède parfait.

Mais on peut encore aller plus loin dans l'étude de l'animal par sa dépouille osseuse ; en effet, la forme de ses dents et de sa mâchoire indique sa nourriture habituelle, et l'examen de son crâne donne une mesure exacte du cerveau qu'il contenait, et le degré d'intelligence laisse une trace sur la voûte du crâne dans l'empreinte des circonvolutions cérébrales.

Ainsi, cette loi générale de la vie qui est que l'organe se modifie avec sa fonction et tend à s'y adapter, loi qui peut expliquer l'harmonie que l'on trouve dans la nature, en vertu de laquelle varient les parties de l'organisme qui sembleraient les plus fixes, comme le squelette ; cette loi jette une clarté et un attrait immense sur tous les détails d'anatomie. D'un enseignement plus fort que tous les tableaux que nous trace l'histoire des folies des peuples et des insanités des rois, elle nous permet de scruter profondément le passé, de voir sans vaine honte l'humble condition par laquelle nous avons sans doute passé, d'en espérer une plus parfaite, vers laquelle nous pouvons évoluer volontairement ; nous démontrant que nous n'avons rien à attendre que de nous-mêmes, elle nous condamne à une activité qui n'est pas stérile, soutient enfin dans la lutte quotidienne ceux qui croient au progrès, à leur perfectibilité et ont la conviction que marcher en avant et améliorer sa nature est le seul but élevé que l'homme puisse poursuivre et ambitionner.

MODIFICATIONS DU SQUELETTE

Développement des os. — Les os, d'abord cartilagineux, c'est à dire transparents et flexibles, présentent ensuite, à différentes époques et en différents points, des petits dépôts de matière calcaire appelés noyaux d'ossification qui, venant à grandir et à se développer, marchent à la rencontre l'un de l'autre, et ce n'est que lorsque la soudure de ces segments est achevée que l'os ne grandit plus. Il continue cependant à s'épaissir par le dépôt de couches superficielles de substance osseuse jusqu'à l'âge de 40 ans environ ; puis, dans la vieillesse, le canal médullaire augmente aux dépens des parois, le tissu compacte devient aussi plus spongieux, la proportion relative de matière minérale et de matière organique est plus grande ; de là vient la fragilité des os des vieillards.

Il est utile de rappeler en peu de mots le développement des os chez l'enfant, afin que le professeur de gymnastique soit bien persuadé que les exercices des adultes ne lui conviennent pas et qu'il sache avec quelle mesure il doit agir avec eux.

Modifications du squelette. — Chez l'enfant nouveau-né, les parties du squelette les plus développées sont le crâne, les clavicules, les côtes, les membres supérieurs. Puis le crâne continue à croître et à se perfectionner, la mâchoire inférieure se soude en une pièce pendant la première année, mais les côtes conservent longtemps une tête cartilagineuse, la colonne vertébrale demeure aussi longtemps incomplète, à l'exception de l'atlas, l'axis et le sacrum. Dans les os longs, la partie médiane, le corps croît en longueur, les extrémités restent longtemps cartilagineuses ; à l'âge de la puberté, le corps n'est séparé des extrémités que par un disque cartilagineux, fort mince, qui finit par disparaître lui-même. Alors, l'allongement de l'os est terminé, il ne présente plus qu'une unique pièce qui s'accroît seulement en épaisseur.

A l'époque de la puberté, les os complets sont ceux de la tête, l'atlas, l'os hyoïde, le carpe et le tarse, phalangettes des doigts des orteils, rotules, sésamoïdes et coccyx.

Les os incomplets sont : les six vertèbres cervicales dont les apophyses ne sont pas soudées avec le corps, les clavicules à leur extrémité sternale, les côtes dont la tête est encore une épiphyse, le sternum, l'omoplate, l'humérus en haut, cubitus et radius à leur extrémité inférieure, métacarpiens et métatarsiens, phalanges, phalangines ; la crête de l'os coxal, l'épine et la tubérosité sciatique, le sacrum, les vertèbres dorsales et lombaires moins avancées que les cervicales.

Le fémur, dont les deux trochanters et les condyles sont encore séparés, ainsi que la tête, du corps de l'os ; le tibia et le péroné, qui ont encore des épiphyses à leurs extrémités.

Les saillies osseuses ont alors peu d'importance, elles augmentent de volume et c'est de 20 à 25 ans que la soudure des os est complète, leur croissance en longueur est terminée, ils se développent en largeur et présentent alors leur maximum de solidité. De 40 à 50 ans ils ne changent pas sensiblement, leur nutrition s'effectue régulièrement, elle est même activée, si un désordre, une fracture ou une luxation nécessite une réparation pressante.

Après 50 ans, le tissu ferme et compacte comme l'ivoire devient grenu, terreux, fragile, des soudures s'opèrent entre quelques vertèbres, des cartilages tendent à s'ossifier.

En général, le squelette arrive au terme de son développement de meilleure heure chez l'homme que chez la femme et chez les personnes qui prennent beaucoup d'exercice, que chez celles qui mènent une vie sédentaire.

Différence du squelette suivant les races, le sexe, les professions. — Le squelette se développe différemment suivant les races et le sexe. Un squelette d'adulte nègre se reconnaît de de celui d'un adulte blanc par des différences constantes. Le squelette de la femme est en général plus petit et plus faible que celui de l'homme, la poitrine est plus courte, plus élevée au-dessus du bassin, moins saillante en avant, la clavicule moins courbe. C'est le pubis qui chez elle est la partie proéminente.

L'angle sacro-vertébral est plus aigu, le bassin a tous ses diamètres plus grands, la symphyse du pubis est plus épaisse, le sacrum fuit en arrière, les cavités cotyloïdes sont plus distantes l'une de l'autre, de sorte que les hanches sont plus écartées que les épaules ; les jambes sont plus courtes et font avec le fémur un angle ouvert en dehors. Suivant les individus, suivant le genre de vie, le vêtement, le squelette présente des variations qui s'expliquent toutes par des attitudes longtemps maintenues, des mouvements souvent répétés.

Certaines nations sauvages arrivent en comprimant leur crâne à lui faire prendre des formes particulières, l'allongent et le rétrécissent ; chez nous, les femmes trouvent beau et élégant de renverser au moyen de corsets serrés d'une façon exagérée la forme du thorax, qui naturellement est conique et a son sommet en haut, et d'en faire, sans s'inquiéter des organes qui y sont contenus, un cône renversé à base supérieure. L'on conçoit que ces habitudes, qui ont justement l'effet contraire de celui que nous voulons produire en gymnastique, peuvent amener des désordres irréparables, surtout au moment de la croissance. On pourrait dire la même chose de tous les appareils soi-disant *orthopédiques* qui ont pour résultat d'immobiliser certaines parties du squelette; car s'ils maintiennent le corps dans la rectitude, ils suppriment la fonction des muscles qu'ils remplacent, par suite amènent leur atrophie, quelquefois l'ankylose, de sorte que le jour où on les supprime, la charpente osseuse ne se trouvant plus soutenue par les pièces artificielles qui la soulageaient, on s'aperçoit que l'on a augmenté la faiblesse de l'organisme et empiré le mal.

L'exercice du cheval durant la première jeunesse arque les membres inférieurs : l'habitude de se tenir à genoux fait acquérir plus de largeur aux rotules.

L'usage des chaussures, surtout des chaussures étroites atrophie les orteils, soude entre elles les phalanges et souvent déplace les métatarsiens.

Tous les métiers déforment plus ou moins le squelette. Ainsi, le portefaix ou le laboureur finissent par avoir la colonne vertébrale fortement courbée, le cordonnier a le sternum déprimé. A l'école, les enfants toujours assis sur la fesse gauche pour écrire, contractent une déviation de la colonne vertébrale ayant sa convexité à gauche.

La plupart des déviations proviennent aussi d'attitudes vicieuses qui, sous l'action incessante de la pesanteur non contrebalancée par les efforts musculaires, finissent par déformer le squelette d'autant plus que celui-ci est malléable, soit dans l'enfance, soit dans des cas pathologiques.

Dans l'un et dans l'autre cas, les grands efforts musculaires sont pernicieux, et jamais il ne faut les exiger de l'enfant, chez qui le squelette n'est pas encore ossifié, au risque de le déformer et de hâter chez lui le travail de l'ossification, c'est-à-dire d'arrêter sa croissance.

On arrivera plus sûrement à un bon résultat en surveillant sa tenue qu'en lui faisant exécuter quelques mouvements violents, suivis d'un laisser aller déplorable.

L'effet des causes modifiantes étant en raison du temps pendant lequel elles agissent, il faut absolument, pour agir efficacement, donner aux causes de modification salutaire la prédominance sur les causes de modification pernicieuse; il sera temps, à l'âge adulte, de commencer les exercices violents de l'athlète et du soldat.

Comme le but de l'éducation est de faire d'un enfant un homme bien équilibré, adapté à son milieu et possédant en lui-même les ressources nécessaires pour se diriger dans la vie, il faudra éviter de tomber dans l'excès musculaire et de ne pas mener parallèlement l'éducation physique avec l'éducation intellectuelle; car, dans l'état actuel de la société, l'athlète est plus faible que l'homme instruit. L'exercice musculaire sera donc toujours mis au service de l'activité cérébrale, il aura pour but d'arrêter les égarements de celle-ci et de ramener chaque jour, dans les centres nerveux, un calme salutaire qui donne à toutes les productions de l'esprit, quelles qu'elles soient, un cachet de saine virilité.

DESCRIPTION SOMMAIRE DU SQUELETTE HUMAIN AU POINT DE VUE MÉCANIQUE

Conformation générale. — Le squelette se compose d'une colonne surmontée d'un renflement. L'élément de cette colonne, la vertèbre, porte avec lui deux arcs adossés l'un à l'autre, et qui, par leur superposition ménagent ainsi deux cavités : en avant la cavité viscérale : thorax, poitrine et abdomen, en arrière la cavité médullaire contenant les centres nerveux. A ce tronc viennent s'adjoindre deux ceintures osseuses, l'épaule et le bassin auxquelles s'attachent les membres.

Le membre supérieur ou thoracique est composé de segments si mobiles que le dernier qui est la main, peut être orienté de toutes les façons possibles et portée au contact de toutes les parties du corps ;

Le membre inférieur contient des segments analogues à ceux du membre supérieur, mais chacun d'eux s'est accommodé à la station bipède, de sorte que les différences des 2 membres sont en rapport avec cette accommodation. Ces leviers sont creux, légers et résistants ; leurs extrémités articulaires sont recouvertes de cartilages lisses et polis, constamment humectés par de la synovie, dispositions qui atténuent considérablement les frottements.

Colonne vertébrale. — La colonne vertébrale est contenue dans un plan médian vertical qui divise le corps en deux parties symétriques.

Elle présente dans ce plan des courbures qui sont caractéristiques de la station bipède, ces courbures ont pour effet, en rejetant les organes thoraciques en arrière, d'amener le centre de gravité du tronc au-dessus de sa base de sustentation et de réduire ainsi la fonction musculaire chargée de maintenir l'équilibre, en préparant celui-ci d'une façon instable.

La colonne vertébrale augmente de dimension de haut en bas et présente ainsi une solidité croissante.

Grâce à sa composition en éléments vertébraux, sa mobilité est grande et différente suivant ses régions.

A la région cervicale, la mobilité de la tête est singulièrement augmentée par l'articulation de l'atlas avec l'axis qui permet la rotation de l'atlas autour de l'apophyse odontoïde comme pivot.

Seulement la délicatesse de cette articulation lui enlève sa solidité et la gravité des luxations, vu la lésion de la moelle épinière
qu'elles entraînent forcément dans cette région, doit faire éviter
toute imprudence qui amènerait une chute sur la région cervicale
ou consisterait à soulever un enfant par la tête.

La présence des côtes et la solité du thorax enlève à la région
dorsale presque toute sa mobilité qui est maximum à la région
lombaire, surtout entre la 5e et la 1re vertèbre sacrée, vu l'épaisseur des disques intervertébraux.

La torsion de toute la colonne n'est considérable qu'à la région
cervicale, ce qui tient à la disposition des apophyses articulaires
et, si dans la station, on peut faire tourner la tête de 180°, sur
ces 180°, 73 reviennent aux pieds et au bassin, 79 à la région
cervicale, 28 seulement à la région dorsale et à la région lombaire.

Les apophyses épineuses ont un développement proportionnel
à la traction des muscles extenseurs qui s'y insèrent, leur direction est aussi une conséquence de cette traction ; presque horizontales à la région cervicale et lombaire, elles sont très obliques
à la région dorsale.

La ligne des extrémités des apophyses épineuses peut être
courbe et faire croire, sans raison, à une déviation de la colonne ;
il faut se méfier de cette erreur.

Les apophyses articulaires indiquent parfaitement le sens de
la mobilité des vertèbres ;

Leur plan, presque horizontal à la région cervicale, devient
de plus en plus oblique ; perpendiculaire au plan, médian à la
région dorsale, il tourne de 90° pour devenir tout-à-fait vertical
et parallèle à ce même plan médian à la région lombaire.

Ainsi, grâce à l'élasticité des disques intervertébraux, la
colonne vertébrale présente une mobilité suffisante à la locomotion. C'est sur ses éléments élastiques que viennent s'épuiser les
chocs qui, dans une chute sur les pieds, se propagent par le
bassin et le sacrum.

En même temps sa solidité est grande, le canal médullaire
large et bien protégé, car dans tous les mouvements exagérés
d'extension qu'exécutent les acrobates, on ne voit point la
moelle épinière être lésée d'aucune façon et ce n'est qu'en
introduisant un instrument pointu entre les lames, surtout à la
région cervicale, que l'on pourrait parvenir jusqu'à elle.

La tête, qui est un renflement de la colonne vertébrale, possède
une solidité en rapport avec l'importance des centres nerveux
qu'elle renferme et une mobilité que les organes de relation,
l'œil et l'oreille, devaient nécessiter.

Thorax. — Le thorax, formé par des arcs osseux légers (les
côtes) articulés en arrière avec la colonne vertébrale et en avant
avec le sternum par l'intermédiaire de cartilages élastiques,

remplit un double rôle d'organe de protection des viscères thoraciques et abdominaux et d'organe moteur. C'est par des alternatives de dilatation et de resserrement, analogues au jeu d'un soufflet, qu'il aspire et chasse tour à tour l'air des poumons.

Épaule. — Les deux ceintures, qui rattachent les membres au tronc, diffèrent l'une de l'autre par leur mobilité qui est relative aux fonctions de chacun d'eux.

L'épaule, formée par l'omoplate qui n'est fixée au thorax que par des masses musculaires, et par la clavicule la reliant au sternum, en permettant surtout des mouvements accentués d'élévation et d'abaissement pendant lesquels l'omoplate pivote autour de son angle interne comme un levier de sonnette, donne au membre thoracique une mobilité extrême.

La structure et les liaisons de ce membre ne sont pas peu faites pour augmenter encore cette mobilité.

L'humérus est relié à l'omoplate par une capsule très-lâche, sa tête est juxtaposée à la cavité glénoïde qui n'en reçoit qu'une petite portion.

A l'avant-bras, le radius et le cubitus peuvent tourner autour d'un axe et permettent à la main de présenter tantôt sa face palmaire (pronation), tantôt sa face dorsale (supination) du côté du sol.

Le carpe, formé de huit petits os, donne à cette main une mobilité excessive: les doigts longs et composés, sauf le pouce, de trois segments, l'articulation du trapèze avec le premier métacarpien, permettent au pouce de s'opposer aux autres doigts et forment de la main un organe parfait de préhension.

C'est à la délicatesse de cette main jointe à sa constitution cérébrale perfectible que l'homme a dû, sans contredit, sa supériorité sur les autres animaux qui, sous le rapport de la force, sont souvent mieux partagés que lui.

Bassin. — Du côté du bassin, nous voyons une solidité spéciale, une ceinture immobile formée de deux parois épaisses, formant les fosses iliaques et recevant en partie le poids des viscères. Cette ceinture présente les insertions des muscles puissants qui servent à la station et à la locomotion et, latéralement, deux cavités profondes, points d'appui du tronc sur le membre inférieur. Ces cavités articulaires, cavités cotyloïdes, logent presque entièrement la tête des fémurs, le corps de ces colonnes solides est rejeté latéralement par l'intermédiaire du col.

La jambe a un seul os vraiment utile, c'est le tibia, colonne de support.

Le tarse, moins mobile que le carpe, a une disposition qui permet à la face plantaire du pied de s'appliquer sur le sol.

Les orteils sont dans une extension forcée; rabougris, dégénérés, enfermés constamment dans des chaussures qui les compriment, ils ont perdu leur délicatesse par la fonction grossière de supporter seulement le poids du corps.

Telle est, vivement esquissée, la description du squelette au point de vue mécanique. Toutes les différences que nous révèle l'anatomie comparée des membres supérieurs et inférieurs chez l'homme, ou celle de l'homme et des quadrupèdes, sont en rapport avec la diminution ou l'accroissement des fonctions des organes et leur spécialisation à un but déterminé.

Dénomination des mouvements des membres. — Il est nécessaire de bien connaître les noms par lesquels on désigne les mouvements des membres, puis de comparer les mouvements du membre supérieur avec ceux du membre inférieur.

Le corps étant en attitude droite, analogue à la tenue réglementaire du soldat, nous définissons :

L'*élévation*, l'acte de porter une partie du corps verticalement en haut; l'*abaissement*, le mouvement contraire.

La *flexion*, l'acte de mouvoir deux segments osseux, d'abord dans le prolongement l'un de l'autre, suivant un angle plus ou moins aigu.

L'*extension*, celui de ramener les deux segments dans la rectitude.

La *rotation*, le mouvement angulaire d'une partie autour d'un axe.

L'*abduction*, l'écartement angulaire d'un membre du tronc.

L'*adduction*, le rapprochement de l'extrémité de ce membre étendu vers la ligne médiane.

La *circumduction*, le mouvement dans lequel l'extrémité osseuse décrit un cercle complet ou se trouve toujours sur une sphère ayant pour centre l'articulation.

Parallèle des mouvements du membre thoracique et du membre abdominal.

Épaule (Moignon de l').

Élévation, abaissement, mouvement en avant et en arrière.

Circumduction confuse.

Bassin. — Immobilité, les mouvements de hanche sont dus à la région lombaire et aux mouvements sur les têtes fémorales.

Bras. — *Abduction latérale*, de 180°, grâce au mouvement de l'omoplate; abduction en avant aussi étendue mais gênée par la rencontre du thorax.

Abduction en avant, 180°.

Abduction en arrière, 40° en moyenne, limitée par la rencontre de la tête de l'humérus avec l'acromion en haut, et l'apophyse coracoïde en avant.

L'omoplate prend part à tous ces mouvements.

Rotation, environ 180°.

Circumduction, l'extrémité inférieure peut décrire deux demi-cercles dans deux plans rectangulaires: le plan ver-

3

tical des deux épaules, et le plan vertical parallèle au plan médian passant par la tête de l'articulation.

FÉMUR. — *Abduction latérale*, 45° environ, limitée par la tension de la partie inférieure de la capsule articulaire.

Abduction en avant ou flexion, presque 180°, limitée par la rencontre de la cuisse avec l'abdomen.

Abduction en arrière, à peu près nulle, limitée par le ligament de Bertin.

Adduction, 45° environ limitée par le ligament rond interarticulaire et la partie supérieure de la capsule.

Rotation, près de 180°

Circumduction, pénible, petite ouverture du cône décrit.

COUDE. — *Flexion*, 180°, limitée par la rencontre de l'avantbras avec les masses musculaires du bras.

Extension, limitée par la rencontre de l'olécrâne avec l'humérus dans la cavité olécranienne.

Pronation, supination, Mouvements du radius et du cubitus, d'une amplitude de 180° autour d'un axe qui joindrait le milieu de l'articulation au doigt médius.

GENOU. — Flexion, extension, limitée par la tension des ligaments croisés et latéraux.

Pronation et supination, nulle ou remplacée par un déplacement confus du tibia sur les condyles du fémur, surtout dans la flexion de la jambe, grâce à l'emboîtement imparfait des surfaces articulaires.

Ces mouvements sont limités par les ligaments latéraux de l'articulation, mais le péroné reste fixe par rapport au tibia.

Dans la flexion, la rotule, os sésamoïde développé dans le tendon du triceps fémoral reste fixe par rapport au tibia et comble le vide considérable laissé par l'écartement des surfaces articulaires.

POIGNET. — L'articulaton permet tous les mouvements angulaires; flexion, extension, circumduction sauf la rotation qui est fournie par le mouvement de pronation et de supination. C'est le radius qui s'articule avec le carpe tandis qu'au coude le cubitus forme la plus grande partie de la charnière; malgré la mobilité du poignet, les mouvements des doigts ne sont pas gênés grâce au ligament annulaire du carpe qui réunit tous les tendons des fléchisseurs du côté palmaire, ceux des extenseurs du côté dorsal de la même main et les empêche de s'écarter des os.

CHEVILLE. — Mouvements de flexion et d'extension fort étendus. Mouvements confus de latéralité. Mouvements de circumduction grâce à la rotation du fémur.

Les mouvements des doigts diffèrent de ceux des orteils en ce que la flexion prédomine chez les premiers, l'extension chez les seconds, l'abduction est plus considérable et le pouce plus dégagé que le gros orteil. En un mot à la main, les mouvements sont plus étendus qu'au pied, cela est conforme avec l'usage que nous faisons de ces deux organes.

Chez l'enfant et chez l'homme qui marche nu-pieds ou qui porte des chaussures larges, la mobilité n'est point réduite comme chez l'homme qui a le pied étroitement serré dans des souliers rétrécis et munis de hauts talons qui ont pour effet de ramasser les orteils les uns sur les autres.

Il est constant que par l'exercice le pied acquiert une délicatesse telle que des hommes nés manchots, ont pu se livrer avec succès à la peinture et au dessin, en se servant du pied comme organe de préhension.

MUSCLES CONSIDÉRÉS COMME ORGANES DE MOUVEMENTS

Propriétés mécaniques.

Le muscle est composé de petites fibrilles dont la réunion forme des fibres et des faisceaux de fibres qui, s'insérant tous sur l'expansion d'une membrane tendineuse ou aponévrotique, vont, en définitive, par l'intermédiaire de ces tissus non élastiques et très résistants porter leur action sur le tendon d'insertion.

D'une façon sommaire le muscle se compose donc d'une partie contractile, le tissu musculaire, la chair des animaux, terminé à ses deux extrémités par le tendon qui s'épanouit dans son intérieur parmi tous les faisceaux de fibres. Le muscle est enveloppé dans une gaîne (aponévrose) qui le rend indépendant des voisins et lui permet de glisser sans déplacement considérable sur les muscles qui l'entourent.

Le muscle est parcouru par le nerf qui lui amène l'excitation des centres nerveux, par l'artère qui lui amène le sang chargé des matériaux de nutrition et de combustion, le divise dans son intérieur, et communique par des ramifications les plus tenues avec la veine qui ramène le sang au cœur et de là aux poumons pour être revivifié.

La fonction essentielle du muscle est de se raccourcir sous l'excitation nerveuse et ce raccourcissement est en moyenne le tiers de sa partie charnue.

Il s'en suit que le muscle se raccourcit d'autant plus que sa partie charnue est plus grande et l'on trouve dans l'organisme une accommodation parfaite de la longueur de la fibre avec la longueur de l'espace parcouru par l'os mobile.

Si un muscle doit exercer son action dans un point éloigné de son insertion fixe, mais produire un mouvement peu étendu, on voit son tendon occuper une grande portion de la longueur du muscle. Si, par suite d'un accident articulaire, les mouvements sont devenus plus limités, toute la partie contractile des muscles qui font mouvoir l'articulation n'étant plus nécessaire, diminue de longueur et est remplacée par le tendon non contractile.

C'est pourquoi nous conseillons de donner à tous les mouvements gymnastiques une largeur et une amplitude suffisantes pour faire exécuter aux fibres du muscle toute la contraction possible.

La conformation différente des muscles tient à la disposition spéciale de leurs fibres.

Ainsi, il y a des muscles longs à fibres parallèles comme le couturier, des muscles en forme de fuseaux comme le demi-membraneux. Deux ou trois fuseaux peuvent se réunir et l'on a ainsi des muscles à 2 ou 3 insertions supérieures pour une insertion inférieure. Comme les biceps, triceps.

Des muscles longs peuvent être formés de plusieurs corps charnus placés à la suite les uns des autres agissant dans le même sens, unis par des tendons et la même gaîne fibreuse, comme le digastrique, le grand droit de l'abdomen, qui présente quatre renflements et intersections aponévrotiques.

Ils peuvent avoir la forme d'un feuillet large à fibres presque parallèles venant s'insérer par une lame tendineuse à la crête d'un os large et agissant à la fois sur toute cette crête, comme le rhomboïde, ou servant de sangle et de membrane d'obturation à une cavité comme les intercostaux, les muscles abdominaux, grand oblique, petit oblique et transverse.

Ils ont quelquefois leurs fibres qui s'insèrent parallèlement et suivant une direction oblique sur un tendon commun, tantôt d'un même côté de ce tendon, tantôt avec symétrie de côté et d'autre, ce qui leur a fait donner le nom de muscle penné et bipenné.

Ils ont aussi la forme d'éventail, comme le deltoïde ; la forme radiée, comme le diaphragme ; et annulaire, comme les sphincters, destinés à fermer l'orifice d'un conduit, de l'anus ou d'une cavité : la bouche.

L'obliquité des fibres sur les tendons est toujours une cause de diminution dans l'intensité de la contraction. Celle-ci croît avec la section du muscle, laquelle augmente dans la contraction pendant que la longueur diminue de telle sorte que le volume reste sensiblement constant.

Des modifications se produisent dans le muscle, suivant son état d'activité ou de repos. La section droite augmente par l'exercice, la graisse disparaît de son tissu, la contractilité, sous l'influence de l'excitation électrique ou volontaire, croît aussi, ainsi que l'intensité de la contraction.

Voici quelques lois énoncées par Brown-Sequard qui complètent ce petit tableau des propriétés mécaniques du muscle.

1° La contraction musculaire semble inséparable d'un changement organique que la nutrition seule peut réparer.

2° La rapidité de la circulation du sang et la richesse de ce liquide en substances réparatrices favorisent la réparation du muscle, et le rendent capable d'un nouveau travail.

3° Un muscle est soumis à deux influences, l'une réparatrice, la nutrition ; l'autre épuisante, sa fonction motrice ; sa faculté actuelle de produire du mouvement varie suivant que l'une ou l'autre de ces influences a agi.

4° La réparation après l'action est plus rapide dans les premiers instants qu'elle ne l'est plus tard.

5° L'activité habituelle d'un muscle et sa nutrition se mettent dans un rapport tel, que le repos trop prolongé atrophie l'organe et diminue son aptitude à agir, tandis que l'action fréquemment répétée accroît le volume du muscle et augmente son aptitude à produire du mouvement.

Ajoutons que les muscles sont sujets à des courbatures, des contractures, des paralysies, des dégénérescences graisseuses dues à des troubles dans leur nutrition et dans leur innervation, à des déchirures, à des inflammations par excès de travail ou par des chocs violents. Plus pâles et moins consistants chez l'enfant, leur partie contractile, alors relativement grande, diminue avec l'âge pour faire place chez le vieillard à la partie tendineuse qui, en excès, cause la raideur des mouments.

Toutes ces observations nous montrent combien il faudra ménager l'enfant, et qu'il faudra exclure absolument de sa gymnastique tout effort, toute secousse violente qui, souvent répétée, finirait par amener dans ses muscles ou dans son squelette incomplet, soit des déformations, soit des arrêts dans leur accroissement incomplet ou des modifications dans leur nutrition.

MÉCANIQUE ANIMALE

Appliquée à la Gymnastique

Connaissant la disposition mécanique des parties du squelette, les forces qui agissent sur lui, il nous reste à voir comment s'appliquent les puissances musculaires sur les os et l'influence qu'exercent sur l'effet de ces puissances les variations de leur application.

DISPOSITIONS PARTICULIÈRES D'UN MUSCLE ET D'UN OS

Influence de la direction d'un muscle, par rapport à celle de de l'os sur sa puissance. — La plupart des muscles moteurs des membres ont leur insertions, soit sur deux segments contigus, comme le deltoïde, le brachial antérieur, soit sur deux segments séparés l'un de l'autre par un 3ᵉ, comme le biceps brachial, les jumeaux. Ces muscles sont donc généralement longs et accolés parallèlement aux os.

Il résulte de la dernière disposition que le muscle en rapprochant ses points d'insertions agit en même temps sur les deux segments, ainsi le couturier s'insérant à l'os iliaque, fléchira la jambe sur la cuisse et la cuisse sur le bassin.

Mais, si les 2 segments osseux sont dans le prolongement l'un de l'autre, quand le membre est en extension, l'effet primitif du muscle fléchisseur parallèle à l'os qu'il doit mouvoir est d'attirer cet os contre le segment fixe.

Le mouvement peut néanmoins commencer grâce aux éminences qui existent à l'extrémité des os et sur lesquelles le tendon du muscle fléchisseur se réfléchit comme sur une poulie.

Par cette disposition le dernier élément de ce tendon est oblique à la direction de l'os et c'est cette direction qui doit être considérée comme la direction réelle de la puissance au commencement du mouvement.

Cette puissance peut se décomposer suivant la règle du parallélogramme en deux composantes rectangulaires:

L'une suivant la direction de l'os et détruite par la résistance de l'articulation, l'autre perpendiculaire à cette direction *(fig. 1)*.

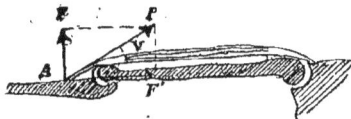

Fig. 1.

Celle-ci AF, nulle quand AP est dans la direction de l'os, d'autant plus petite que l'extrémité osseuse est moins renflée est la puissance initiale, elle croît quand l'angle des deux segments diminue, est maximum et égale à l'intensité de l'effort musculaire total quand le tendon ou la force AP est perpendiculaire à la direction de l'os, puis diminue ensuite. Sa valeur P sin V, V étant l'angle du tendon ou de la direction AP avec l'os, sensiblement le supplément de l'angle des 2 os et augmentant quand celui-ci diminue) montre bien la variation d'intensité de l'effort d'un muscle suivant l'angle des segments osseux, la force musculaire étant supposée constante.

Nous savons par expérience, combien est pénible le début de la flexion de l'avant-bras, quand celui-ci est maintenu par un poids assez considérable, placé dans la main, et que c'est dans la position sensiblement rectangulaire du bras et de l'avant-bras, que l'effort développé par nos fléchisseurs est totalement utilisé.

Influence de la situation relative des insertions et des articulations. — Suivant la position relative des insertions musculaires et des articulations, c'est-à-dire suivant le genre de levier présenté par le système, la puissance musculaire est, dans l'équilibre plus grande ou plus petite que la résistance.

Dans le levier du premier genre comme le coude dans son mouvement d'extension, l'effort du triceps sera à un effort de flexion à vaincre dans le rapport inverse des bras de levier c'est-à-dire des distances OA et OB (*fig. 2*).

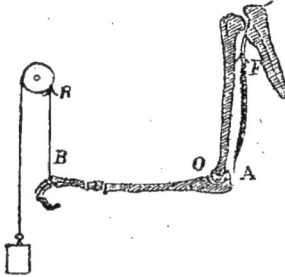

Fig. 2.

Au pied le poids du corps R transmis au tronc par le tibia est vaincu par la puissance P. des muscles jumeaux et soléaire qui, s'insèrant au calcanéum, élèvent le corps tout entier en l'amenant à ne reposer que sur l'extrémité des orteils, point fixe du système.

Par cette disposition (*fig. 3.*) qui est celle du levier du 2ᵉ *genre*,

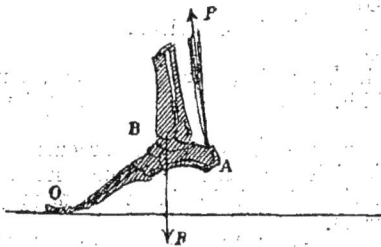

Fig. 3.

la puissance est moindre que l'effort à vaincre, l'effort du mollet et le poids du corps sont dans l'équilibre dans le rapport inverse des bras de levier, c'est-à-dire

$$P = R \times \frac{OB}{OA}$$

Comme dans ce cas, le rapport $\frac{OB}{OA}$ est à peu près égal à $\frac{2}{3}$.

L'effort du mollet serait environ les $\frac{2}{3}$ du poids du corps c'est-à-dire 40 kil. le poids du corps étant de 60 kilog.

Mais, en général, la plupart des leviers constituant les membres sont des leviers du 3° genre.

Dans la flexion de l'avant-bras sur le bras *(fig. 4)* la main

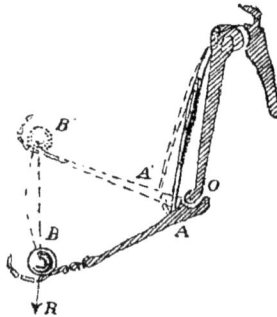

Fig. 4.

chargée d'un poids, l'effort des fléchisseurs P est égal à

$$P = R \times \frac{OB}{OA}$$

Ici le rapport $\frac{OB}{OA}$ est égal à 4 environ.

Donc pour tenir l'avant-bras horizontalement, la main chargée d'un poids de 10 kil. il faut développer un effort des fléchisseurs de 40 kil.

Mais dans le mouvement, les chemins parcourus par les points d'application de la résistance et de la puissance seront proportionnels au bras de levier, c'est-à-dire inversement proportionnels à l'intensité des forces.

Ainsi, dans l'exemple précédent, pendant que le biceps se raccourcira d'un centimètre, le mouvement d'élévation de la main sera de 4 centimètres.

La vitesse des déplacements sera dans la même proportion, mais le travail moteur produit sera toujours égal au travail résistant et pourra servir de mesure à celui-ci. Il serait ici $10\times0,40$ ou 4 kilogrammètres.

Interversion des points fixes. — Souvent, d'après la nature du mouvement, les insertions musculaires qui, dans la station ordinaire sont fixes et attirent à elles l'extrémité mobile du muscle, deviennent mobiles et sont attirées vers les premières. Cette interversion que nous voyons dans la flexion de la cuisse sur le tronc et dans la flexion du tronc sur la cuisse, celle-ci étant maintenue fixe, le corps allongé horizontalement ; que nous retrouverons fréquemment dans la gymnastique aux appareils, dans la suspension fléchie par exemple où le tronc est attiré vers le bras et le bras vers l'avant-bras, contrairement à ce qui se passe dans l'abaissement du bras avec flexion de l'avant-bras ; cette interversion a pour effet de demander aux muscles des efforts pour lesquels ils ne sont pas faits, et ce n'est que progressivement et sans se hâter qu'il faudra cultiver les exercices qui les exigent.

Pourtant, ils pourront avoir l'avantage d'agir sur des cavités comme la cage thoracique, d'en distendre les parois et finalement d'en augmenter les diamètres par le soulèvement des côtes dû à la traction du petit et grand pectoral et autres muscles inspirateurs.

ÉQUILIBRE ET MOUVEMENT DE QUELQUES SYSTÈMES PARTICULIERS

D'OS ET DE MUSCLES.

Mouvement de l'omoplate pendant l'élévation verticale du bras

L'abduction du bras est un mouvement assez complexe pour qu'il soit digne d'une analyse spéciale.

L'abduction latérale du bras peut se diviser en trois périodes,

1° Écart du bras depuis 0 jusqu'à 45° avec la verticale produit par la contraction de toutes les parties du deltoïde et du sus-épineux ;

2° Écart de 45° à 90° produit par la contraction de la partie moyenne du deltoïde pendant que le sus épineux serre la tête de l'humérus contre la cavité glénoïde. Cette attitude vulgairement nommée *bras tendu (fig. 5.)* aurait pour effet de faire basculer

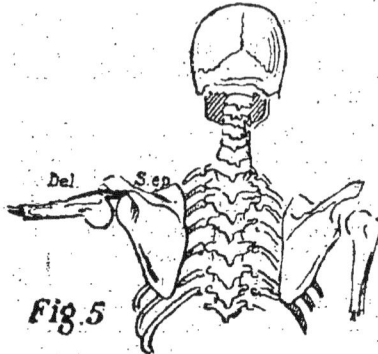

Fig. 5.

l'omoplate autour de son angle externe, de soulever le bord spinal en le dirigeant de haut en bas et de dehors en dedans, d'écarter l'omoplate du thorax en forme d'aile.

Mais le *grand dentelé* vient rétablir le parallélisme du bord spinal tandis que la partie supérieure du trapèze élève et maintient l'angle supérieur de l'omoplate.

Du reste dans un effort violent, tous les fixateurs de l'omoplate ; le trapèze, le rhomboïde et l'angulaire entrent en action *(fig. 7.)*

3° La partie moyenne du deltoïde ne peut amener le bras en abduction au-dessus de l'horizontale, car la rencontre de l'humérus avec l'acromion amènerait la luxation en bas. Elle maintient seulement avec le sus-épineux le bras fixé à l'omoplate et tout le système solide sollicité par le grand dentelé bascule à peu près au tour de l'angle interne de l'omoplate et exécute un mouvement angulaire de 90° par lequel le bras se trouve amené dans la position verticale et la cavité glénoïde est tournée vers le haut *(fig. 6.)*

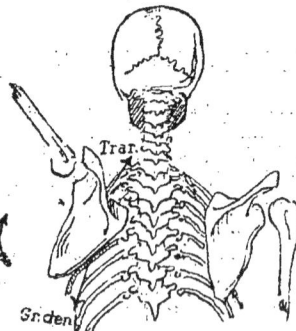

Fig. 6.

La clavicule suit ce mouvement et maintient l'acromion à une distance constante de l'extrémité sternale.

Les mouvements d'abduction du bras en avant diffèrent en ce que le 1er et le 2e temps sont accomplis par la partie antérieure du deltoïde ; pendant la 3e période, c'est-à-dire pendant le mouvement de bascule de l'omoplate la contraction se propage dans la partie moyenne du deltoïde et ramène ainsi le bras et l'omoplate dans un même plan.

Le mouvement d'abduction en arrière ne peut s'effectuer au-delà de 40° environ, la rencontre de l'humérus avec l'acromion limite l'amplitude du mouvement, l'omoplate ne bascule pas ; son angle inférieur tend à être écarté du thorax par la contraction de la partie postérieure du deltoïde.

Les mouvements d'abduction du bras sont faibles, car le deltoïde, comme presque tous les extenseurs des membres, n'a jamais ses fibres perpendiculaires au levier à mouvoir et que son bras de levier est court, relativement à toute la longueur du bras. C'est avec peine que les jeunes élèves font correctement les mouvements horizontaux des bras tendus, les mains chargées d'altères.

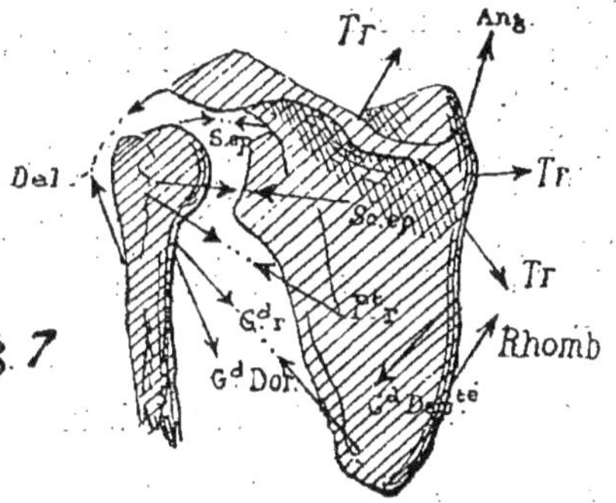

Fig. 7.

Mouvements de pronation et de supination

On appelle *pronation* le mouvement naturel de rotation de l'avant-bras que l'on exécute pour saisir un objet petit placé sur un table, c'est encore, le bras étant vertical, situé le long du corps, l'acte de tourner la face palmaire de la main vers la partie postérieure.

La *supination* est le mouvement inverse.

Mouvements du radius et du cubitus. — Dans l'un et l'autre, les os de l'avant-bras se meuvent de telle sorte que leurs extrémités décrivent des arcs de courbe autour d'un axe qui passerait par le 3e métacarpien ou le doigt médius étendu et le milieu du coude.

Ce mouvemement est facile pour le radius, vu la mobilité de sa tête humérale ; pour le cubitus, il ne peut s'expliquer que par une succession d'extension et de flexion séparées par un petit mouvement de latéralité possible malgré l'emboîtement des surfaces articulaires.

Les mouvements du radius et du cubitus sont solidaires et limités : la pronation, par le croisement des deux os ; la supination, par la tension des ligaments interrosseux et annulaire du radius ainsi que par la résistance des muscles.

Muscles-moteurs. — Les muscles moteurs remplissent, les uns, des fonctions doubles; les autres, des fonctions indépendantes.

Les premiers sont : le *biceps brachial* qui, vu l'enroulement de son tendon autour du radius, est *fléchisseur supinateur ;* le *long supinateur* qui est *fléchisseur pronateur.*

Les muscles propres sont: le *court supinateur* et le *carré pronateur*, qui sont supinateur et fléchisseur indépendants.

Quand le mouvement se fait avec intensité, par exemple, dans l'action de visser ou de dévisser un écrou, les rotateurs du bras entrent en jeu, les rotateurs en dehors pour visser, les rotateurs en dedans pour dévisser.

Si l'avant-bras est fléchi sur le bras, les adducteurs et les abducteurs du bras augmentent encore l'énergie de la supination ou de la pronation.

L'insertion spéciale du biceps, en vertu de laquelle la flexion directe n'a lieu qu'après que la supination a été produite, c'est-à-dire après que le tendon s'est déroulé autour du radius, fait encore comprendre pourquoi l'on a plus de facilité à exécuter avec une altère à la main la flexion de l'avant-bras la main étant en supination.

Mouvements des doigts

Les mouvements des doigts de la main offrent un exemple de synergie assez frappant pour qu'il soit utile de s'y arrêter un peu.

Flexions des doigts. — Les fléchisseurs profond et superficiel des doigts offrent cette particularité anatomique que le tendon du fléchisseur profond traverse celui du fléchisseur superficiel perforé et devient à son tour superficiel pour s'insérer à la 3e phalange. Leur fonction est réduite à la seule flexion des deux dernières phalanges avec extension de la première et flexion de la main.

La seule action des fléchisseurs sublime et profond donnerait donc à la main une forme de griffe sans usage utile.

D'autres petits muscles situés dans l'intérieur du métacarpe interviennent pour régulariser le mouvement des doigts.

En effet, la flexion de la première phalange est exécutée par les interosseux qui, au nombre de deux pour chaque espace interosseux dont l'un occupe la région dorsale, l'autre, la région palmaire et vont s'insérer des métacarpiens aux premières phalanges, ont pour effet, non seulement la flexion de celles-ci, mais aussi leur abduction et adduction par rapport au doigt médius ainsi que l'extension des deux dernières phalanges.

Les lombricaux, petits muscles qui joignent les tendons des fléchisseurs profonds à ceux des interosseux, ajoutent leur action dans le même sens.

Il résulte de ces dispositions que la flexion directe des doigts ne peut se faire sans le secours des fléchisseurs superficiel et profond qui agissent sur les deux dernières phalanges, ainsi que celui des interrosseux et lombricaux qui fléchissent la première phalange et des extenseurs de la main qui s'opposent à sa flexion.

Extension des Doigts. — De même, l'extension directe des doigts se fait par le concours de l'extenseur commun et des extenseurs propres qui étendent la première phalange, celui des interosseux et lombricaux qui étendent les deux dernières phalanges ainsi que celui des fléchisseurs de la main qui s'opposent à son extension.

Tous les doigts de la main, l'index surtout, ont des mouvements indépendants, l'annulaire et le petit doigt au contraire sont solidaires, les tendons fléchisseurs sont unis par une expansion tendineuse qui est la cause de la difficulté du jeu des instruments de musique.

Le pouce est absolument indépendant. Ses long et court extenseur, long abducteur agissent aussi sur la main, les muscles de l'éminence thénar, court abducteur, court fléchisseur, adducteur et opposant lui sont spécialement destinés.

Il est inutile de saisir la barre avec le pouce dans une simple suspension. — Nous concluons de là que dans un mouvement de simple suspension à une barre alors qu'il n'y a pas de composante verticale de haut en bas qui puisse tendre à vous en détacher, nous ne voyons pas l'utilité de saisir cette barre avec le pouce, car le corps suspendu au moyen de la flexion seule des doigts ne bénéficiera pas de la pression exercée par le pouce, pression qui est dirigée de bas en haut, pour cette même raison qu'un anneau fendu dans lequel passe une barre et qui supporte un poids, ne résiste que par la solidité de sa partie supérieure et sans plus d'intensité que si la partie inférieure était ouverte en forme de crochet.

Un inconvénient réel se présente même dans les mouvements de progression à l'échelle horizontale et oblique quand on veut exécuter la prise avec le pouce. Il y a une précision, une perte de temps et de contraction musculaire que l'on peut éviter en accolant le pouce parallèlement aux autres doigts, en faisant ainsi de la main un crochet solide auquel le pouce ajoute son action fléchissante et qui peut, sans difficulté ni précision, venir se poser au dessus de l'obstacle aussi épais qu'il soit avec la plus grande sécurité pour la chute si, comme nous en sommes convenu, aucun élan violent ou aucune secousse propres à soulever le corps ne sont à redouter.

Dans le cas contraire, une forte prise avec le pouce et les doigts est naturellement indiquée et ne souffre pas de contradiction.

MOUVEMENTS RESPIRATOIRES

Le thorax limité en avant, en arrière et latéralement par le sternum, les cartilages costaux et les côtes ; en arrière par les côtes et la colonne vertébrale, inférieurement par le diaphragme, peut être augmenté dans ses trois diamètres antéro-postérieur, transverse et vertical, grâce à la mobilité de ses parois.

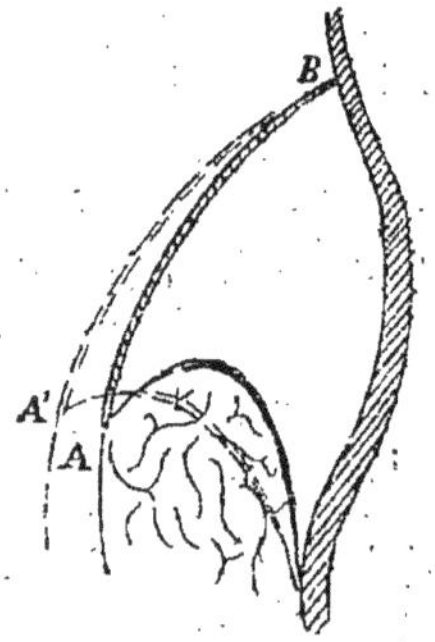

Fig. 8.

Le plan de chaque côte est oblique de haut en bas, d'arrière en avant et de dedans en dehors. Quand on diminue la première obliquité, c'est-à-dire lorsqu'on amène vers l'horizontale la corde A. B. qui joint les deux extrémités de la côte (fig. 9), l'extrémité antérieure A venant en A' passe en avant de la verticale qui le contenait, elle est donc projetée en avant, et si ce mouvement est commun à toutes les côtes, le diamètre antéro-postérieur du thorax est augmenté.

Quand on diminue la seconde obliquité, c'est-à-dire quand on fait tourner la côte de bas en haut autour de la ligne qui joint ses extrémités, un point A. de sa partie moyenne venant en A', par exemple (fig. 10), sort de la verticale qui le contenait et est projeté latéralement.

Si toutes les côtes sont soumises au même mouvement le diamètre transverse du thorax sera ainsi augmenté.

Tous les muscles élévateurs des côtes produisent ce double mouvement de rotation autour de l'articulation vertébrale et de la corde qui joint les deux extrémités.

Ce sont donc des muscles qui augmentent la capacité thoracique, ce sont des inspirateurs.

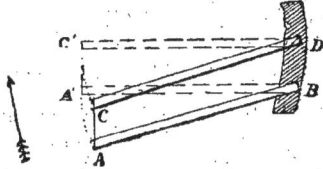

Fig. 9.

Fonction du diaphragme. — De plus, le diaphragme, muscle large, radié, véritable cloison en forme de voûte qui sépare le thorax de l'abdomen, peut, en se contractant, diminuer sa courbure et se rapprocher d'un plan. Il augmente ainsi le diamètre vertical du thorax, et, s'appuyant sur les viscères abdominaux qu'il refoule dans l'abdomen, il accroît par l'expansion de ceux-ci la circonférence inférieure du thorax (fig. 8).

Tous les muscles abaisseurs des côtes, ainsi que les muscles abdominaux grand, droit, obliques, transverse, qui refoulent les viscères dans le thorax produisent un effet absolument inverse, c'est-à-dire diminuent la capacité du thorax.

Ainsi les mouvements respiratoires s'exécutent alternativement.

Inspiration. — Dans le mouvement d'inspiration l'accroissement des diamètres du thorax a lieu par l'élévation des côtes effectuée peut être par les intercostaux, par les scalènes sterno-cleido-mastoïdiens, portions claviculaires des trapèzes, petits pectoraux, sous-claviers dans la respiration costo-supérieure, les grands dentelés et pectoraux dans les fortes inspirations. Tous ces muscles pour agir efficacement sur les côtes ont besoin des fixateurs de la première côte et des extenseurs de la tête.

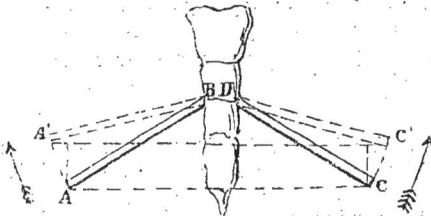

Fig 10.

L'élévation des côtes, jointe à l'abaissement du diaphragme, qui est le mouvement le plus considérable, produit l'augmentation de la capacité thoracique et, par suite, une diminution de pression dans cette cavité, tandis que la surface interne du poumon, en communication avec l'air extérieur par la trachée et les bronches qui s'épanouissent dans son tissu, est sollicitée par la pression atmosphérique, c'est-à-dire une pression plus forte que celle qui est à la surface externe en contact avec le thorax. Comme le poumon est très-élastique il s'applique, grâce à cette pression interne contre la paroi thoracique, en suit tous les mouvements et appelle l'air jusque dans les lobules pulmonaires.

Mais, si une plaie pénétrante de poitrine venait à faire communiquer l'espace qui sépare le poumon du thorax avec l'extérieur, la pression devenant la même à la surface extérieure du poumon qu'à sa surface interne, celui-ci, malgré les mouvements d'ampliation du thorax resterait affaissé sur lui-même et l'air ne le pénétrant plus, l'asphyxie se produirait inévitablement.

Il en est de même si, à un moindre degré, le poumon venait à perdre son élasticité et ne pouvait se dilater autant que le permet son enveloppe osseuse. Dans ce cas même, tous les efforts faits en vue de développer la cage thoracique seront vains et même dangereux.

Effets de l'inspiration prolongées ur les mouvements du cœur. — L'inspiration qui a pour effet de diminuer la pression à l'extérieur du thorax, facilite pour cette raison l'arrivée du sang au cœur par les veines caves, et son passage dans le poumon. La circulation dans cet organe est augmentée d'une façon notable, mais elle produit sur le cœur, probablement par voie nerveuse, un ralentissement qui, lorsqu'elle est prolongée, peut, chez certains sujets, aller jusqu'à l'arrêt complet.

Expiration. — Quand les muscles qui servent à l'élévation des côtes cessent leur contraction, la force élastique des côtes, celle du poumon dilaté tendent à faire reprendre au thorax son volume primitif : c'est là le mécanisme de l'expiration normale ; mais dans une expiration violente, dans l'acte de la parole, du chant, de la toux, etc., les muscles abdominaux se contractent fortement, refoulent les viscères dans le thorax et en rappetissent ainsi les diamètres vertical, antéro-postérieur et transverse.

L'air contenu dans le poumon se trouve alors chassé avec force par les voies respiratoires et peut, en passant par le larynx, entrer en vibration et produire des sons intenses.

Effet de l'expiration sur la circulation. — Pendant l'expiration, la pression dans le thorax augmente considérablement et peut aller jusqu'à 12 centimètres de mercure. Il en résulte dans les vaisseaux sanguins un obstacle à l'arrivée du sang veineux et une expulsion plus vive du sang artériel par les artères, de plus la circulation dans le poumon se trouve fortement ralentie, vu la compression exercée sur lui : il y a donc différentes causes de congestion qui s'accusent surtout à la face quand l'expiration se prolonge.

C'est ce qui arrive lorsqu'on va exécuter un mouvement violent ou vaincre une résistance considérable.

De l'effort. — On fait alors instinctivement une profonde inspiration qui a pour effet d'emmagasiner dans le thorax une grande quantité d'air, qu'on emprisonne en fermant l'orifice de sortie, la glotte. Les muscles expirateurs étant fortement contractés font acquérir à l'air emprisonné une pression qui peut aller jusqu'à 12 centimètres de mercure, le thorax offre alors un point d'appui et d'insertion solide aux muscles moteurs des membres; le tronc est, pour ainsi dire, solidifié et l'on peut développer une grande force de résistance contre une action extérieure.

C'est là ce qu'on appelle l'effort qui n'est, on le voit, qu'une expiration forte et prolongée.

Pendant l'effort, il y a donc exagération des phénomènes de l'expiration dus à l'augmentation de pression dans le thorax et qui amène des troubles de la circulation artérielle veineuse et pulmonaire.

Troubles du côté des artères et du cœur pendant l'effort. — Dans les artères la pression s'élève, il y a projection du sang artériel et obstacle apporté au sang pour passer des veines dans le thorax, le sang arrive en moindre abondance dans le cœur droit et par suite au poumon. Celui-ci, soumis à une forte pression, abandonne la plus grande partie du sang qu'il contenait.

Puis, quand l'effort cesse, il y a rentrée du sang du côté artériel et veineux, la pression baisse brusquement, un excès de sang arrive au cœur et de celui-ci part un signal d'avertissement qui, allant exciter les centres nerveux modérateurs du cœur, le fait se ralentir et ce ralentissement est sensible à partir de la 6e pulsation qui suit la fin de l'effort.

La pression dans les artères, qui s'élève fortement, peut avoir des conséquences graves pour des hommes âgés, pour des alcooliques chez qui le tissu des vaisseaux est devenu fragile.

En effet, le cerveau de consistance molle ne soutient nullement les vaisseaux et n'apporte aucun obstacle à leur dilatation, la mort subite peut survenir par suite d'hémorrhagie cérébrale.

Troubles du côté de la circulation veineuse et artérielle. — Dans les veines, la circulation de retour vers le cœur est gênée par la pression dans le thorax, et comme les veines du cou ne contiennent pas de valvules, on les voit devenir turgescentes et

4

indiquer un reflux manifeste du sang veineux. Ce défaut d'afflux du sang dans l'oreillette droite par les veines caves entraîne la suspension de la circulation pulmonaire, et comme le poumon est soumis à une double pression, celle qui existe extérieurement dans le thorax et celle qui existe intérieurement dans la trachée et dans les bronches, vu l'occlusion de la glotte, il se vide bien vite et la circulation se ralentit d'une façon assez notable pour qu'on le puisse constater sur une artère. Alors intervient le besoin impérieux de respirer, l'effort cesse brusquement avec la pression artérielle.

Troubles du cœur consécutifs à l'effort. — Il y a rentrée à la fois du sang artériel et du sang veineux dans les artères et dans les veines qui avaient été comprimées, la circulation se trouve surchargée tout-à-coup, et c'est alors que le cœur, recevant trop de sang, envoie aux centres nerveux modérateurs un signal d'avertissement qui le fait se ralentir et ce ralentissement a lieu, comme nous l'avons déjà dit, environ après le 6° battement qui suit la cessation de l'effort.

Alors les cavités du cœur se trouvent distendues, gorgées de sang, le travail du cœur s'exagère et peut produire de graves désordres chez des gens inaccoutumés qui, tout-à-coup, se livreraient à des efforts violents et successifs.

Dangers de l'effort. — En résumé, l'effort est antiphysiologique, les troubles constants qu'il apporte dans la circulation ; la distension des artères dans le cerveau, le travail exagéré du cœur, qui, chez l'homme jeune, sain et vigoureux, n'ont pas de conséquences aussi fâcheuses, peuvent, chez l'homme âgé et inaccoutumé, amener, par l'abus, de graves modifications organiques, l'hypertrophie et la dégénérescence graisseuse du cœur ainsi que l'hémorrhagie cérébrale.

Nous conseillons donc d'user avec la plus grande prudence, de l'effort dans la leçon de gymnastique, après s'être assuré que l'élève ne possède aucune disposition aux maladies organiques du cœur.

Dans tous les cas, il sera formellement indiqué de faire suivre l'effort d'un intervalle de repos suffisant pour que tous les troubles circulatoires se puissent dissiper.

Différences et variations dans le mécanisme respiratoire. — A l'état normal, les mouvements du thorax et ceux de l'abdomen sont parfaitement parallèles, et ont à chaque instant une amplitude proportionnelle à la quantité d'air qu'ils mettent en mouvement.

Leur succession produit l'entrée et la sortie de l'air exactement comme dans un soufflet n'ayant qu'une seule ouverture. La durée de l'expiration est généralement le double de celle de l'inspiration à l'état de repos.

Mais pendant la lecture à haute voix, l'expiration devient 5 fois et pendant le chant, 15 fois plus longue que l'inspiration.

Troubles apportés par le chant pendant les exercices. — Or, puisque la période utile de la respiration est celle qui correspond à l'entrée de l'air dans le poumon, nous voyons combien le chant est défectueux au point de vue de l'hématose, que par suite, il ne peut être continué longtemps.

Ses effets sur la respiration sont plus mauvais encore quand il est effectué pendant les exercices gymnastiques. Car le travail musculaire, nécessite d'une part, une respiration plus active, un appel plus considérable d'oxygène au contact du sang au moyen de l'inspiration et, d'autre part, le chant vient s'opposer à cette nécessité puisqu'il donne la prédominance à l'expiration.

Différentes manières de respirer. — Les mouvements respiratoires peuvent être suspendus pendant 30 à 40 secondes en inspiration et 25 à 30 en expiration.

On peut respirer au moyen du diaphragme seul le thorax dilaté et immobilisé par la contraction des inspirateurs, c'est la respiration abdominale exagérée ; ou bien par l'ampliation excessive donnée aux mouvements du thorax jusque dans sa partie supérieure, c'est la respiration costo-supérieure, particulière à le femme. Entre ces deux types respiratoires se trouvent la respiration normale par le diaphragme et par les côtes.

Gymnastique respiratoire. — De tous les moyens de développer le thorax et de favoriser la fonction respiratoire, il n'en est pas de plus direct, de plus facile, de plus efficace, que la pratique des mouvements respiratoires amples et bien rhythmés, en un mot, de la gymnastique respiratoire.

Cette gymnastique, qui, au besoin, est la seule nécessaire et suffisante à l'adulte, car elle accélère la circulation et réagit contre la diminution de l'hématose, a cet immense avantage de pouvoir être effectuée en tous lieux, en marchant ou en étant stationnaire. Pratiquée pendant la promenade, à l'air vif et pur de la campagne, elle procure à l'organisme une sensation de bien-être qui suffirait à en démontrer l'excellence et l'efficacité si l'explication théorique n'était simple et facile à donner.

Mais il faut pour cela que l'air respiré soit parfaitement pur, dégagé de toute poussière organique. Pour éviter en partie ces inconvénients ainsi que ceux qui résulteraient de l'arrivée brusque de l'air froid dans les bronches, on inspirera toujours par le nez afin que l'air se réchauffe et dépose les corps étrangers qu'il pourrait contenir en passant dans les replis de la muqueuse pituitaire, et, si l'on peut, on expirera par la bouche qui, offrant à l'air une large voie de sortie, diminuera la durée de l'expiration.

L'expiration par le nez est quelquefois plus pratique, surtout

pendant les exercices et la course, elle a même l'avantage de
restituer aux voies nasales la chaleur qui a été employée à
réchauffer l'air au moment de l'inspiration. Son inconvénient
vient de l'exiguïté de l'orifice de sortie qui, comme tout obstacle,
allonge la période respiratoire pendant laquelle il agit.

ÉQUILIBRE DE DEUX SEGMENTS OSSEUX ARTICULÉS L'UN AVEC L'AUTRE.

TRANSMISSION D'UN CHOC DANS LE CAS D'UNE CHUTE VERTICALE

Si un effort quelconque F, celui d'un poids, par exemple, est
dirigé suivant deux segments rigides AO et OB situés dans
le prolongement l'un de l'autre et reposant sur un plan solide
normal à la direction de l'effort, l'équilibre aura lieu et l'effet
de la force F sera l'écrasement de cette colonne si sa résistance
n'est pas suffisante *(fig. 11)*

Mais, si les deux segments font entre eux un angle V si
obtus qu'il soit, O étant l'articulation mobile, B le point de
contact avec le sol et que nous considérons comme fixe pour
simplifier la question; le point A *(fig. 12)* pouvant se mouvoir
sur une circonférence ayant pour centre O, le point O lui-même
sur une autre circonférence ayant pour centre B.

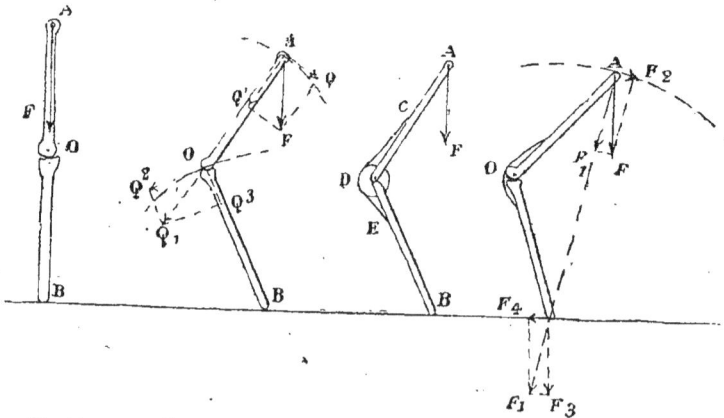

Fig. 11.   Fig. 12.   Fig. 13.   Fig. 14.

Si nous décomposons l'effort vertical F. en deux forces : l'une perpendiculaire à Ao, Q, l'autre suivant Ao, Q'.

Si nous transportons Q' elle-même en O et la décomposons en deux autres Q_2 et Q_3, l'une perpendiculaire à O B, l'autre suivant O B, nous voyons que les deux forces Q et Q_2 auront pour effet de faire fléchir le système sur le plan horizontal.

Pour que l'équilibre persiste dans le système Ao B légèrement fléchi après l'application de la force F, il faut qu'une force antagoniste se développe et ait pour effet de produire l'extension des deux leviers. Cette force musculaire extensive, analogue à la tension d'un cordon C D E (fig. 13) passant sur une poulie ayant pour axe O et s'attachant aux os en C et en E, a pour effet de maintenir rigide le système Ao B, c'est-à-dire de conserver l'angle Ao B des deux segments.

Sous l'action de l'effort F le système entier rigide pourra seulement tourner autour du point B (fig. 14) et cette rotation aura lieu si la ligne A B n'est pas verticale par l'effet de la composante F_2 tangente à la circonférence décrite du point B comme centre avec B A pour rayon.

La charge ou pression supportée par le point B sera F_3, composante verticale de F_1 transportée en B.

La composante horizontale F_4 sera détruite par la résistante du point B ou par le frottement. Cette charge sera égale à l'effort total F si la ligne A B est verticale. Toutes les composantes suivant l'axe des os seront détruites par la résistance des ligaments articulaires.

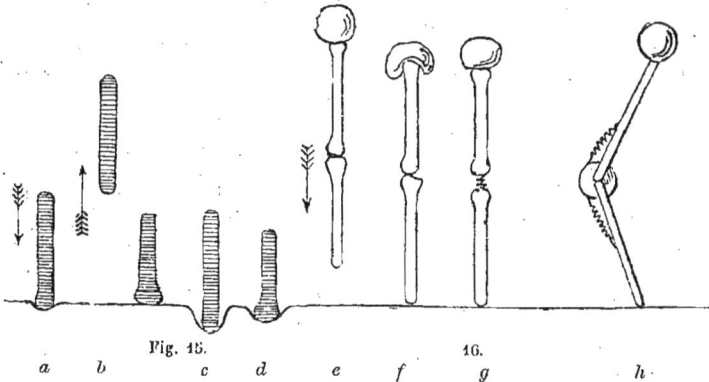

Fig. 15.   16.
a   b   c   d   e   f   g   h

Transmission d'un choc suivant deux segments articulés. — Nous savons que si un corps A tombe d'une certaine hauteur sous l'action de son poids, il acquiert un mouvement uniformément accéléré et arrive au sol possédant une certaine vitesse dont le carré multiplié par la masse s'appelle la puissance vive et est égale au travail effectué par la pesanteur pendant le temps de la chute.

Au moment du choc, divers phénomènes se produisent suivant la nature du corps et du sol.

Si l'un et l'autre sont parfaitement élastiques le sol se déprime et le corps s'aplatit, mais, aussitôt que la vitesse du corps sera devenue nulle, les réactions moléculaires dues aux déformations produites tant dans le corps que dans le sol restitueront en sens contraire toute la force vive perdue par le corps, c'est-à-dire un travail égal à celui de la pesanteur : le corps rebondira à la hauteur d'où il est tombé (fig. 15 a).

Si le sol est parfaitement élastique et le corps ne l'est point, une partie de la force vive restituée par le sol sera employée à déformer le corps; aussi celui-ci ne rebondira plus qu'à une faible hauteur (fig. 15 b). Si c'est le sol qui n'est point élastique le corps s'y enfoncera sans déformation avec fort peu de rebond (c). Si enfin ni le corps ni le sol ne sont élastiques, toute la force vive du corps s'épuisera en déformations et la vitesse s'annulera presqu'instantanément (d).

Dans tous les cas, la somme des travaux élémentaires dus au déplacement des molécules du corps, du sol et des milieux environnants est toujours égale à la perte totale ou partielle de force vive que subit le corps après le choc. La déformation du corps sera d'autant moindre que celle du sol sera plus grande.

C'est pour cette raison que l'on peut impunément se laisser tomber à l'eau dans la position verticale, toute la puissance vive que possède le corps au moment du choc se communiquant de proche en proche aux molécules de l'eau et servant à les déplacer. Sur un tas de sciure de bois ou de toute autre substance finement et irrégulièrement divisée, le partage du travail se fait encore assez avantageusement pour le corps, tandis que sur des dalles de marbre, sur un sol gelé, la grande élasticité de ces surfaces restituant aussitôt tout le travail communiqué, c'est dans le corps lui-même que doit s'épuiser toute la force vive, et il est alors nécessaire de la distribuer sur des organes susceptibles de se déplacer sans grand dommage pour l'organisme afin de ne pas s'exposer à des désordres d'une extrême gravité.

En effet, si deux segments dans le prolongement l'un de l'autre viennent normalement au contact du sol élastique animés d'une force vive considérable, cette force vive, restituée presqu'aussitôt par le sol se communique aux molécules voisines et de proche en proche à toutes les molécules du corps. S'il existe donc le long des deux segments ou bien à leur extrémité des parties non élastiques ou faiblement élastiques, ces parties se déformeront.

Si l'on interpose entre les deux segments un coussin de matière élastique, un ressort à boudin, une partie de la force étant employée à la déformer, il ne parviendra à l'extrémité qu'un ébranlement moindre et plus tardif (*fig. 16, g.*) Si les segments sont articulés, fléchis et maintenus par un lien élastique tendant à empêcher la flexion de s'exagérer, nous voyons que la plus grande partie de la réaction du sol tendra à étendre le ressort, ou le muscle, elle s'épuisera dans ce dernier et ne parviendra que progressivement à l'extrémité avec une intensité qui sera inverse de l'allongement subi par le muscle. La vitesse du point extrême à l'opposé du point de contact avec le sol s'annuler, moins brusquement.

Toutes ces dispositions se trouvent dans le corps. Celui-ci tombant d'une certaine hauteur verticale, arrive au sol avec une vitesse déterminée. Il possède une force vive qui est annulée quand le corps arrive au repos. Cette force vive s'est donc épuisée, en partie dans le sol en produisant des déformations suivant son dégré de dureté, en allongeant les muscles, en étirant les ligaments.

Il faut, avant tout, faire supporter tous les déplacements, toutes les déformations par des organes solides, peu sensibles et de telle sorte qu'il n'arrive plus au cerveau qu'un ébranlement modéré et supportable.

Si l'on tombait sur les talons le corps droit, les jambes tendues, la tête droite, tout le corps se rapprocherait évidemment d'une colonne solide, et comme nous l'avons vu, le choc se transmettant presqu'intégralement au cerveau, celui-ci tendrait à s'aplatir contre la base du crâne vu sa faible élasticité; il subirait tous les effets d'une compression violente et instantanée qui amènerait la syncope.

Au contraire, en tombant sur la pointe des pieds, les jambes, la tête et le tronc légèrement fléchi, la force vive restituée par le sol s'épuise successivement sur les fléchisseurs des orteils, sur les muscles extenseurs du pied, de la jambe, de la cuisse, du tronc et de la tête; sur les ligaments des os du tarse, articulaires du genoux, ligaments ronds de l'articulation Coxo-fémorale, ligament interarticulaire de la symphyse sacro-iliaque, tous les disques intervertébraux et ligaments jaunes des lames des vertèbres, de sorte qu'il ne s'en transmet au cerveau qu'une quantité fort minime qui dépend de la hauteur de chute du poids du corps et de la force des muscles. Nous reviendrons sur ces détails dans la théorie du saut.

MÉCANISME DES FONCTIONS INTIMES

Mécanisme de la Circulation

Le sang circule dans l'organisme dans un système spécial de vaisseaux où il est lancé constamment par un organe moteur contractile, un muscle creux *le cœur* qui, interposé sur leur parcours, amène ainsi dans les tissus en tous les points de l'organisme les matériaux de nutrition, de combustion, de sécrétion, et se charge des produits inutiles destinés à être éliminés.

Le cœur est divisé symétriquement en deux parties que l'on peut appeler suivant leur position dans le thorax cœur droit et cœur gauche, et chaque cœur est lui même composé de deux cavités, la supérieure nommée oreillette, l'inférieure nommée ventricule communiquant entre elles par un orifice dit pour cette raison auriculo-ventriculaire.

Cet orifice est entouré de valvules dont la disposition ne permet que le passage du sang de l'oreillette dans le ventricule et s'oppose à son retour en sens inverse.

Les vaisseaux qui conduisent le sang hors du cœur s'appellent les artères, ceux qui le ramènent au cœur s'appellent les veines et cette différence de noms correspond à des différences de structure. Les parois des veines sont d'un tissu peu élastique et dans certaines parties du corps là où elles sont verticales comme dans les membres inférieurs, elles renferment des valvules, sorte de petits goussets qui divisent la colonne sanguine, en supportent le poids et s'opposent à son mouvement dans le sens de la pesanteur.

Les Artères sont très-élastiques, composées de 3 tuniques, la tunique moyenne est formée de tissu élastique et de tissu musculaire, celui-ci augmentant d'épaisseur à mesure que l'on s'éloigne du cœur vers les extrémités des artères.

En même temps, celles-ci se ramifient, se divisent de plus en plus dans l'intérieur des tissus et ce n'est que par un réseau de de tubes capillaires qu'elles communiquent avec les veines.

Les vaisseaux qui débouchent dans le cœur sont munis de valvules qui, faisant l'office de clapets, s'opposent au retour du sang du cœur dans les veines et des artères dans le cœur.

Tous les vaisseaux sont toujours situés parallèlement aux os mobiles du côté où ceux-ci peuvent s'infléchir l'un sur l'autre, de sorte que, soutenus par les muscles et les aponévroses, ils ne sont guère déformés par les mouvements articulaires et la circulation n'est pas gênée dans leur intérieur.

Chez l'homme la division du travail du cœur est parfaite, le sang pur ne se mélange jamais avec le sang impur qui revient de toutes les parties du corps. Celui-ci va se revivifier dans le poumon par des canaux spéciaux, de là deux circulations distinctes: la grande et la petite circulation à la rencontre desquelles se trouve le cœur.

Ainsi le sang arrive impur de toutes les parties du corps après avoir traversé les muscles, les glandes, etc.

Il se déverse dans l'oreillette droite qui se laisse distendre passivement, Quand celle-ci est remplie, elle se contracte brusquement et chasse le sang dans le ventricule par l'orifice auriculo-ventriculaire pendant que les veines caves pleines de sang en empêchent le reflux.

La contraction ou systole de l'oreillette a duré 2/10 d'une révolution cardiaque complète. L'oreillette redevient passive pendant les deux périodes suivantes, et se laisse de nouveau distendre par le sang veineux.

Le ventricule se contracte aussitôt qu'il est plein et sa contraction dure les 5/10 de la révolution totale. L'importance de cette durée tient au travail considérable qu'il doit accomplir. Le sang passe alors en effet dans les artères et ne peut refluer dans le ventricule, grâce à l'obturation produite par les valvules auriculo-ventriculaires, puis le cœur se repose pendant les 3/10 restants de la contraction totale qui dure environ 0,857 de seconde.

Ainsi le sang passe du cœur droit où il est constamment veineux, c'est-à-dire noir et impur, dans les poumons par l'artère pulmonaire ; il revient par les veines pulmonaires dans le cœur gauche qui ne contient que du sang artériel rouge ou pur, de là passe dans l'artère aorte qui se ramifie dans tous les tissus et débouche par les veines caves dans l'oreillette droite après avoir traversé les capillaires et un grand nombre de glandes, véritables laboratoires où s'élaborent et se transforment les matériaux qu'il apporte.

Vitesse de la circulation. — La vitesse du sang dans une artère va en diminuant de plus en plus depuis le cœur, jusqu'aux capillaires, elle est de $0^m,44$ à l'origine de l'aorte et de $1^{m/m}$ seulement par seconde dans les capillaires.

Cela tient à ce que le sang venant de l'aorte s'étale dans un réseau considérable comme dans un tube dont la section irait en grandissant.

La pression du sang n'est pas la même dans le système artériel et dans le système veineux, elle atteint dans le premier jusqu'à la valeur de 13 cent. de mercure sous l'influence de la contraction ventriculaire, va en diminuant jusque dans les capillaires, puis les veines où elle est presque nulle à son entrée dans l'oreillette, mais la pression et la vitesse du sang ne sont aucunement liées l'une à l'autre, et elles varient avec l'intensité de la pression dans le thorax pendant les actes respiratoires.

En moyenne, chaque contraction du cœur lance dans l'aorte 180 grammes de sang et il faut environ 25 à 30 pulsations du cœur et 30 secondes pour que tout le sang ait effectué une révolution totale dans les canaux circulatoires.

Chaque systole ventriculaire produit une onde sanguine qui progresse avec une vitesse de 9 mètres à la seconde, mais cette onde ne doit pas être confondue avec le déplacement du liquide.

C'est elle qui donne lieu au phénomène du pouls qui, sensible dans toutes les artères un peu volumineuses, donne une indication exacte sur le rhythme des battements du cœur.

Celui-ci bat chez l'adulte 70 à 75 fois par minute, chez l'enfant d'un an 100 à 115, 90 à 100 et 80 à 85 jusqu'à l'âge de 14 ans ; il s'accélère dans l'état fébrile.

Toutes les pulsations du cœur ont pour effet de donner au sang un mouvement de progression intermittent qui est transformé en mouvement continu par l'élasticité des artères. Les parois de ces dernières se dilatent, emmagasinent une partie de la force vive de l'onde chassée par le cœur et la restituent intégralement pendant la période suivante. Le travail du cœur se trouve ainsi mieux utilisé au lieu de se perdre partiellement en chocs et en frottements contre les vaisseaux, il produit dans ceux-ci la progression continue du courant sanguin.

Choc et bruits du cœur. — Pour chaque contraction du cœur il y a un choc et deux bruits. Le choc se perçoit en appliquant la main contre le thorax, vers la sixième côte en dedans du mamelon. Il se produit au moment de la systole du ventricule et tient au changement de consistance de celui-ci, qui d'abord mou, se contracte pour expulser son contenu.

Les deux bruits du cœur correspondent : le premier à la systole ventriculaire et est dû à la contraction des fibres musculaires qui retiennent les valvules auriculo-ventriculaires.

Le second plus bref au temps du repos du cœur, il est produit par les les mouvements des valvules aortique et pulmonaire qui se tendent pour s'opposer au reflux du sang des artères dans le cœur.

Le tableau suivant donne les temps et la durée des différents phénomènes d'une révolution cardiaque :

	1	2	3	4	5	6	7	8	9	10
Oreillette	Systole		Diastole ou repos							
Ventricule	Repos		Systole					Repos		
Bruit	Silence		1er Bruit Choc					2e Bruit		

Modifications apportées à la circulation dans l'état physiologique. — L'activité de la circulation est sous la dépendance du système nerveux. Le cœur est soumis à l'action de deux centres, l'un modérateur situé dans le bulbe rachidien et mis en rapport avec le cœur par le nerf pneumo-gastrique, l'autre fait partie du système grand sympathique.

Le cœur contient aussi en lui-même des centres nerveux qui l'excitent et ont la double fonction modératrice et accélératrice, de telle sorte, qu'arraché de la poitrine de l'animal il continue à battre un certain temps. C'est de l'action prédominante de l'un ou l'autre de ces centres nerveux que dépend l'accélération ou le retard des battements du cœur.

Ainsi une excitation des nerfs sensibles, un choc violent de l'abdomen, retarde et même peut arrêter totalement les battements du cœur, une excitation moins intense, comme une augmentation de travail musculaire, une émotion morale les accélèrent.

Il y a là une régulation fort intéressante du travail du cœur, dont le mécanisme est aujourd'hui à peu près connu.

Les vaisseaux aussi, surtout les vaisseaux artériels, sont sous la dépendance du système nerveux, leur tunique moyenne, qui est musculaire et possède la propriété contractile, en permet le resserrement et par suite la diminution d'afflux du sang dans un organe ou à la périphérie.

C'est ainsi que se régularise la température du corps. Si celle-ci s'élève, les vaisseaux se dilatent, le sang arrive en abondance à la peau et se refroidit au contact de l'air. Si la température externe s'abaisse sous l'influence du froid les vaisseaux se contractent, le sang refoule vers les centres à l'abri de la déperdition de chaleur. Les nerfs, qui sont les agents de ces mouvements de contraction et de dilatation, accompagnent tous les vaisseaux et sont en communication avec la tunique musculaire de chacun d'eux. Ils sont appelés vaso-moteurs.

Comme tous les nerfs, ces derniers peuvent être excités par un agent mécanique ; un frottement, une percussion de faible intensité fait contracter les vaisseaux, une excitation de même nature, mais plus intense, produit la fatigue, la paralysie des nerfs qui commandent aux muscles des vaisseaux et l'on voit ceux-ci se relâcher.

C'est par ce mécanisme que les vaisseaux se dilatent, que la circulation devient plus active, après un exercice musculaire violent, après un traumatisme, après l'application de l'eau froide.

La réaction n'est due, dans ce cas, qu'à la paralysie des muscles des vaisseaux, dont la cause est une excitation assez intense pour produire l'épuisement. La pression du sang, due à l'action de la pesanteur, est un excitant de même nature et la tonicité vasculaire est en rapport avec cette pression.

Accommodation de la contractilité des vaisseaux aux excitants divers. — Ici comme ailleurs, la loi d'accommodation trouve son exemple. Ainsi, les chocs produits dans la marche épuisent bien vite la contractilité vasculaire chez un homme inexpérimenté ; ses pieds se gonflent, deviennent chauds et rouges, trois caractères d'exagération dans l'activité circulatoire qui se présentent avec un moindre degré d'intensité selon l'habitude, selon la fréquence de l'excitant.

Dans l'attitude bipède, la pesanteur, agissant dans le membre inférieur suivant le cours du sang, et dans la tête en sens contraire, a pour effet d'augmenter la circulation aux pieds et de la ralentir à la tête. Mais la pression du sang qui en résulte agit comme excitant et, suivant son intensité, pour faire resserrer les vaisseaux et rétablir le cours normal.

Aussi, la contractilité vasculaire est plus grande aux pieds que dans la tête. Si brusquement on vient à changer l'attitude en mettant la tête en bas, par exemple, la contractilité n'étant pas en rapport avec l'accroissement de pression, les vaisseaux de la tête se laissent distendre, non pas sans quelque danger, des troubles nerveux dus à la congestion cérébrale ne manquent pas de se manifester.

Ce n'est que par une accoutumance progressive dans le jeune âge, pour ainsi dire par une gymnastique spéciale, que la tunique musculaire des vaisseaux peut acquérir à la tête la contractilité qu'elle possède aux membres inférieurs.

Ce n'est qu'après cette accommodation que les exercices de suspension renversée pourront, dans une certaine mesure, n'être pas nuisibles, mais ils le seront toujours dans l'âge avancé, vu le changement de structure des vaisseaux et si l'on agit brusquement.

Par une cause inverse, mais conformément aux mêmes lois, un homme qui, à la suite d'une maladie, est resté couché pendant longtemps, a perdu en partie la contractilité vasculaire de ses membres inférieurs, devenue inutile dans la position horizontale. Celle-ci s'épuise bien vite au premier levé, aussi les vaisseaux de la jambe deviennent turgescents, tout le sang s'y porte en masse, abandonne le cerveau et une syncope peut survenir.

Le malade doit, pour l'éviter, passer progressivement de la station couchée à la station droite, pour accoutumer ses vaisseaux à la contractilité indispensable à la bonne répartition du sang.

L'accommodation se fait aussi chez les hommes exposés à de hautes ou de basses températures dans des milieux spéciaux. Les fondeurs, les verriers, habitués à un rayonnement de chaleur intense, sont, sans cette excitation, presque toujours pâles. Les baigneurs, les débardeurs, toujours à l'eau fraîche, finissent par avoir pourtant dans leurs muscles une circulation à peu près normale.

Cette accommodation est bien manifeste pendant la réaction qui suit un bain froid. On voit alors combien la rougeur due à l'épuisement de la contractilité vasculaire est inégale par tout le corps. Les mains et en général presque toutes les parties qui sont à l'air libre, accommodées aux changements de température sont en effet beaucoup moins colorées que le tronc et toutes les parties préservées par les vêtements.

Pour être complet il faudrait traiter ici des autres mouvements qui s'exécutent intimement dans notre organisme sans que nous en ayions conscience. Les mouvements du tube digestif, du cerveau, de la trachée et des bronches, le mécanisme de la déglutition, de la défécation, de l'urination, du vomissement, de la toux, etc. devraient nous occuper tour à tour; mais le peu d'étendue que nous sommes contraints de donner à ces leçons nous obligent à spécialiser notre sujet.

Nous abordons immédiatement l'étude mécanique des mouvements généraux du corps humain, renvoyant pour le reste aux traités classiques de physiologie où ces développements ont été exposés.

ETUDE

DES STATIONS ET PROGRESSIONS

DU CORPS HUMAIN

DEUXIÈME PARTIE

Classification des mouvements. — Nous diviserons les mouvements du corps humain en deux grands groupes,

1° Ceux pendant lesquels le point d'appui que prend le corps sur le sol ou sur un obstacle fixe reste invariable.

Ce sont toutes les *stations*, les mouvements du corps pendant les stations, les *suspensions*, les appuis fixes à des appareils, les balancements sur place, et les luttes et oppositions de 2 gymnastes.

2° Les mouvements pendant lesquels varie le point d'appui que prend le corps, soit sur le sol, soit sur les obstacles fixes :

Ce sont les progressions sur un plan, comme la marche, la course, le saut, celles qui s'effectuent à l'appui ou à la suspension, ainsi que les progressions dans l'eau, comme la natation.

3° Les mouvements de progression indirecte dans lesquels la force musculaire est bien, il est vrai, la force motrice, la cause du mouvement, mais où elle agit par un intermédiaire plus ou moins complexe, machine qui supporte le corps et par rapport à laquelle celui-ci reste fixe ainsi que cela se voit dans le canotage, l'escarpolette et toutes les voltiges aux instruments oscillants, le vélocipède, l'équitation.

Ces derniers mouvements participent à la fois des mouvements actifs et des mouvements passifs comme la vectation en voiture, en bateau, dont nous dirons quelques mots.

Nous terminerons par quelques indications sur la classification des mouvements au point de vue physiologique, et sur la force et le travail musculaire de l'homme, nous réservant, dans un travail ultérieur de conclure par une méthode positive de développement et d'éducation physique.

Représentation shématique de l'homme. — Afin que notre exposition soit simple et nette, il est bon d'adopter certaines notations fixes :

Nous représenterons l'*Homme*, par sa charpente osseuse, ou du moins par les principales lignes de cette charpente :

La tête sera représentée par le profil T; l'articulation occipito-atloïdienne par le point V ; la colonne vertébrale par une ligne verticale présentant en profil les courbures normales M_1, M_2, M_3 , c'est-à-dire les convexités du cou, du dos et des lombes.

La ligne Ee sera la ligne qui passe par les centres des têtes humérales; E l'épaule; C le coude; H le carpe ; D les doigts.

Ff, la ligne des têtes fémorales, R le genou, S le tarse, U les orteils.

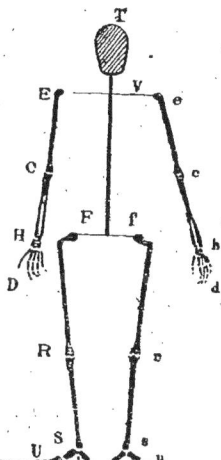 

Fig. 17.   Fig. 18.

Le côté droit se distinguera du côté gauche en l'affectant de grandes lettres, tandis que le côté gauche portera les mêmes lettres, mais minuscules.

Ainsi se distingueront les positions de face, de derrière et de profil.

L'avant-bras figuré par deux traits représentant le radius et le cubitus sera en supination quand ces traits seront parallèles, en pronation quand ils seront croisés.

Les centres de gravité des différents segments du tronc et des membres s'appelleront G_1 G_2, G_3, et celui de tout le système G.

A sera toujours le point d'application de la puissance musculaire P ;

B Celui de la résistance Q.

Les muscles seront indiqués par une ligne qui aura pour direction la direction moyenne de leurs fibres réunissant les deux directions. Leur effet, l'effort qu'ils exercent, sera représenté par une ligne droite dirigée suivant le dernier élément du tendon et ayant une longueur proportionnelle à l'intensité de l'effort.

Equilibre du corps dans différentes attitudes.

STATION BIPÈDE DROITE.

L'étude de la station bipède, faite comme elle le mérite, ne serait autre que l'étude anatomique détaillée, la raison d'être pour ainsi dire, de la forme du squelette humain et de la direction des muscles ; elle devrait pour être complète, commencer par celle de la station des quadrupèdes et, par degré, nous amener à celle de l'homme.

L'anatomie comparée nous serait donc indispensable pour suivre pas à pas les modifications apportées dans la structure des os par la tendance à l'attitude droite et nous persuader que toutes elles trouvent leur explication et leur cause dans les modifications de l'attitude elle-même.

Cette simple étude de la station nous ouvrirait ainsi des vues philosophiques lointaines vers lesquelles nous nous laisserions facilement entraîner si nous ne nous étions imposé de la faire ici très succintement et sans sortir du cadre de notre sujet ; aussi, parlerons-nous aussi simplement que possible.

La *station bipède* de l'homme n'a pas besoin d'être définie, c'est l'attitude du soldat au port d'armes.

Nous savons que l'homme ivre ou endormi, chez lequel les muscles sont relâchés, est affaissé sur lui-même, la tête le tronc et les jambes fléchies.

Un homme foudroyé par une mort subite tombe toujours en avant et son cadavre ne peut plus conserver l'attitude debout quand on essaie de la lui faire prendre.

La station exige donc le secours de la force musculaire et, si les segments, tête, tronc, cuisse, membres étaient maintenues en extension par la contraction des muscles, on pourrait déjà comprendre comment l'équilibre est possible dans cette attitude.

Mais cette explication est insuffisante, la contraction musculaire est une force essentiellement intermittente, et nous savons pourtant que la station peut être maintenue pendant un long intervalle de temps.

Déjà l'observation nous montre que, grâce à la courbure lombaire M3 de la colonne vertébrale, le centre de gravité du tronc situé environ à la hauteur de la pointe du sternum est amené au-dessus de l'axe des têtes fémorales Ff base de sustentation. L'équilibre du tronc peut être ainsi produit, et son instabilité combattue par la lutte continuelle des extenseurs et des fléchisseurs de la cuisse sur le bassin, les jambes et le fémur étant maintenus en extension et le tibia en équilibre sur le pied par l'effort musculaire.

Cette explication est déjà plus satisfaisante que la première, car elle ne demande pas aux muscles une contraction incessante qui est antiphysiologique.

Nous pouvons réduire encore le rôle de cette contraction, si nous remarquons que, chez l'homme en station droite depuis quelque temps, les membres inférieurs ne sont pas verticaux ; ils sont inclinés, l'abdomen légèrement projeté en avant. Le centre de gravité du tronc passe alors en arrière des têtes fémorales, l'action de la pesanteur a pour effet de forcer l'extension du tronc sur la cuisse, elle s'épuise donc sur les ligaments de Bertin renforçant antérieurement la capsule articulaire de l'articulation coxo-fémorale ainsi que sur la tonicité des fléchisseurs psoas-iliaques fortement tendus dans cette circonstance.

La ligne de gravité du tronc passe ainsi en avant de l'articulation du genou, l'action de la pesanteur est donc d'en produire l'extension, elle s'épuise sur les ligaments croisés et latéraux de l'articulation ainsi que sur la tonicité des muscles fléchisseurs de la jambe qui, s'insérant au bassin, font l'office de cordes tendues entre l'os iliaque et le tibia.

Mais aucun effort musculaire des extenseurs de la jambe n'est nécessaire et c'est que l'on constate facilement par la mobilité de la rotule.

La ligne de gravité du tronc passe en avant de l'articulation tibio-tarsienne, la pesanteur a pour effet la flexion de la jambe sur le pied, mais cet effet s'épuise sur la tonicité des jumeaux s'insérant au fémur et distendus par l'extension de la jambe.

Cette explication dernière de l'équilibre des segments du tronc et du membre inférieur pendant la station est suffisante ; elle concorde même avec l'expérience qui pendant une station prolongée nous donne une sensation de fatigue dans l'aîne et à l'attache des jumeaux au-dessus de l'articulation du genou.

———

5

ÉQUILIBRE DU CORPS ENTIER PENDANT LA STATION.

La seule condition d'équilibre du corps sur le sol horizontal est que la verticale passant par le centre de gravité du corps entier situé au-dessus de la ligne Ff des têtes fémorales et dans le plan médian, passe par la base de sustentation qui est limitée dans ce cas latéralement par le contour des semelles de chaussures et, en avant et en arrière, par des droites parallèles tangentes à ce contour.

Il est quelques écarts de cette position tolérés par le frottement développé au contact des chaussures et du sol ; ils exigent tous un développement de force musculaire qui ne peut durer longtemps. Ainsi, si l'on se penche en avant, en arrière ou de côté, les jambes restant tendues et jointes, il y a, dans le premier cas contraction énergique des fléchisseurs du pied et des extenseurs de la jambe et du tronc, le cocyx étant fortement rejeté en arrière.

Dans le second cas, il y a exagération de la contraction des extenseurs du pied et des fléchisseurs du tronc. Dans l'inclinaison latérale ce sont les fléchisseurs latéraux du tronc qui sont sollicités.

Ces conditions d'équilibre sont les mêmes sur un plan incliné, mais les résultats sont modifiés d'après l'intensité du frottement c'est-à-dire suivant la nature de la surface sur laquelle on repose.

Les dernières attitudes sont celles que l'on prend instinctivement lorsqu'on a un fardeau, soit sur le dos, soit suspendu au cou, soit tenu à la main ; elles ont pour but de ramener le centre de gravité de l'ensemble au-dessus de la base de sustentation.

Dans tous les cas, la station bipède droite est une attitude pénible, aussi cherche-t-on à atténuer la fatigue qui en résulte en faisant porter le poids du corps alternativement par chaque jambe en amenant le centre de gravité du tronc tantôt sur l'une, tantôt sur l'autre.

On prend alors la position hanchée pendant laquelle la jambe qui se repose s'infléchit légèrement et ne sert que d'arc-boutant pour maintenir la stabilité.

Équilibre de la tête et des segments du tronc pendant la station. — Le centre de gravité de la tête se projette en avant des condyles occipitaux, le plan de la surface articulaire de ces condyles est incliné d'arrière en avant et de haut en bas.

La flexion de la tête sur l'atlas est très limitée, elle est presque entièrement due à la région cervicale de la colonne vertébrale. Celle-ci, très mobile, nécessite pour être maintenue dans l'extension un effort musculaire constant. La multiplicité des faisceaux musculaires qui se relaient continuellement, font comprendre l'absence de fatigue dans cette région, malgré l'effort soutenu.

Les convexités M_1 et M_3 donnent lieu à des concavités en sens opposé dont l'une lombaire est particulière à l'homme ; celles-ci logent les muscles extenseurs de chacune des vertèbres les unes sur les autres. L'exagération de la courbure M_2 est limitée par tous les efforts musculaires et par la résistance des ligaments jaunes élastiques ; la colonne vertébrale forme ainsi un tout solide et peut résister au poids des viscères qui agit sur elles par l'intermédiaire des côtes.

Le poids des viscères abdominaux est supporté en partie par les fosses iliaques, en partie par les muscles et aponévroses des parois abdominales ainsi que par les muscles qui ferment le détroit inférieur du bassin.

Ces dernière occlusions consistant en parties molles, peuvent quelquefois n'être point complètes, et laisser passer une portion de l'intestin ; on a alors des accidents connus sous le nom de *hernies* qui, suivant la situation, portent les noms de hernie ombilicale, inguinale, crurale.

Inconvénients de la station prolongée. — Outre la fatigue qu'elle procure, ainsi que la déperdition de chaleur due à l'immobilité du corps, la station présente quelques inconvénients qui, à la longue, peuvent devenir graves : La pesanteur agissant sur le sang des veines inférieures, s'oppose à son ascension dans celles-ci et peut ainsi produire la dilatation variqueuse, il est constant en effet qu'un grand nombre d'artisans, forcés par leur métier à rester debout immobiles, sont affectés de varices.

La station finit aussi par exagérer la courbure lombaire M_3 et par suite M_1 qui lui est solidaire. Il en résulte que l'abdomen fait saillie et que les parois abdominales relâchées peuvent être la cause première de l'obésité.

On a vu la station hanchée habituelle sur une même jambe, provoquer une déviation latérale de la colonne vertébrale avec convexité du côté opposé à la jambe qui sert de support. En effet, dans la station hanchée sur la jambe droite par exemple, la ligne des têtes fémorales Ff et celle des épaules Ee sont inclinées sur l'horizon en sens opposé, les muscles du membre inférieur gauche sont relâchés, le tronc est incliné vers la droite par la flexion latérale de façon à ce que le centre de gravité du tronc tende à se projeter sur la cavité cotyloïde droite où est le point d'appui. La tête entraînée dans cette direction est ramenée à gauche par l'effort musculaire ; de là 2 courbures en sens opposé qui à longue peuvent amener la déviation latérale appelée *scoliose*.

Conditions diverses de stabilité. — Une fois que les segments du corps sont maintenus en équilibre, la stabilité générale de tout le système dépend de la base de sustentation formée par les appuis du corps sur le sol et de la situation du centre de gravité par rapport à cette base. L'étendue de celle-ci augmentant, la stabilité, sera plus grande surtout si les dimensions s'accroissent dans le sens de la mobilité du tronc, c'est-à-dire d'avant en arrière.

Aussi, si l'on porte une jambe en avant, la jambe droite par exemple, légèrement fléchie, en tenant la jambe gauche étendue comme arc-boutant en arrière, l'axe du pied perpendiculairement placé à celui du pied droit, la base de sustentation sera la figure obtenue en menant des tangentes aux surfaces de contact des souliers sur le sol, son étendue et sa situation permettront la flexion du tronc en avant, car le centre de gravité du système se projettera toujours sur la surface ainsi délimitée. L'attitude précédente est donc la meilleure que l'on puisse prendre pour résister à un effort venant de front.

Mais la fatigue viendra vite car la solidité de la jambe dont les segments sont infléchis les uns sur les autres, nécessite un effort considérable des extenseurs de la jambe et du pied, la jambe étendue en arrière est dans une extension maximum qui est à peu près passive.

La position de la *garde* de l'escrime diffère de l'attitude précédente en ce que la jambe gauche est aussi fléchie ce qui est une cause de fatigue plus grande et de stabilité moindre, car les pieds sont plus rapprochés et par suite la base de sustentation moins grande, mais grâce à la flexion de la jambe en arrière, le corps est toujours prêt à être projeté en avant, en un mot, on est toujours disposé à se fendre.

Dans ces stations, le tronc est maintenu en équilibre sur la ligne des têtes fémorales par la lutte incessante des fléchisseurs, fléchisseurs latéraux et extenseurs,

Station sur un pied ou station sur la pointe des pieds. — L'équilibre devient de plus en plus difficile à maintenir si l'on se tient sur un seul pied, en effet, la base de sustentation du tronc sur la jambe est réduite à la tête fémorale ; celle du corps sur le sol à la surface du pied, aussi l'effort musculaire de solidification est considérablement augmenté. Suivant que la jambe libre sera portée en avant en arrière ou latéralement, le tronc s'inclinera en arrière en avant ou latéralement du côté opposé à la jambe libre, afin de ramener au-dessus de la base de sustentation le centre de gravité de l'ensemble déplacé par la projection de l'un des membres inférieurs.

La stabilité diminue encore à plus forte raison si l'on se dresse sur la pointe des pieds ou sur la pointe d'un seul pied.

Cet exercice affectionné par les danseurs nécessite un effort excessif de la part des extenseurs du pied, on peut dire que tous les muscles moteurs de celui-ci sont synergiquement contractés pour solidifier l'articulation tibio-tarsienne.

Aussi les danseurs ont-ils les mollets très développés.

La base de sustentation se réduit ici à la surface de contact des orteils avec le sol, l'instabilité est à son maximum.

Station, les jambes écartées. — Dans la station les jambes écartées, l'équilibre du tronc sur les têtes fémorales est analogue à celui de la station droite, seulement le poids du corps tend à exagérer l'écartement des jambes qui ne sont maintenues fixes que grâce au frottement développé au contact du sol, ou à l'effort des adducteurs des cuisses. Ces deux causes de stabilité agissent toujours en sens inverse, de sorte que sur un plan parfaitement poli, le frottement serait nul et la traction des adducteurs totalement active. La base de sustentation est allongée transversalement et offre peu d'avantage pour la résistance contre un effort dirigé d'avant en arrière.

Station accroupie. — Dans la station accroupie l'effort musculaire est différent suivant que les extrémités inférieures sont plus ou moins fléchies.

Cette flexion est limitée par la rencontre des parties charnues de la cuisse avec l'abdomen, du mollet avec la cuisse et par la disposition de l'articulation de la cheville. Ceci explique la difficulté de la flexion chez les gens obèses. La base de sustentation est la même que dans la station sur la pointe des pieds, mais la stabilité est plus grande car le centre de gravité du corps est considérablement abaissé.

La fatigue vient vite dans cette position, car la cuisse prenant un point d'appui sur la saillie du mollet tend à basculer autour de ce point sous l'action du poids du corps et à séparer les surfaces articulaires du genou.

De plus, la compression des vaisseaux diminue à ce point le cours du sang que, lorsqu'on se relève après un accroupissement assez long, on subit aussitôt les effets de l'éblouissement dû au retour subit du sang dans le membre inférieur.

L'effort musculaire est surtout sensible dans les orteils pour rétablir l'équilibre et très considérable dans tous les extenseurs des segments si l'accroupissement n'est pas maximum.

STATION ASSISE

Dans la station assise, la base de sustentation du tronc est représentée par toute la partie du corps en contact avec le siège, le corps repose sur les ischions et les parties molles de la région fessière.

Si le tronc est incliné contre le dossier du siége, les extenseurs de la colonne vertébrale sont relachés.

La cause de fatigue est alors seulement la pression du corps sur la base d'appui, pression que l'on atténue en la répartissant sur le plus grand nombre de points possibles au moyen de coussins élastiques qui se moulent sur les formes du corps.

On obtient le relâchement complet des muscles du tronc si la surface du siége est un peu inclinée d'avant en arrière de haut en bas, et par une inclinaison convenable du dossier qui supporte une grande partie du poids du tronc.

C'est la meilleure condition de repos, sur un siége; les jambes pendent ou reposent sur le sol sans contraction.

Si le siége est horizontal et sans dossier, le tronc s'incline un peu en avant, et d'autant plus que la fatigue est plus grande. La courbure lombaire M_3 s'efface et se confond avec la courbure dorsale. Si l'on se tient tout à fait droit, ce n'est que grâce à l'extension de la région dorsale et à l'exagération de l'ensellure. Ces deux dernières stations préparent donc respectivement la *cyphose* et la *lordose*.

La courbure de la région dorsale et cervicale M_1 M_2 est notablement augmentée si l'on écrit à une table trop basse, ou bien si l'on s'assied sur le bord de son siége en s'appuyant sur le dossier, circonstance qui se présente chez les vieillards déjà atteints de cyphose et qui ne fait qu'aggraver leur état.

La déviation latérale de la colonne (*scoliose*) peut aussi se produire si l'on s'assied seulement sur une fesse. Comme cela se voit dans les écoles, où l'élève, afin de tenir les bords de son cahier parallèles à ceux de la table, est obligé de s'asseoir sur la fesse gauche et d'incliner le corps à droite en abaissant l'épaule droite.

La courbure du rachis présente alors sa convexité à gauche.

Stabilité de la station assise. — La stabilité de la station assise dépend de la largeur du siége; aussi sur une barre transversale, l'équilibre sera très-instable, car si le centre de gravité du tronc situé au-dessus de cette barre vient à sortir du plan vertical passant par la barre, le corps continuera à tourner autour de la barre d'appui, comme axe, à moins que, par un mouvement convenable et subit des membres, on ne le ramène aussitôt à sa première position.

Passage de l'attitude assise à l'attitude droite. — Un homme assis qui veut se relever fléchit d'abord fortement le tronc sur les cuisses afin d'amener le centre de gravité du corps au-dessus de la base de sustentation déterminée par le contact des pieds avec le sol; il se trouve alors dans la position accroupie, et n'a ensuite qu'à faire effort énergique des extenseurs de la jambe et du tronc pour passer en station droite.

Le premier mouvement de flexion du tronc est d'autant plus accentué que l'homme est plus faible et que les jambes sont moins fléchies sur les cuisses au moment du levé.

On s'aide souvent alors des bras que l'on appuie sur les genoux pour faciliter l'extension pénible du tronc.

On sait que les professions qui exigent une station assise continuelle produisent l'abaissement de la température du corps, le ralentissement des fonctions organiques, modifications qui peuvent amener des troubles durables, des infirmités telles que l'anémie, l'obésité, les hémorrhoïdes, etc.

DÉCUBITUS

Dans la station couchée ou décubitus, la base de sustentation est la plus grande possible ; aussi, quand elle a lieu sur une surface assez moelleuse pour prendre en partie la forme du corps, tous les muscles moteurs du tronc et des membres peuvent être dans le relâchement, de là le repos complet, si le décubitus est horizontal. La pesanteur n'agit point alors sur le cours du sang, mais suivant la position, elle agit sur les viscères et l'on sait que certaines personnes ne peuvent se coucher sur le côté droit sans ressentir des troubles dus à la compression du cœur.

Si la surface sur laquelle on est couché présente une certaine résistance, la fatigue éprouvée vient de ce que la charge du corps n'est supportée que par des points de contact peu nombreux, les autres parties du corps formant pour ainsi dire des voûtes qui nécessitent la contraction musculaire pour être maintenues solides.

Passage du décubitus à la station droite. — Pour passer de la position couchée à la station, on infléchit le tronc sur les cuisses, puis en se soutenant en arrière par les bras étendus, on amène les pieds le plus près possible du pubis, par un élan léger communiqué au tronc d'arrière en avant par l'extension des bras on passe tout à coup à la station accroupie et de là à la station droite.

La position de session sur le sol les jambes allongées, le tronc fléchi à angle droit, est très pénible à conserver, cela tient à la tension exagérée des muscles fléchisseurs de la jambe et des extenseurs du pied qui relient le bassin au tibia et le fémur au tarse en passant derrière l'articulation du genou. Les insertions de ces muscles sont alors à une distance maximum.

STATIONS DIVERSES

Station sur les mains. — Dans cette station anormale, le poids du corps est supporté totalement par les membres supérieurs, l'équilibre du système est dû à l'équilibre partiel de chacun des segments les uns sur les autres. En commençant par la partie supérieure, nous voyons que l'équilibre de la jambe sur la cuisse est dû à la contraction des extenseurs, les membres inférieurs étant accolés parallèlement par la puissance des adducteurs forment un système dont le centre de gravité passe en avant de la ligne de suspension Ff des têtes fémorales. Leur poids a pour effet de produire l'extension forcée de la cuisse sur le bassin, extension que nous savons limitée par les ligaments antérieurs de la capsulefibreuse (ligament de Bertin), et par les fléchisseurs (psoas-Iliaque).

Le poids des membres inférieurs a pour effet d'exagérer la courbure lombaire M_3 de la colonne vertébrale et la courbure cervicale M_1 si la tête est fortement relevée par la contraction des extenseurs, pendant que la courbure dorsale M_1 est diminuée.

La limite à l'extension des vertèbres est l'imbrication et la rencontre des apophyses épineuses et articulaires surtout à la région dorsale, la résistance des disques intervertébraux et la tension des fléchisseurs de la cuisse et de la colonne (Psoas-Iliaque, muscles abdominaux).

L'ensemble des membres inférieurs et du tronc est en équilibre sur la ligne E_c des têtes humérales ; le bras étant dans la position d'élévation avec bascule de l'omoplate, celle-ci doit être maintenue fortement par les trapèzes, angulaires, Rhomboïdes qui supportent directement le poids du tronc et s'opposent à son abaissement ainsi que par le grand dentelé qui, maintenant l'obliquité de l'omoplate, permet à celle-ci de présenter vers le bas la surface articulaire de la cavité glénoïde qui sert de base de sustentation.

L'équilibre du système tronc et membres inférieurs se rapproche de la stabilité, si son centre de gravité se projette sur la ligne des épaules E_c ; mais les *Deltoïdes* et *Pectoraux* luttent constamment pour le rétablir et font l'office des *fessiers* et *Psoas-Iliaques* pendant la station droite. Au début du mouvement, les *Deltoïdes* sont seuls chargés de l'extension du tronc sur le bras, c'est-à-dire de l'élévation du tronc, mais ensuite le corps tend à être entraîné du côté du centre de gravité, l'effort des adducteurs du bras (pectoraux dorsaux) est alors nécessaire.

Dans tous les cas l'avant bras étant légèrement fléchi sur

le bras, l'effort des extenseurs (Triceps Brachial) est considérable. Ceux-ci agissent sur l'extrémité d'un levier du second
genre représenté par l'avant-bras, dont le point d'appui est le
poignet, la résistance le poids du tronc et des membres inférieurs se transmettant à l'articulation du coude par l'intermédiaire des muscles, de l'omoplate, de l'humérus.

L'effort des triceps nécessaire à maintenir l'avant-bras en
équilibre sur le bras sous un angle donné, dépend nous l'avons
vu de cet angle et de l'inclinaison de l'avant-bras.

Les muscles moteurs de la main et des doigts agissent avec
efficacité pour maintenir la stabilité alors que l'équilibre a été
obtenu.

Cet équilibre ne peut exister que si le centre de gravité de
tout le système se projette sur la base de sustentation formée
par la surface comprise entre les deux bords externes des
mains.

Inconvénients de la station sur les mains. — les inconvénients inhérents à l'attitude précédente sont manifestes : courbure exagérée de la colonne, tension de la partie inférieure de
la capsule articulaire de l'articulation de l'épaule, effort considérable des élévateurs des bras. inversion totale de toutes les
actions musculaires naturelles, et de l'action de la pesanteur,
épaule remplissant l'office de bassin, chûte des viscères abdominaux sur le diaphragme; afflux du sang dans la cavité crâ-
nienne et obstacle apporté à son cours par la compression des
veines du cou : enfin, difficulté de l'équilibre pouvant amener des
chûtes graves sur les côtes, tout concourt à démontrer que cet
exercice est antiphysiologique.

Il revient au point de vue musculaire et pour les membres
supérieurs à l'élévation d'un poids qui aurait pour intensité le
poids même du corps, les jambes restant inactives.

La station sur une main serait encore plus défectueuse par son
manque de symétrie et sa difficulté.

Ces stations anormales ne peuvent du reste être maintenues
que pendant un temps relativement court.

STATION A LA SUSPENSION

Il y a deux variétés de suspension :

La suspension allongée et la suspension fléchie.

La station en suspension allongée n'exige absolument que la
contraction des fléchisseurs des doigts qui font alors l'office de
crochets et supportent tout le poids du corps. L'omoplate en continuité avec le bras par les ligaments articulaires et les muscles

qui s'y rattachent tend à être soulevée en masse après avoir effectué son mouvement de bascule ordinaire ; aussi la contraction des trapèzes (partie inférieure) même celle des dorsaux et pectoraux qui bien que légère, agit indirectement sur les moignons de l'épaule est-elle indispensable pour soulager l'articulation *scapulo-humérale* et établir des liens entre l'épaule et le tronc.

Ainsi, pendant que la rotation du bras, les longues portions des biceps et des triceps maintiennent la tête de l'humérus contre la cavité glénoïde, le tronc tout entier étant suspendu à l'omoplate et à la clavicule par les côtes et le sternum au moyen des muscles qui s'y insèrent, il est clair que les côtes sont soulevées au maximum, la dilatation du thorax est complète. C'est pourquoi les mouvements respiratoires, surtout ceux des côtes inférieures sont presque supprimés pendant la suspension allongée, et la respiration presque totalement exécutée par le *diaphragme*.

Les jambes sont suspendues au tronc sans contraction nécessaire, les ligaments et les muscles distendus donnent même lieu à une sensation de lourdeur vague dans l'aine si la suspension est suffisamment prolongée.

Les courbures de la colonne vertébrale M_2 M_3 tendent à s'effacer. Cette station offre donc de grands avantages surtout au point de vue de l'ampliation du thorax.

La suspension d'une seule main est plus pénible, son manque de symétrie peut être utilisé dans les cas de déviation.

La suspension doit se faire les bras demeurant parallèles, à l'écartement des épaules, les mains soit en pronation, soit en supination.

Plus l'écartement des mains est grand, plus les omoplates tendent à être écartées l'une de l'autre, plus les muscles qui les rapprochent (rhomboïdes, portion moyenne des trapèzes en particulier), se contractent, plus vite aussi vient la fatigue.

Suspension fléchie. — Dans la suspension fléchie, l'avant-bras est fléchi sur le bras, le bras est dans une adduction plus ou moins forte; le poids du corps, résistance appliquée au centre de gravité G, a pour effet de tendre à produire la suspension allongée, c'est-à-dire l'extension de l'avant-bras sur le bras et l'abduction verticale du bras. Ces extensions sont empêchées par les muscles spéciaux de la flexion de l'avant-bras, *biceps brachial, brachial antérieur, long supinateur* qui fait une forte saillie sous la peau en dedans de l'angle du coude, et par les adducteurs du bras, *grand dorsal, grand pectoral, grand rond*, etc.

La condition générale d'équilibre est que le centre de gravité G du système soit sur une verticale passant par la ligne de sustentation définie par les mains ; aussi, dans la suspension fléchie à une barre, où le tronc élevé se trouve placé totalement en arrière du point d'appui, les jambes sont généralement portées en avant, les cuisses fléchies sur le bassin par la contraction des fléchisseurs et des muscles abdominaux.

L'équilibre est stable mécaniquement, mais physiologiquement très instable, car la contraction musculaire est très intense et d'autant plus que les segments du bras se rapprochent de la rectitude.

Si dans la suspension fléchie on n'a pas soin de conserver aux coudes l'écartement des épaules, si au contraire, on les porte en dedans et en avant, serrés contre le thorax en donnant aux *pectoraux* la prédominance d'action dans l'adduction du bras, la longueur de la fibre des pectoraux finit par diminuer à la suite d'une longue pratique, leur tonicité augmente, aussi, même dans le repos musculaire, les têtes humérales sont attirées en avant vers la ligne médiane, elles entraînent la clavicule et l'omoplate, ce qui a pour résultat final d'arrondir le dos transversalement et de déprimer la poitrine.

Ces inconvénients n'existent pas si l'on a soin de contrebalancer et même de vaincre l'action des pectoraux en attirant l'épaule en arrière par la contraction énergique des muscles dorsaux et synergiquement celle du trapèze. On arrivera sûrement à ce résultat en maintenant toujours aux coudes un écartement au moins égal à celui des épaules.

La facilité avec laquelle cette attitude sera prise et conservée dépend du rappo.t des distances entre l'insertion des muscles de la puissance et l'articulation, à la longueur des segments osseux, ainsi que de l'exiguïté relative de la résistance, c'est-à-dire du poids du corps. Cette facilité sera donc grande chez des sujets qui auront l'insertion des dorsaux et pectoraux fort basse, les muscles puissants et dont le poids du corps ne dépassera pas 65 kilog en moyenne, les membres inférieurs étant peu développés. Ces conditions se rencontrent surtout chez les hommes de petite taille aux membres supérieurs courts et trapus.

Dans la suspension fléchie par un seul bras l'effort musculaire est le double du précédent, il est donc excessif, asymétrique, le corps est incliné de façon à ce que le centre de gravité du système, soit sur la verticale passant par la main qui sert de crochet de suspension,

Ajoutons que la suspension fléchie est plus difficile à maintenir les mains en pronation que les mains en supination ; cela tient à ce que le biceps brachial dont le tendon s'enroule autour du radius est un pronateur avant d'être un fléchisseur de l'avant-bras. Si la main est fixée en pronation, l'action pronatrice est empêchée, l'action fléchissante est donc indirecte, et la flexion est accompagnée d'une torsion de l'avant-bras.

Suspension renversée. — On peut, soit en se suspendant par les mains, soit en s'accrochant par les pieds, maintenir le corps verticalement la tête dirigée vers le sol. Dans la suspension renversée par les mains le corps est en équilibre autour de l'axe des épaules, l'équilibre est instable et n'est maintenu que grâce au concours des muscles abducteurs et adducteurs du bras ainsi que les fixateurs de l'omoplate. Dans la suspension renversée fléchie, le bras vient en abduction grâce à l'effort des deltoïdes ; dans tous les cas le tronc est suspendu aux omoplates et clavicules par l'intermédiaire des trapèzes angulaires, Rhomboïdes etc., le moignon de l'épaule est abaissé, entraînant la clavicule qui peut ainsi comprimer les vaisseaux. L'effet sur l'épaule est analogue à celui produit dans la station verticale par deux poids tenus dans les mains et qui auraient chacun pour intensité la moitié du poids du corps.

La suspension par les pieds est un équilibre stable qui ne nécessite que l'effort des fléchisseurs du pied faisant alors l'office de crochet.

Mais dans ces suspensions, les muscles se contractent involontairement afin de rapprocher les surfaces articulaires qui tendent à se séparer.

Ces attitudes sont antiphysiologiques, les viscères tombent sur le diaphragme, le sang abandonne les membres inférieurs pour affluer à la tête et produire une congestion intense.

Ces attitudes peuvent avoir les plus grands inconvénients suivant les dispositions du sujet. Elles peuvent être utilisées dans les cas de syncope par anémie cérébrale.

Suspension horizontale par les pieds et par les mains. — Si l'on s'accroche par les extrémités des membres à deux barres parallèles, l'attitude qui en résulte, appelée par les praticiens *Sirène* offre les particularités suivantes :

L'effort musculaire n'est nécessaire qu'aux extrémités, le tronc est suspendu par les 4 membres comme un hamac par ses cordons.

Les viscères abdominaux sont attirés en bas et reposent sur la paroi abdominale antérieure fortement distendue.

Les inconvénients principaux de cette suspension sont donc d'exagérer la courbure lombaire M_3 et de faire supporter à la ligne blanche une distension qui peut dépasser ses limites de résistance.

STATION A L'APPUI

Station à l'appui tendu. — Dans la station à l'appui, le

corps repose par les mains sur deux obstacles fixes, sur des barres parallèles par exemple, par l'intermédiaire des bras. Le tronc et les jambes sont suspendus à l'axe des épaules E$_c$ par l'intermédiaire des omoplates, des clavicules et des muscles qui relient ces os au tronc, muscles dont les insertions à ce dernier sont inférieures à celles du bras et de l'épaule.

Tout le poids du corps est donc transmis aux têtes humérales et la réaction des points d'appui, conséquences de ce poids, a pour effet de faire basculer en masse l'omoplate et la clavicule, en soulevant le moignon de l'épaule, et en écartant son angle inférieur de la ligne médiane.

Pour s'opposer à ce mouvement de bascule ainsi qu'à l'élévation en masse du scapulum, le concours énergique des rhomboïdes surtout des parties moyenne et inférieure des trapèzes est nécessaire ainsi que celui des dorsaux qui ramènent indirectement les épaules en arrière, en agissant sur l'humérus.

Le bras est maintenu en extension, par les triceps et l'équilibre ne nécessite pas d'effort musculaire considérable lorsque les segments sont amenés dans le prolongement l'un de l'autre, l'olécrâne venant buter dans la cavité olécrânienne.

Les fléchisseurs et extenseurs de la main et des doigts qui s'insèrent à l'humérus peuvent aussi concourir à la stabilité.

Les jambes sont suspendues au tronc, sans contraction utile par les ligaments et muscles qui relient le fémur au bassin.

L'inconvénient de cette station est de ne point nécessiter les contractions musculaires vraiment indispensables à la dilatation thoracique.

Il en résulte que les mouvements, peuvent être bons ou mauvais suivant la manière dont ils sont exécutés.

Si en effet, la contraction des dorsaux et trapèzes n'intervient pas pour abaisser l'omoplate et attirer en arrière le moignon de l'épaule, les épaules seront élevées, la poitrine déprimée, et la station à l'appui deviendra extrêmement défectueuse à tous les points de vue.

Notons aussi la pression considérable, supportée par le carpe, pression qui devient douloureuse dans bien des cas.

Appui fléchi. — Si étant à l'appui tendu, on diminue progressivement la contraction musculaire, on passe à l'appui fléchi, le poids du corps a pour effet d'abaisser verticalement la ligne E$_c$ des épaules en produisant l'abduction du bras en arrière et la flexion de l'avant-bras sur le bras.

L'abduction du bras est contrebalancée par l'effort des adducteurs, principalement par l'action des faisceaux inférieurs des pectoraux, l'équilibre du bras sur l'avant-bras est produit par la contraction des extenseurs, contraction d'autant plus énergique que l'angle des segments est plus grand.

L'équilibre total est stable car le centre de gravité du corps est en dessous des points d'appui; au minimum d'abaissement, la contraction musculaire n'est pas bien utile, car les bras restant parallèles, leur abduction est limitée en arrière par la rencontre de la tête humérale avec l'acromion et en avant avec l'apophyse coracoïde ; l'omoplate tend à être arrachée du thorax, et n'est retenue que par la tonicité et la contraction des muscles qui la relient au thorax.

Le système solide tronc et bras est ainsi en équilibre sur la ligne des coudes, l'avant-bras étant maintenu immobile sur la main et presque vertical. Le centre de gravité du corps passe par la ligne d'appui des mains sur les barres.

Les inconvénients mécaniques de cette station sont les mêmes l'intensité en moins, que ceux du renversement aux anneaux sur lequel nous reviendrons.

L'abduction forcée en arrière disloque l'articulation scapulo-humérale et fait subir aux ligaments une tension exagérée. Le pectoral ayant son insertion humérale fortement rejetée en arrière, ses fibres fortement distendues, suspend ainsi le thorax à la manière d'une sangle qui passerait sur le sternum. Il en résulte la dépression des côtes et une gêne marquée dans les mouvements respiratoires.

Cette compression donne lieu après le mouvement à une dilatation compensatrice qui peut dans une certaine mesure faire croire à l'effet direct de cette station sur l'extension du thorax.

MOUVEMENTS PENDANT LA STATION

Les mouvements pendant la station comprennent tous les mouvements du tronc et des membres exécutés pendant que le corps repose sur le sol par un appui fixe. Nous n'en finirions pas si nous nous proposions de les énumérer tous ; aussi nous nous contenterons de donner quelques règles générales pour leur analyse et d'en faire quelques applications.

Leçon de plancher. — Les mouvements pendant la station exécutés successivement et coordonnés d'une manière spéciale s'appellent vulgairement la *Leçon de plancher* sur place.

Cette leçon, base de la gymnastique rationnelle a pour but de faire exécuter volontairement au corps tons les mouvements naturels que permet sa structure.

Elle peut se diviser en trois parties :

1° Mouvements naturels sans appareils ;

2° Mouvements avec appareils portatifs ;

3° Luttes raisonnées deux à deux et mouvements aux appareils à contrepoids.

Conditions générales que doit remplir la leçon de plancher.

La leçon de plancher doit satisfaire à deux points de vue :

1° Le point de vue *physiologique* ; 2° le point de vue *esthétique.*

Pour être satisfaisante au premier point de vue, la leçon sera *complète*, bien *définie* et bien *coordonnée.*

La *leçon sera complète* si elle se compose de tous les mouvements que peuvent exécuter les articulations et les groupes de muscles qui les commandent.

Elle *sera bien définie* si l'on prend soin de détailler, d'analyser et de classer chacun des mouvements du corps suivant les puissances musculaires qu'il met en jeu et suivant ses effets généraux sur les fonctions ; si l'on fixe pour chaque mouvement sa dénomination. son rhytme, sa cadence, sa durée, le nombre de fois qu'il doit être exécuté et la place qu'il doit occuper dans la leçon.

Nous reviendrons sur l'analyse mécanique des mouvements. Quant à la terminologie, elle sera celle adoptée pour définir les mouvements articulaires :

Les mouvements simples seront toujours des mouvements de flexion, d'extension, d'adduction, d'abduction de rotation ou de circumduction.

On ajoutera à cette dénomination un mot indiquant la direction dans laquelle se fait le mouvement.

Ex. : Abduction latérale de la cuisse.

L'énumération des mouvements plus complexes contiendra celle des mouvements simples qui le composent.

Ex. : Abduction latérale et mouvement horizontal des bras; ou bien portera un nom simple caractérisant l'attitude générale du corps, et déjà usité dans la lutte, dans l'escrime ou dans des professions connues :

Ex. : Se fendre à droite ou à gauche; mouvement de tourner une manivelle, etc,

Le mouvement étant défini géométriquement, on indiquera, s'il est complexe, sa décomposition en temps, c'est-à-dire son rhythme, puis sa cadence, c'est-à-dire la rapidité avec laquelle les différents temps seront exécutés.

La cadence doit évidemment varier suivant la masse du segment à mouvoir.

La flexion de l'avant-bras sur le bras sera plus vive que la flexion de la cuisse ou l'abduction du bras tendu qui, à leur tour, seront plus rapides que la flexion du tronc et les mouvements généraux du corps.

Dans un mouvement complexe, les mouvements des différents segments conserveront la vitesse relative à leur masse, ainsi, dans le mouvement de flexion et d'extension du tronc avec mouvement vertical des bras en quatre temps, l'élévation des bras se fera avec une vitesse double de celle de l'extension du tronc.

Le nombre de fois qu'un mouvement sera exécuté, sera également en rapport avec l'intensité de l'effort accompli et avec la masse à mouvoir. Six fois sera en moyenne un nombre qu'il ne faudra pas dépasser afin d'éviter la fatigue du muscle.

La *durée* du mouvement dépendra de sa cadence et de la fréquence de sa répétition.

La *place* qu'il occupera dans la leçon est très importante, c'est d'elle que dépend la coordination.

L'indication d'un mouvement renfermera aussi quelques observations succintes, indispensables à sa bonne exécution, et qui auront pour but d'éveiller l'attention du professeur sur les défauts constants dans l'attitude que l'expérience de la pratique fait reconnaître chez les élèves.

Exemple de l indication d'un mouvement :

Commandement : Elévation verticale des bras avec flexion en *4* temps.

Analyse : 1er *Temps*, flexion des avant-bras sur les bras (Puissances musculaires spéciales, biceps brachial Brachial-ant.)

2e temps : Extension de l'avant-bras. (Triceps brachial) et abduction du bras (deltoïde, sus-épineux, grand dentelé, mouvement de bascule de l'omoplate).

3e temps : Flexion simultanée de l'avant-bras et abaissement du bras (cessation des contractions précédentes ; action des fléchisseurs de l'avant-bras et adducteurs du bras si le mouvement est énergique).

4e temps : Extension de l'avant-bras.

Résistance à vaincre : Poids des segments du bras.

Effet physiologique : Mise en jeu de tous les muscles de la partie supérieure du Thorax. — Dilatation thoracique.

Rhytme. — Régulier.

Cadence. — Une demie seconde par temps.

Répétition. — 6 fois.

Observations. — Le mouvement sera énergique. Au troisième temps l'abaissement du bras sera surtout exécuté par le grand dorsal auquel on donnera toujours la préférence d'action sur le grand pectoral afin de rejeter les coudes et les épaules en arrière.

Les omoplates seront attirées l'une vers l'autre par les trapèzes et c'est dans ces conditions seulement que l'effet général du mouvement sera favorable au développement thoracique.

Enfin *la leçon sera bien coordonnée*; elle procèdera du simple au composé afin d'entraîner peu à peu le corps à efforts progressifs croissants. On commencera par tous les mouvements simples articulaires des membres exécutés séparément en alternant les mouvements des bras avec les mouvements analogues des membres inférieurs.

Puis viendront les mouvements du tronc et les mouvements généraux du corps.

Tous les mouvements seront symétriques c'est-à-dire exécutés, identiquement par les membres droit et gauche, soit alternativement, soit simultanément.

Cette méthode naturelle, à l'avantage de donner la certitude que l'on n'omet aucun mouvement, l'exécution alternative et les haltes respiratoires permettront de retarder la fatigue.

2° *La leçon satisfera aussi le point de vue esthétique.* — C'est-à-dire qu'en dehors des qualités mécaniques et physiologiques, d'une importance primordiale, les mouvements présenteront des qualités d'exécution qu'il serait difficile de définir géométriquement, mais que tous connaissent sous le nom d'aisance, d'élégance, qui font la beauté de l'attitude.

Ces qualités sont loin d'être négligeables, elles sont une preuve que toute l'attention de l'élève est mise en éveil, elles dénotent une nature délicate et un goût particulier; elles atténuent tout ce que les conditions mécaniques et physiologiques pourraient avoir de fastidieux pour les esprits nombreux que la raison seule du but à atteindre ne suffit pas à déterminer ni à satisfaire; elles forment la partie théâtrale que l'homme met dans tous ses actes et dont il n'aura jamais peut-être, la force de se départir.

CARACTÈRES PARTICULIERS AUX MOUVEMENTS LIBRES

Les mouvements libres présentent beaucoup d'avantages :

S'ils forment une série complète et sont exécutés avec ampleur et vigueur, ils sont suffisants au développement et à l'entretien de la santé.

Ils sont naturels, faciles à exécuter et produisent le même

6

leur effet pour l'assouplissement et la coordination des mouvements.

C'est pourquoi ils conviennent avant tout à l'enfant chez qui il faut bien se garder de susciter des efforts violents et de hâter le développement des muscles avant l'ossification du squelette.

Ils peuvent aussi être exécutés partout et simultanément par un grand nombre. Il est à souhaiter que les longues heures de classe soient interrompues à l'école par quelques minutes consacrées à ces exercices.

CARACTÈRES PARTICULIERS AUX MOUVEMENTS AVEC INSTRUMENTS

PORTATIFS

Les Instruments portatifs usités et suffisants sont de 3 espèces :

Les haltères, les barres et les massues.

Haltères. — Les haltères sont des poids additionnels dont on se charge les extrémités supérieures ; ils ont pour effet d'augmenter l'intensité des contractions musculaires en augmentant les résistances à vaincre.

Il est bon de remarquer aussitôt qu'ils n'augmentent que la résistance dans le sens de la pesanteur et que ce sont seulement les muscles élévateurs Deltoïdes, Gds Dentelés, extenseurs des jambes et du tronc qui bénéficient surtout de leur action.

En effet, l'abaissement du bras, la flexion du tronc, sont exécutés sans nécessiter la force musculaire des adducteurs et fléchisseurs correspondants.

Au contraire, dans une cadence modérée, l'action des muscles n'intervient synergiquement que pour modérer le mouvement ;

Pour ces raisons, la succession des mouvements d'haltères amène promptement une lassitude dans les épaules et dans la région lombaire, aussi faut-il, suivant notre principe général, les faire alterner avec des mouvements de jambes.

L'effort supporté par celles-ci étant le poids du corps, les muscles constamment mis en jeu seront les extenseurs de la cuisse, de la jambe et du pied.

Il serait utile, pour exercer spécialement les fléchisseurs de la jambe, d'armer le pied d'un poids additionnel, de se servir, par exemple, d'une semelle de plomb ou d'un collier adapté à la cheville.

Le poids de l'haltère devra être en rapport avec la force de l'élève et, pour l'adulte, ne devra pas dépasser 3 kilog.

Pour être logique il faudrait même exécuter les mouvements à bras tendus avec des haltères moins lourds que les mouvements à bras fléchis. Car le bras de levier de la résistance, venant à doubler, la puissance doit varier dans le même rapport, ou bien si l'on désire avoir un effort musculaire invariable, il faut réduire le poids de l'haltère de moitié. Si des difficultés s'opposent à ce que l'on change d'haltères suivant les mouvements, on peut, du moins exécuter les mouvements à bras allongés un nombre de fois moins grand que les autres.

En résumé, avec les haltères légers, pesant au maximum 3 kilogrammes, on peut exécuter tous les mouvements indiqués dans la leçon sans instruments. Ils contribueront beaucoup au développement musculaire et ne devront, pour cette raison, être régulièrement exécutés avant l'âge de 15 à 17 ans.

Nous ne saurions trop répéter que la rapidité des résultats obtenus sur le développement thoracique dépendra surtout de l'attitude du corps pendant les exercices. Il faudra maintenir la tête droite, les épaules effacées; exécuter les mouvements avec vigueur et ampleur.

Nous ne pouvons faire ici l'analyse de tous les mouvements d'haltères usités dans les gymnases mais la règle générale de décomposition est bien simple :

Etant donné un mouvement quelconque, comme nous savons que la résistance est le poids de l'haltère dirigé verticalement de haut en bas, comme les différents temps de ce mouvement se composent de flexions et d'extensions, d'abductions et d'adductions, nous ferons la part des actions musculaires actives ou retardatrices en recherchant si le poids de l'haltère aide ou s'oppose au mouvement articulaire.

Une analyse plus minutieuse n'aurait aucun intérêt ni aucune utilité.

Rappelons que la circumduction du bras est un moyen énergique de faire fonctionner tous les muscles du moignon de l'épaule, que cette circumduction se compose sensiblement de deux arcs de cercle dans deux plans rectangulaires verticaux antéro-postérieur et transversal ; qu'elle est plus aisée d'arrière en avant, que d'avant en arrière, car nous savons que l'abduction en arrière du bras dans un plan antéro-postérieur, parallèle au plan médian et passant par le centre de l'articulation de l'épaule ne peut se faire au delà de 40° à cause de la rencontre de l'humérus avec l'acromion. (1).

_____

(1) Communication faite à l'Assemblée générale du cercle en décembre, 1880.

Que dans une flexion latérale du tronc, flexion qui doit toujours se faire avec lenteur, ce sont les muscles opposés au côté où l'on fait la flexion qui entrent en jeu.

Que dans la rotation du tronc pendant la station, les jambes jointes, il n'y a qu'une petite partie du mouvement qui revient à la torsion de la colonne vertébrale, 28° environ ; si l'amplitude semble être de 180° à droite et à gauche pour la tête, la plupart du mouvement se passe dans la région cervicale, dans les têtes fémorales et les articulations du genou et de la cheville ; Qu'enfin dans les flexions sur les extrémités inférieures, la contraction musculaire doit réagir contre la descente trop brusque du tronc, occasionnée par le poids total du corps augmenté de celui des haltères.

MOUVEMENTS EXÉCUTÉS AVEC DES HALTÈRES LOURDS

Beaucoup se complaisent dans les exercices fait avec de gros haltères pesants et ne s'arrêtent qu'à la limite de leurs forces.

Enlever un haltère, d'après l'expression consacrée, consiste à saisir avec la main cet haltère posé sur le sol et finalement, par un effort musculaire, à l'élever et à le maintenir en équilibre à l'extrémité du bras allongé verticalement.

L'haltère peut être enlevé de 3 manières principales :

1re Manière. — Elévation en 3 temps avec balancement.

L'haltère étant posé sur le sol, on se place un peu en arrière, les jambes légèrement écartées, la poignée située dans le plan médian :

(1er temps). On fléchit les jambes, le tronc et l'on saisit la poignée de l'haltère.

(2e temps). On fait effort des extenseurs du tronc pour détacher l'haltère du sol et lui permettre d'osciller d'avant en arrière dans le plan médian.

On aide à ce mouvement par les abducteurs du bras puis, au moment où l'oscillation commence d'arrière en avant, on fait (3e temps), un violent effort simultané des extenseurs des membres inférieurs, des fessiers, des extenseurs de la colonne et des abducteurs du bras (partie antérieure du deltoïde).

Sollicité verticalement par l'extension des jambes et suivant deux arcs du cercle dont l'un décrit par l'épaule, a son centre sur la ligne des têtes fémorales, et l'autre décrit par la main, a pour centre l'articulation scapulo-humérale, l'haltère est suivant une trajectoire plus ou moins complexe, amené verticalement à l'extrémité du bras tendu.

2e Manière. — Elévation en deux temps :

L'haltère étant placé transversalement un peu en avant des pieds on le saisit (1er temps) la main en pronation en s'accroupissant sur les extrémités inférieures légèrement écartées ; et, (2e temps), par la détente violente des membres inférieurs exécutée simultanément avec l'extension du tronc, l'haltère est arraché violemment du sol. On continue à le suivre dans son ascension verticale en fléchissant le bras et en élevant le coude, L'effort musculaire actif va ainsi en diminuant, mais, si l'élan donné est suffisant pour lui faire dépasser la hauteur de l'épaule, ou substitue à la flexion du bras l'extension subite et ainsi l'haltère est amené directement, suivant la verticale, à l'extrémité du bras tendu.

3° *Manière.* — Elévation en 3 temps sans élan.

La jambe gauche fléchie étant placée en avant, la jambe droite tendue en arrière, l'haltère situé au-devant du pied droit, l'axe antéro-postérieur.

On fléchit (1er temps) fortement le tronc de façon à saisir la poignée, la main en demie-supination et, par un effort simultané des fléchisseurs du bras et des extenseurs du tronc, on amène l'haltère à la hauteur de l'épaule.

L'effort musculaire est proportionnel au poids de l'haltère à la longueur de l'avant-bras et à la distance des points d'insertion des muscles.

Il varie donc en raison inverse du raccourcissement de ces derniers ainsi qu'en raison inverse de la distance d'insertion et de la longueur du bras.

Il va toujours en diminuant pendant que l'angle des deux segments du bras varie de 180° à 0°.

Si cet angle atteignait cette dernière valeur, l'effort musculaire pourrait-être nul, le poids de l'haltère serait alors totalement supporté par les ligaments articulaires de l'articulation du coude.

L'expérience s'accorde avec le calcul ; au début de la flexion l'effort musculaire est très pénible, généralement même on élève involontairement les coudes pour imprimer à l'haltère un élan vertical. La longue portion du biceps fortement contractée attire la tête humérale contre la cavité glénoïde et s'oppose à la luxation en bas. Elle est aidée dans cette fonction par la contraction énergique des rotateurs du bras, de la longue portion du triceps, Les pectoraux s'opposent à un mouvement d'oscillation du bras en arrière, les portions supérieures des trapèzes résistent à l'affaissement de l'épaule.

La portion moyenne et les dorsaux fixent l'insertion supérieure des pectoraux et attirent l'omoplate en arrière.

Le mouvement de flexion de l'avant-bras est facilité par l'extension simultanée du tronc qui contribue fortement à l'élévation de l'haltère.

La flexion est plus facile la main en pronation, car le biceps s'enroulant autour du radius pendant la supination, agit directement pendant la pronation.

3° *Temps*. L'haltère une fois à l'épaule, son centre de gravité est amené au-dessus de la base de sustentation du côté de la jambe droite qui se fléchit légèrement : par un effort considérable des deltoïdes, des élévateurs du moignon de l'épaule, par le mouvement de bascule de l'omoplate dû à l'action du grand dentelé, par l'extension de l'avant-bras sur le bras, toutes ces actions étant simultanées, l'haltère est enlevé verticalement au-dessus de la cavité glénoïde.

Il repose alors sur la colonne formée par les segments du membre supérieur mis bout-à-bout et maintenus dans l'extension ainsi que dans l'élévation verticale par l'effort musculaire.

L'équilibre sera facilité si l'on ne perd pas des yeux l'haltère ; le tronc sera incliné du côté gauche de manière à ramener le centre de gravité de tout le système vers la ligne médiane.

Si le poids est très lourd, on peut user de l'artifice suivant pour faire en partie supporter l'effort d'extension par les extenseurs des jambes, beaucoup plus puissants que ceux du bras.

A cet effet, au moment où l'on étend le bras, on fléchit les jambes, de telle sorte que la somme de l'abaissement vertical de la cavité glénoïde dû à la flexion des jambes et de l'élévation verticale de la main due à l'extension partielle du bras soit justement égale à la longueur du bras étendu. Alors l'élévation de l'haltère à l'extrémité du bras étendu se fait par l'extension des jambes, en élevant simultanément en masse le tronc et le bras.

Dans l'abaissement de l'haltère, c'est-à-dire le mouvement inverse, les muscles précédents sont mis en jeu pour ralentir la chute.

Le travail mécanique considérable effectué nécessite, dans les deux premières manières surtout, un effort musculaire instantané et très considérable.

Cet effort est plus durable dans la troisième méthode, aussi voit-on se produire, au plus haut degré, les troubles indiqués à propos du phénomène de l'effort.

La congestion de la face en est une des manifestations extérieures.

Du reste, toute la musculature du corps se contracte, les muscles abdominaux en particulier, compriment si violemment l'abdomen qu'il n'est pas sans exemple que des hernies se soient produites à la suite du soulèvement d'un poids. Les articulations du genou se fatiguent vite ; aussi ces inconvénients condamnent absolument les exercices exagérés d'haltères lourds surtout s'ils ne sont exécutés que d'une seule main, sans symétrie.

Ces exercices peuvent être classés parmi ceux qui n'ont pour objet que la satisfaction de la vanité et la recherche de la difficulté vaincue sans utilité.

BARRE A SPHÈRES

La barre à sphères est une tige de fer terminée par des boules de fonte.

Son effet ne diffère donc de celui des haltères qu'en ce qu'elles lient les deux mains l'une à l'autre. Elles permettent des mouvements symétriques des bras.

Les plus usités, ceux qui sont caractéristiques de cet instrument consistent, la barre étant saisie par les mains légèrement écartées en pronation, à faire décrire aux bras un mouvement de circumduction d'avant en arrière et à amener ainsi la barre en arrière de la ligne médiane jusqu'au contact du corps.

Ces mouvements fréquemment répétés fatiguent beaucoup l'articulation de l'épaule et la partie antérieure et postérieure des deltoïdes constamment en jeu.

Ils n'offrent sur les mouvements d'haltères que l'avantage de la symétric et de la dilatation thoracique grâce à l'effacement forcé des épaules

Mais leur inconvénient, outre la fatigue de l'épaule, est d'augmenter un peu la courbure lombaire.

L'exercice des barres lourdes a sur celui des haltères l'avantage de la symétrie et de la liaison qui est une cause de stabilité, mais dans les mouvements de flexion de l'avant-bras, la barre venant au contact du thorax s'oppose un peu à l'effacement des épaules.

MASSUE

La massue consiste essentiellement en une masse de bois ou de fer dont le centre de gravité se trouve assez éloigné de l'extrémité amincie qui sert de poignée, ce qui la distingue de l'haltère qui, étant symétrique par rapport à un point situé au milieu de la poignée, a son centre de gravité situé dans la main.

La massue représente donc une force verticale, égale à son poids, d'intensité constante et agissant à l'extrémité d'une droite de longueur invariable passant par la main, mais dont l'orientation varie constamment avec celle-ci.

Ce poids agit avec d'autant plus d'effet que son moment par rapport à la main est plus grand, c'est-à-dire que l'inclinaison de l'axe de la massue se rapproche le plus de l'horizontale.

De plus, suivant l'élan, suivant la vitesse communiquée à cette masse dans certaines directions, on donne naissance à des résistances qui, pour être contrebalancées, nécessitent des actions musculaires diverses.

De là des mouvements variés dont il nous suffira de citer les types principaux :

En dehors des exercices spéciaux des poignets qui sont des combinaisons de la pronation de la supination avec la flexion et l'extension de la main, tous les mouvements d'élévation de la massue mettent en jeu les deltoïdes et grands dentelés ; tous les mouvements d'abaissement, comme le geste de frapper d'arrière en avant, mettent en jeu les adducteurs.

Le second type des mouvements de massue consiste en moulinets exécutés derrière la tête dans un plan postérieur.

Dans les moulinets directs, la massue, tenue verticalement par le bras droit tendu par exemple, tombe par son poids à gauche, le bras se plie, le mouvement s'accélère, la massue, par son élan, passe au delà de la verticale et, au moyen d'une vigoureuse adduction du coude effectuée par le pectoral attirant le bras dans un plan horizontal, simultanément avec une extension de l'avant-bras, elle remonte à sa première position verticale et son centre de gravité a décrit sensiblement une circonférence autour de la main.

Les circumductions du bras s'effectuent dans un plan antérieur le bras allongé et la combinaison de ces moulinets derrière la tête avec les circumductions du bras et exercices de poignets, leur exécution avec deux massues simultanément donnent lieu à des mouvements complexes, fort élégants, dont l'effet sur la dilatation thoracique est manifeste.

Leur inconvénient, lorsque l'on n'en a pas acquis une grande pratique, surtout si l'on ne résiste pas au moment de la chûte de la massue derrière la tête lors de la flexion de l'avant-bras, c'est de causer dans l'articulation du coude des secousses peu salutaires; de plus, il fatiguent vite le poignet par l'effort constant des muscles de la préhension et, exécutés dans la station droite les pieds réunis, ils exagèrent la courbure lombaire pour cette raison que, lorsque la massue est derrière la tête, le centre de gravité de tout le système se trouve rejeté en arrière de la colonne dans la concavité lombaire.

Les mouvements de massue seront donc faits avec modération, il serait même bon de les alterner avec des mouvements d'haltères. Il faudra avant tout conserver au corps une attitude bien droite et lutter par la contraction des muscles abdominaux contre l'ensellure qu'ils proquent inévitablement.

LUTTES ET OPPOSITIONS DE DEUX GYMNASTES

Les luttes de deux gymnastes peuvent se faire directement, sans intermédiaire, comme dans la *Gymnastique suédoise*. On conçoit, en effet, qu'un effort puisse être dirigé dans un sens quelconque par l'un d'eux, pendant que l'autre résiste dans le sens opposé.

Cette méthode simple donne lieu à des mouvements aussi variés que possible dans lesquels la résistance volontaire et intelligente peut-être graduée à volonté suivant les effets à obtenir ; leur analyse offrirait autant de petits problèmes de mécanique, faciles à résoudre si l'on a bien soin de déterminer quel est le sens et le point d'application de la résistance active, quels mouvements elle produirait sur les membres de celui à qui on l'applique. L'effort musculaire suscité sera naturellement celui qui effectuerait les mouvements inverses.

On peut exécuter ces luttes plus commodément en employant soit des cordes terminées par des poignées, soit des bâtons rigides qui servent de liaisons entre les deux gymnastes.

Les premières flexibles peuvent transmettre une traction ; les secondes rigides, une traction ou une poussée.

En résumé, les mouvements d'opposition bien raisonnés et bien exécutés renferment tous les éléments de la meilleure gymnastique envisagée seulement au point de vue du développement et de l'hygiène ; mais ils demandent de la part des exécutants des connaissances, une réflexion et une volonté qui sont loin d'être générales.

Néanmoins, il faut espérer que leur usage se popularisera chez nous, s'introduira peu à peu dans les écoles où il ne nécessitera que les frais les plus minimes et produira les résultats les plus sérieux au point de vue de la résistance à la fatigue et de la beauté du corps et de l'attitude.

MACHINES A CONTRE-POIDS

On peut remplacer le gymnaste opposant par un poids qui exerce sur un cordon une traction dont la direction peut être fixée à volonté au moyen de poulies de renvoi.

En particulier, si le cordon est vertical, la résistance agissant de bas en haut, la puissance musculaire sera sollicitée en sens inverse, c'est-à-dire de haut en bas.

Ainsi les mouvements d'adduction du bras, les flexions du tronc faisant agir spécialement les dorsaux et pectoraux, fléchisseurs du tronc et muscles abdominaux, seront exécutés avec le plus grand fruit, Exemple : *Flexion du tronc, les jambes et les bras allongés.*

Dans ce mouvement, la main décrit un arc de cercle ayant pour centre l'épaule sous l'action énergique des abaisseurs. L'épaule, se meut elle-même sur un cercle, ayant sensiblement pour centre la tête fémorale correspondante sous l'action des fléchisseurs de la cuisse sur le bassin et la tête fémorale à son tour se meut autour de l'axe des chevilles. Les muscles abdominaux se contractent violemment pour solidifier le tronc et relier invariablement le sternum au pubis.

Si les cordons sont horizontaux, placés à la hauteur de l'épaule, tous les mouvements de répulsion ou de traction exécutés le dos ou la face tournée vers l'appareil, donneront lieu à des réactions horizontales des muscles de la partie moyenne du thorax : les pectoraux en avant, les dorsaux rhomboïdes, trapèzes (partie moyenne) en arrière.

Ces actions souvent répétées dans des attitudes choisies, ont le plus grand effet sur le développement des diamètres thoraciques. Les muscles latéraux du tronc seront sollicités par une traction latérale d'un seul bras.

L'action d'un poids servant à développer sur la circonférence d'une roue des frottements variables peut aussi être utilisée indirectement pour augmenter la résistance à vaincre dans le mouvement de rotation au moyen d'une manivelle.

Si l'on tourne la roue d'arrière en avant et de haut en bas, l'effort musculaire est différent suivant la situation de la manivelle. Durant la demie-révolution descendante, la contraction des extenseurs de l'avant-bras, des adducteurs du bras et des fléchisseurs du tronc est mise en jeu.

Dans la demie-révolution ascendante, au contraire, les fléchisseurs de l'avant-bras les élévateurs du bras et les extenseurs du tronc sont à leur tour les agents du mouvement.

Cette disposition est donc excellente si l'on a soin de bien régler la dimension de la manivelle et l'intensité de la résistance.

D'après ces considérations, on voit immédiatement que les appareils à contre-poids sont le complément des haltères, car ils peuvent changer, totalement la direction de la résistance.

Les exercices à ces machines donneront lieu à des problèmes de mécanique analogues à ceux des luttes de deux gymnastes.

La méthode de résolution est identique : Etant donnée la direction de la résistance, son point d'application, la puissance musculaire mise en jeu sera celle dont l'effet est opposé à celui du contre-poids.

Ainsi si ce dernier tend à produire la flexion d'un membre, ce sont les antagonistes, les extenseurs, qui sont sollicités.

Il faut bien tenir compte de la direction du cordon, ou de la résistance par rapport à celle du membre pour ne pas commettre des erreurs grossières. Un exemple fera comprendre l'utilité de cette précaution.

Si la corde sur laquelle agit le contre-poids est verticale, terminée par un étrier dans lequel on engage les orteils, et que l'on exécute un mouvement d'extension simultané de la cuisse, de la jambe et du pied ; suivant l'angle de la jambe avec la verticale ou la direction du cordon, l'effet du contre-poids est, la flexion de la jambe sur la cuisse ou un effet nul quand la jambe est verticale, ou un effet d'extension, quand la jambe fait avec la cuisse un angle obtus.

Cette disposition ne fait donc que très-peu agir les extenseurs de la jambe tandis que ceux de la cuisse (fessiers) sont constamment sollicités.

Les extenseurs de la jambe agissent au contraire dans la flexion et extension sur les membres inférieurs du corps chargé de poids, dans le saut et dans un appareil disposé de telle façon que la résistance soit dirigée suivant la ligne du pied à la hanche et s'oppose à l'écartement de ces deux points. Cette disposition est réalisée si l'on est assis sur un wagonnet roulant le long des montants d'une échelle oblique, et si l'on remonte à reculons ce plan incliné, en prenant appui avec les pieds sur les échelons contre lesquels les jambes viennent s'étendre alternativement et font progresser le système de la longueur de leur détente. On peut augmenter la résistance à vaincre soit en exagérant l'inclinaison de l'échelle soit ce qui est plus commode, en chargeant le wagonnet de poids plus ou moins lourds.

Ces matières pour être convenablement traitées demanderaient un développement considérable ; nous ne pouvons que les indiquer ici.

LIMITE DE TRACTION QUE L'ON PEUT EXERCER SUR UNE CORDE VERTICALE OU HORIZONTALE DONT UNE EXTRÉMITÉ EST FIXE

Lorsque l'on exerce une traction sur un cordon vertical,

soit sur la corde d'un puits, soit sur une corde mouvant une cloche ou un mouton, l'effort musculaire est analogue à celui que nécessite la suspension fléchie. Les adducteurs du bras et fléchisseurs du tronc, sont les agents du mouvement et, si les premiers attirent le bras vers le tronc, le tronc est attiré par eux avec une intensité égale. Il en résulte que lorsque l'effort de traction sur le cordon sera égal au poids du corps, celui-ci n'exercera plus de pression sur le sol, et, pour une traction un peu supérieure, le corps sera soulevé verticalement. La limite de la traction verticale est donc le poids du corps. Si le cordon est oblique, la traction pourra se décomposer en deux composantes l'une verticale, l'autre horizontale et la limite à son intensité dépend du poids du corps, de l'adhérence sur le sol déterminée par le frottement, et avant tout de sa direction.

Déjà, comme nous l'avons vu, si le cordon est vertical, la traction diminue l'adhérence du sol, la limite est le poids du corps, la composante horizontale est nulle.

Si le cordon fait avec la verticale un angle de 0 à 90°, la composante verticale diminue jusqu'à 0, c'est-à-dire que la pression du corps augmente sur le sol, elle est égale au poids du corps, quand le cordon est horizontal.

La composante horizontale nulle d'abord augmente et atteint la valeur égale à la traction elle-même. Comme c'est elle qui tend à faire glisser le corps sur le sol, si les réactions développées par le frottement des pieds ne lui sont pas égales, on peut en se penchant en arrière faire naître et lui opposer une composante horizontale du poids du corps dirigée en sens inverse, on peut aussi augmenter le coefficient de frottement en mettant sous les pieds de la résine.

De 90° à 180° la composante verticale de la traction change de sens, elle s'ajoute au poids du corps pour augmenter la pression sur le sol ; la composante horizontale d'entraînement diminue jusqu'à 0.

Ce sont toutes raisons pour que la limite de traction soit reculée ; le maximum a lieu quand le cordon est vertical et attaché au sol.

Remarquons que, au moment où le cordon passe par l'horizontale, les muscles mis en jeu changent de nature ; tandis que au-dessous de l'horizontale les fléchisseurs des bras et du tronc étaient la puissance active, au-dessous de l'horizontale, au contraire, l'action des extenseurs des membres inférieurs et du tronc devient tout à fait prépondérante,

L'effort est alors considérable et peut aller en moyenne jusqu'à 135 kilogrammes.

PERFECTIONNEMENT DES APPAREILS A CONTRE-POIDS

Les appareils à contre-poids simple dont l'action est transmise suivant des directions différentes au moyen de cordons passant sur des poulies, développent des résistances constantes qui ne s'accordent pas avec les variations de la puissance musculaire. Ainsi, tandis que l'abaissement des bras tendus avec flexion du tronc, premier exemple que nous avons cité, développe un effort croissant de 5 à 40 kilog., la résistance opposée à la flexion par le contre-poids reste invariable, et son bras de levier croît pour décroître ensuite et devenir nul. Il en résulte qu'il faut au départ le déploiement d'une force considérable, puis un effort allant sensiblement en diminuant. Cela n'aurait pas lieu si les machines employées donnaient naissance à des résistances variant dans le même sens et proportionnellement à la puissance musculaire.

Nous avons proposé (1) d'employer des poulies de grand diamètre, dont le rayon soit par exemple la moitié de celui de l'arc décrit par la main, le cordon du contre-poids indépendant de celui qui supporte la poignée s'enroulerait sur une spirale logarithmique calculée de façon à ce que les rayons vecteurs croissent suivant la loi de variation de la puissance musculaire déterminée au dynamomètre. Le diamètre de la poulie aurait pour but de ne faire exécuter qu'un tour à celle-ci, de diminuer ainsi les frottements et de produire un jeu parfaitement doux et parfaitement régulier.

On pourrait aussi réaliser cette variation de résistance en la produisant, comme dans les anciens ponts-levis, au moyen d'une chaîne de poids qui, fixée à un mur, et d'autre part à la poulie, ayant une longueur plus grande que la distance des points d'attache, exercerait un effort d'autant plus intense qu'elle serait plus tendue et que le point mobile serait plus élevé au-dessus du sol.

Des appareils plus simples, mais moins parfaits, réalisent les mêmes avantages, ce sont les ressorts à boudin qui nécessitent, pour être étirés, un effort croissant suivant une loi connue et déterminée.

Les considérations précédentes méritent d'attirer l'attention des constructeurs.

(1) Communication faite à la 2e Assemblée générale du Cercle de Gymnastique Rationnelle.

MOUVEMENTS PENDANT LA SUSPENSION

Passer de la suspension allongée à la suspension fléchie.

La résistance est le poids du corps ; la puissance, l'action des fléchisseurs de l'avant-bras et celle des adducteurs du bras.

L'effort musculaire est d'abord considérable quand les segments des membres sont presque dans le prolongement l'un de l'autre, car les muscles sont dans la situation la plus défavorable à leur action, étant presque parallèles aux segments à mouvoir.

Puis, l'effort va en diminuant et devient minimum lors du maximum de flexion et d'adduction du bras.

L'effort est d'autant plus intense que le poids du corps, surtout celui de parties inactives comme les viscères abdominaux et les jambes, est plus grand. Aussi cet exercice est difficilement exécuté par la plupart des adultes non exercés.

Il est presque toujours accompagné d'une flexion des jambes sur le tronc et d'une contraction des muscles abdominaux. La première a pour but de conserver au centre de gravité sa position première au-dessous de la base d'appui lorsque le tronc ou la tête sont rejetés en arrière; la seconde s'oppose à l'extension de la colonne que le *grand dorsal*, vu ses insertions pelviennes, produit en même temps que l'abaissement du bras.

La condition d'élévation verticale directe, sans balancement, est que le centre de gravité du corps soit toujours situé verticalement au-dessous de la base d'appui.

L'effet de ce mouvement est bon sur la dilatation thoracique, à la condition que l'adduction du bras soit confiée à l'action prédominante des dorsaux qui attirent l'humérus en arrière. Cela aura lieu si l'on prend bien soin d'abaisser les coudes latéralement en leur conservant une distance maximum.

L'action prédominante des pectoraux aurait au contraire pour effet de rapprocher les coudes de la ligne médiane, de resserrer les épaules, par suite d'arrondir le dos, de comprimer les côtes et de gêner la respiration.

Ce fait est de la plus haute importance, c'est un axiôme en gymnastique : *l'action des dorsaux, aidés des trapèzes doit être constamment opposée, et constamment victorieuse de celle des pectoraux.*

Comme conséquence, la valeur relative des appareils est toute naturelle ; la préférence sera donnée à celui qui s'oppose au rapprochement des coudes et leur permet d'être rejetés en arrière.

Les barres parallèles hautes, l'échelle horizontale, offrant au corps deux points d'appuis latéraux à écartement fixe, remplissent évidemment tout le desideratum; tandis que la barre fixe est un obstacle que le corps rencontre en avant, ce qui nuit à l'abduction des coudes en arrière et que les anneaux offrent une base d'appui variable et oscillante.

Les nombreux mouvements que l'on exécute à la suspension, quelque variés qu'ils soient pour l'œil, reviennent en définitive au mouvement précédent exécutés plus ou moins vivement, dans un temps plus ou moins long, avec ou sans élan.

Les flexions et extensions de la jambe, l'abduction du membre inférieur étendu, sa circumduction, devront être exécutés très-souvent à la suspension. Il auront le double effet et d'exercer très-fortement les muscles abdominaux et d'exagérer l'effort des dorsaux qui s'opposent à leur action en étendant la colonne vertébrale.

Renversement aux anneaux. — Un mouvement est digne de nous arrêter un instant, non pas pour ses qualités physiologiques, bien au contraire, mais en raison de l'importance qu'il a pris dans la leçon de gymnastique et des préjugés dont il est l'objet ; c'est le renversement aux anneaux.

Dans ce mouvement, le bras restant à peu près fixe, le tronc pivote autour de l'axe des épaules. Le mouvement relatif du bras et du tronc est donc une véritable circumduction dans laquelle les points fixes des puissances ont été intervertis.

Analyse : — 3 temps.

1er Temps. Commandement vulgaire : *Tirez sur les bras.*

On passe de la suspension allongée à la suspension fléchie les mains en demie supination. Le mécanisme de ce temps a été exposé plus haut,

2e Temps. *Se grouper en portant les genoux à la poitrine.*

La flexion des cuisses s'accentue ainsi que la flexion de la colonne vertébrale ; la flexion de la jambe sur la cuisse a lieu le pied étendu sur la jambe et les segments du bras demeurant dans la même situation relative.

Ce mouvement est difficile car la contraction énergique des dorsaux est tout à fait contraire à la flexion de la colonne vertébrale.

3e Temps. *Se renverser en arrière.*

Par une contraction des extenseurs de la tête le centre de gravité se rapproche de l'axe des épaules ; par la contraction des pectoraux et autres adducteurs le tronc vient en adduction sur le bras ; l'angle de ces deux segments va ainsi, en diminuant puis le bras s'allonge grâce au relâchement de ses fléchisseurs ;

l'adduction du tronc continuant toujours, il arrive un moment où le centre de gravité vient à passer dans le plan vertical contenant l'axe des épaules et au-dessus de cet axe. A ce moment le tronc est en équilibre instable ; le plus faible effort musculaire ayant pour effet de continuer l'adduction, suffit pour faire passer le centre de gravité en arrière du plan vertical où l'équilibre avait lieu et le mouvement continue de lui-même, sous l'action de la pesanteur.

L'angle de l'axe du tronc avec celui du bras diminue toujous ; il devient nul, alors l'abduction du bras commence en arrière et ne s'arrête que par l'obstacle qu'oppose à la direction du mouvement la structure de l'articulation.

En effet, le mouvement précédent n'est autre que la circumduction du bras d'avant en arrière, le bras étant d'abord verticalement placé.

Nous avons vu que l'abduction ne peut avoir lieu en arrière au-delà de 40° dans le plan antéro-postérieur, que la rencontre de l'acromion avec la tête de l'humérus force celui-ci à se mouvoir dans le plan transversal.

Dans le mouvement d'anneaux, au contraire, les bras sont obligés de conserver leur parallélisme ; l'abduction doit donc s'effectuer dans le plan antéro-postérieur et tout le poids du corps a pour effet d'exagérer cette abduction limitée seulement pour la résistance des ligaments des muscles et des apophyses osseuses.

Aussi la tension de ces organes est exagérée ainsi que la torsion de la capsule fibreuse et celle des tendons des muscles qui s'y rattachent.

L'omoplate tend à être arrachée du thorax, son angle inférieur fait saillie sous la peau et l'écart d'abduction du bras devient égal et même supérieur à 90° c'est-à-dire dépasse de plus de 50° la position limite normale.

Comme il arrive souvent aux enfants manquant de force d'exécuter le troisième temps du renversement au moyen d'un élan et de ne pas s'opposer à la rotation trop accélérée du tronc par la contraction antagoniste des adducteurs, il se produit un choc violent accompagné de douleur persistante qui peut avoir des inconvénients graves sur la conformation de l'épaule chez les enfants dont l'ossification est loin d'être complète.

Le choc peut être assez violent pour que l'élève lâche prise et tombe la face contre terre ; s'il reste suspendu il offre une attitude satisfaisant aussi peu que possible aux exigences de l'esthétique.

Nous ne parlons ni des renversements qui se font à bras et jambes allongées et qui ne nécessitent qu'une force musculaire plus considérable, ni de la circumduction complète du bras à la suspension (dislocation) ni du mouvement de retour à la suspension simple, ces mouvements sont faciles à analyser et ne présentent pas d'intérêt physiologique.

Le renversement aux anneaux contient en réalité 3 grands défauts : action prédominante des pectoraux, compression de la poitrine, suspension renversée, cause de congestion encéphalique, abduction forcée du bras en arrière et fatigue de l'articulation de l'épaule.

Nous ne croyons pas que l'attrait et la vogue dont il est l'objet puissent contrebalancer ses défauts physiologiques et annuler ses inconvénient incontestables.

Planches en avant et en arrière. — On peut classer dans la même catégorie les mouvements appelés planches ou l'attitude horizontale du corps en prenant point d'appui avec les mains sur un obstacle fixe.

Etant en suspension à une barre transversale, si l'on contracte énergiquement les adducteurs du bras en conservant l'avant-bras dans l'extension, l'effort des muscles prenant alors leurs points fixes sur le bras a pour effet de soulever le corps en le faisant pivoter autour des épaules et d'amener son axe à la situation horizontale. Cette attitude s'appelle la *planche en avant ;* la face est tournée vers la partie supérieure.

Les muscles abdominaux, fléchisseurs de la cuisse extenseurs de la jambe maintiennent la colonne, et les segments du membre inférieur dans la rectitude s'opposant ainsi à la pesanteur qui produirait l'extension de la colonne vertébrale, de la cuisse et la flexion des jambes. Les fléchisseurs de la tête agissent aussi synergiquement par une grande intensité pour fixer le sternum.

Quand l'équilibre a lieu, le centre de gravité est verticalement placé au-dessous de la barre, il est stable mais ne peut être maintenu qu'un temps très petit vu l'effort qu'il nécessite.

La planche en arrière est la position horizontale analogue du corps, la tête tournée vers le sol.

Les bras conservant leur parallélisme, l'abduction en arrière est limitée par la rencontre de l'acromion avec la tête humérale. Cet obstacle soulage beaucoup la contraction musculaire qui n'est plus nécessaire qu'aux extenseurs de la tête, de la colonne vertébrale et du membre inférieur ; la pesanteur produit sur les segments osseux une action opposée à celle qu'elle suscitait dans la planche en avant.

La planche latérale à un poteau vertical vers lequel on s'attire avec le bras supérieur et contre lequel on s'arc boute avec le bras inférieur en extension met surtout en jeu les extenseurs de la colonne vertébrale du côté supérieur, les abducteurs de la jambe supérieure et les adducteurs de la jambe inférieure.

Mouvements d'élan en station à la suspension. — Les mou-

7

vements d'élan que l'on peut imprimer au corps en suspension, sont soit des mouvements d'élévation verticale au moyen d'une traction vive ou de l'élévation brusque des genoux, des balance- ments d'avant en arrière ou latéraux dus au déplacement du centre de gravité par l'abduction des jambes, soit des combinai- sons de chacun de ces mouvements. Le corps oscille toujours comme un pendule autour de la barre de suspension ou comme une succession de pendules mis bout à bout.

Au dessous de 180° ces oscillations peuvent avoir pour effet d'augmenter la tension des muscles et des ligaments, de procurer à la colonne et aux viscères abdominaux des mouvements salu- taires, mais au-delà de 180° elles rentrent dans la classe des tourniquets produisent la congestion ou l'anémie cérébrale sui- vant que la tête est dirigée vers la circonférence ou vers l'axe de rotation.

Inutile d'ajouter que leur rôle est alors anti physiologique.

MOUVEMENTS PENDANT L'APPUI.

Passer de l'appui fléchi à l'appui tendu. — La résistance à vaincre est le poids du corps.

La puissance musculaire a pour effet l'élévation verticale du centre de gravité par l'adduction du bras préalablement en ab- duction postérieure, sous l'action prédominante des pectoraux et par l'extension du bras sur l'avant-bras.

L'avant bras représente ici un levier du premier genre ayant son point d'appui à la main. L'effort des extenseurs est donc dé- favorablement utilisé.

On voit encore la contraction des dorsaux produire dans ce mouvement l'extension de la colonne vertébrale avec extension synergique de la cuisse.

Dans les mouvements à l'appui, la condition de l'équilibre est que le centre de gravité du corps soit une verticale passant par l'axe des mains.

Si l'on étend une jambe horizontalement en avant, le centre de gravité de tout le système sera déplacé du même côté. Il faudra donc pour le ramener à sa première position, pour main- tenir l'équilibre, rejeter le tronc et la tête un peu en arrière et faire un effort d'abduction des poignets.

Planche horizontale à l'appui. — On peut, en se penchant en avant, amener le corps à l'horizontale ; l'effort des abducteurs (portions antérieure des deltoïdes et supérieure des pectoraux) lutte contre l'adduction des bras produite par la pesanteur et maintient le bras et l'axe du tronc sous un angle constant pendant que le tronc et les membres inférieurs sont maintenus en extension, comme dans la planche en arrière, par les extenseurs de la colonne, de la tête et des cuisses.

Tous les muscles qui agissent sur le carpe, les métacarpiens et les doigts entrent dans une violente contraction ayant pour effet de solidifier l'extrémité du membre supérieur qui sert de point d'appui.

Cette contraction est douloureuse.

Balancements à l'appui. — On peut aussi à l'appui tendu, imprimer au corps un mouvement de balancement d'avant en arrière par la contraction alternative des adducteurs et abducteurs du bras, ainsi que par celle des fléchisseurs de la cuisse.

Dans la dernière oscillation en avant, le corps est arrêté dans son abduction sur le bras, mais les jambes entraînées se fléchissent fortement sur le tronc. Dans la demie oscillation en arrière au contraire, les jambes s'étendent et le corps tout entier pivote autour de l'axe des épaules décrivant ainsi un arc de cercle qui peut aller jusqu'à 180°.

Cette demie oscillation est plus lente que la première, le bras reste sensiblement vertical.

Le balancement à l'appui fléchi peut avoir lieu autour de l'axe des épaules et de celui des coudes.

L'oscillation en arrière est encore ici plus étendue qu'en avant à cause de la difficulté d'abduction du bras en arrière, et à chaque oscillation le bras s'étend un peu en soulevant ainsi tout le corps. On peut combiner les deux espèces de balancements en étendant les bras à la fin de l'oscillation en avant et en les fléchissant à la fin de l'oscillation en arrière ou inversement.

Tous ces mouvements fort violents agissent surtout sur les ligaments articulaires ; ils ne nécessitent qu'une contraction musculaire subite et discontinue qui, par l'habitude est faible si on la sait employer à des moments convenables.

Ils ont l'inconvénient de disloquer les articulations des cartilages des côtes avec le sternum, ainsi que l'articulation de l'épaule et d'agir par compression sur le cœur et les vaisseaux.

PASSER DE LA SUSPENSION A L'APPUI.

Le passage de la suspension à l'appui tendu est ce que l'on appelle le rétablissement ; il peut se faire sur divers obstacles et de différentes manières.

Nous examinerons :
1° Le rétablissement direct ;
2° Le rétablissement par renversement ;
3° Le rétablissement par élan.

Rétablissement direct sur les poignets. — Si, étant en suspension allongée à une barre, on passe à la suspension fléchie par un effort progressif des adducteurs du bras et des fléchisseurs de l'avant-bras, on élèvera le centre de gravité du corps verticalement jusqu'à la rencontre de la barre transversale avec le thorax, environ à la hauteur du mamelon. En fléchissant fortement la région cervicale de façon à amener la tête en avant, en fléchissant aussi les membres inférieurs sur le bassin, on amènera le centre de gravité du corps le plus près possible de la barre de suspension, on pourra alors par un effort vigoureux d'abduction du bras en arrière, exécuté simultanément avec l'extension de l'avant-bras sur le bras et sur la main, élever les coudes, substituer la sustension ou l'appui fléchi à la suspension fléchie et ensuite par l'extension des bras passer à l'appui tendu.

Ce mouvement est plus difficile à exécuter à une barre transversale qu'à des appareils qui, comme les anneaux, offrent deux points d'appui latéraux et symétriques. La raison en est que le corps restant toujours en arrière de la barre, son centre de gravité étant amené de ce côté, le tronc tend à basculer autour de la barre pour ramener ce centre de gravité verticalement au dessous, condition d'équilibre ; aussi, pour s'opposer à ce mouvement, il est nécessaire d'exécuter une forte flexion de la tête, de la colonne vertébrale et des extrémités inférieures.

Ce mouvement, qui exige un effort violent, ne donne aucun résultat au point de vue du développement thoracique, par suite ne doit être considéré que comme application pratique dans un cas de sauvetage.

Dans l'appui tendu sur une barre transversale, le corps a une direction oblique par rapport à la verticale, l'abdomen est en contact avec la barre d'appui.

On peut se rétablir alternativement sur les poignets en faisant passer l'un des bras de la suspension à l'appui pendant que l'autre soutient en partie le poids du corps.

Ce mouvement est plus facile à exécuter et à analyser.

Rétablissement par renversement. — Etant à la suspension à une barre horizontale, on peut se rétablir à l'appui en exécutant autour de cette barre une sorte de révolution que l'on appelle *renversement.*

Pour cela, on fléchit fortement les membres inférieurs sur le tronc, on amène ainsi les extrémités presqu'en contact avec la barre. On fait une forte traction sur les bras, le tronc et les membres inférieurs restant fléchis. Tout le tronc s'élève verticalement parallèlement à lui-même, les jambes glissent perpendiculairement à la barre jusqu'à ce que le corps vienne en contact avec elle.

Il arrive un moment où, la flexion des jambes continuant, celles-ci passent en arrière du plan vertical contenant la barre. Leur déplacement amène le centre de gravité de leur côté et si, à ce moment, on fait effort maximum des bras pour élever le tronc contre son point d'appui, tout le système basculera, entraîné dans le sens de la flexion des jambes.

Par une extension énergique du tronc faite à un moment convenable, on se trouvera en équilibre instable, appuyé sur le ventre, le centre de gravité du corps au-dessus de la barre, un effort des bras achèvera de vous mettre à l'appui.

Si ces mouvements font exercer fortement les muscles abdominaux, ils ont l'inconvénient de congestionner violemment et de froisser les viscères en contact avec la barre.

Rétablissement par élan. — Si, suspendu à une barre, on prend un balancement d'arrière en avant ou bien si, placé un peu en avant de cette barre, on saute à la suspension les bras allongés et presqu'horizontalement placés, les jambes étendues, les cuisses fléchies sur le tronc environ à 45°. Le centre de gravité du corps étant situé en arrière de la barre, celui-ci se met à osciller d'arrière en avant si l'on a soin d'éviter le contraction musculaire, c'est-à-dire de conserver aux articulations de la hanche et de l'épaule, toute leur souplesse. L'oscillation est analogue à celle d'un pendule, composé de trois segments articulés : bras, tronc et jambes. Ces trois segments, d'abord en flexion, s'étendent l'un sur l'autre, et, quand le corps vient à passer verticalement sous la barre, l'extension des jambes due à leur oscillation d'avant en arrière continue à se produire comme si elles oscillaient seules autour de la hanche, tandis que le tronc oscille en avant. Ce dernier dépasse sa position d'équilibre qui est le plan vertical passant par la barre, l'abdomen fait saillie en avant, l'oscillation du tronc se faisant en sens inverse de celle de la jambe.

L'extension de ces deux segments est à son maximum ; l'exagération de la courbure M_3 qui en résulte a fait donner vulgairement à ce mouvement le nom de « temps de rein », dénomination qui n'a de sens que par convention.

Alors (3ᵉ temps), le centre de gravité du tronc ayant dépassé la verticale qui passe par l'axe de suspension, le tronc se met à osciller d'avant en arrière, les jambes prennent un mouvement en sens inverse. Si on exagère cette flexion des jambes par la contraction des muscles abdominaux en même temps que l'on effectue une adduction très énergique des bras tendus par la contraction des dorsaux et pectoraux, adduction qui, vu le point d'appui des mains sur la barre, a pour effet de fléchir le tronc

sur le bras comme dans la planche en avant ; de ces trois mouvements simultanés : oscillation du tronc d'avant en arrière, oscil-
lationdes jambes d'arrière en avant, élévation du tronc au moyen
de l'adduction des bras, mouvements qui ont tous pour effet l'élévation du centre de gravité et sont amplifiés considérablement
par l'élasticité des ligaments et des muscles qui, distendus au
moment où les segments du corps s'étendent en passant sous la
barre, emmagasinent alors une partie de la force vive acquise par
le corps dans sa chute d'arrière en avant et la restituent au
moment de l'oscillation inverse ; il résulte finalement l'exagération de la dernière oscillation d'avant en arrière avec adduction
des bras et élévation du centre de gravité.

Ainsi, par une sorte de rotation de 180° de l'épaule autour des
mains en entraînant tout le poids du corps, celui-ci passe subitement de la suspension tendue à l'appui tendu ; il vient au
contact de la barre pendant que les jambes s'étendent et il peut
se maintenir à l'appui, son axe suffisamment incliné sur l'horizon
pour que le centre de gravité situé pendant l'extension sensiblement dans le corps de la 5e vertèbre lombaire vienne se projeter
au-dessus de la barre.

PARALLÈLE DES MOUVEMENTS DE PLANCHER ET DES MOUVEMENTS
AUX APPAREILS

Si nous rapprochons maintenant les observations faites au
sujet des mouvements de plancher de celles faites au sujet des
mouvements dits aux appareils, nous pouvons assurer que, tant
que l'on considère la gymnastique comme ayant pour but de
rechercher, par un travail musculaire bien réparti, le fonction-
nement régulier de tous les organes, ainsi que le développement
musculaire harmonieux, c'est-à-dire la santé, la résistance à la
fatigue et la beauté du corps, la leçon de plancher, telle que
nous l'avons comprise avec les luttes et les appareils à contre-
poids est tout à fait suffisante. Elle est même la seule qui puisse,
avec certitude, amener l'homme à son développement normal,
conforme à l'attitude bipède.

L'inconvénient inhérent aux haltères, qui est de faire exclusivement agir les élévateurs de l'épaule et du bras, les extenseurs du tronc et des membres inférieurs, trouve son remède dans
les appareils à contre-poids et les luttes qui permettent de diriger
la résistance à vaincre d'une manière quelconque, en particulier
à l'opposé de l'effort de la pesanteur dans l'adduction des bras et
la flexion du tronc et d'en graduer l'intensité suivant l'importance
des muscles mis en jeu ou suivant le moment de leur puissance.

Aussi, tandis que les lutttes et les exercices aux appareils à contre-poids rentrent dans les exercices généraux, les exercices d'haltères sont des exercices spéciaux en ce sens que, la direction de la résistance qu'ils suscitent étant toujours la même, ils mettent toujours en jeu les mêmes groupes de muscles.

Les deltoïdes se fatiguent à leur usage exagéré, les trapèzes se développent et diminuent la longueur apparente du cou ; les extenseurs de la colonne vertébrale surmenés dans l'élévation des poids lourds préparent pour la vieillesse des fatigues prématurées dans la région lombaire.

Il en est de même des exercices spéciaux aux appareils.

Ces derniers reviennent tous à la *suspension* et à l'*appui*.

La *suspension* a l'avantage de mettre en jeu les abaisseurs des bras et d'être ainsi le complément et l'antagoniste des exercices d'haltères ; elle serait donc utile à ce point de vue seul, même si l'on ignorait ses effets sur le développement thoracique.

Seulement, tandis que les haltères peuvent fournir des résistances graduées suivant leur poids, la suspension donne lieu à une résistance constante qui est le poids du corps, et il peut y avoir disproportion entre ce poids et la puissance musculaire des adducteurs. La facilité avec laquelle s'exécutent les exercices de suspension quels qu'ils soient, dépend de conditions toutes spéciales indiquées plus haut. Leur avantage est de développer les muscles inspirateurs élévateurs des côtes ; leur inconvénient est de transformer l'homme en grimpeur; s'ils sont exécutés sans attention à des obstacles qui ne conservent pas aux bras leur parallélisme, comme aux anneaux, ils peuvent exagérer l'action des pectoraux et nuire ainsi à la beauté de l'attitude et au développement thoracique.

Les *exercices d'appui* ont peu d'effet, ce n'est que de leur mode d'exécution que dépend leur bonne ou mauvaise qualité.

Nous avons vu précédemment qu'ils ne nécessitent pas le concours de puissances musculaires utiles au développement thoracique.

Le bras maintenu en extension sert de support au tronc par l'intermédiaire de l'omoplate reposant sur la voûte acromio-coracoïdienne et des muscles qui s'y rattachent. Il est indifférent pour l'équilibre que l'omoplate soit amenée en avant ou en arrière, ou même que l'épaule soit soulevée en totalité. L'inconvénient des appuis se résume en ces deux mots : *L'effet utile n'est pas inhérent au mouvement, il lui est surajouté par la contraction volontaire des muscles correcteurs de ses mauvaises qualités.*

Les exercices exagérés d'appui transforment les muscles supérieurs en organes de locomotion, ils font de l'épaule un bassin dont la solidité n'est due qu'à la contraction des muscles fixateurs. Ce n'est donc qu'alors que ces muscles seront développés et surtout que l'ossification sera terminée que ces exercices pourront avoir un effet véritablement utile; principalement dans l'application.

En conséquence, si l'on veut de ces observations déterminer l'importance relative que l'on doit donner aux mouvements de plancher, d'appui et de suspension dans la leçon de gymnastique rationnelle, nous croyons que c'est d'abord à la leçon de plancher complète qu'il faut avoir recours, car elle seule est suffisante; que la suspension est indispensable pour contrebalancer l'effet exagéré des poids et contribuer au développement du thorax; enfin que les appuis ne doivent être faits que comme diversion surtout comme exercices généraux de voltige n'ayant pas la longue durée de ces progressions que l'on peut rechercher et même exiger dans la suspension.

ANALYSE DES PROGRESSIONS

CONSIDÉRATIONS GÉNÉRALES

Toute progression consiste dans un déplacement continu ou intermittent de la masse totale du corps pendant lequel varie le point d'appui que prend celui-ci soit sur le sol, soit sur des obstacles fixes.

On voit déjà que, conformément au principe de mécanique relatif au mouvement du centre de gravité d'un corps solide, il ne peut y avoir progression que sous l'impulsion de forces extérieures du corps.

Ces forces extérieures sont développées aux points de contact du corps avec le sol ou avec les obstacles sur lequel il repose, que ces obstacles soient solides ou fluides, il y a égalité entre les quantités de mouvement du corps et du point d'appui sollicités l'un et l'autre en sens inverse par la pression s'exerçant aux points d'appuis sous l'action musculaire.

On peut prévoir que chez les animaux et chez l'homme l'impulsion doit être périodique, c'est-à-dire qu'elle n'agira pas constamment, mais bien à des intervalles se succédant suivant un rythme déterminé.

L'impulsion continue ne pourrait être réalisée que par des organes susceptibles d'un mouvement de rotation complet, organes que l'on ne peut rencontrer chez les animaux pour la raison qu'il doit y avoir toujours continuité entre les pièces du squelette vu les exigences de la nutrition.

L'impulsion est donc périodique, c'est-à-dire que l'organe qui vient de la produire cesse son action pour la reprendre ensuite à des époques régulières et suivant une loi fixe.

La structure et la fonction des organes d'impulsion étant connues, on étudiera une progression comme toute question de dynamique, en ayant soin de ne pas s'arrêter à des détails où l'exactitude ne peut être que vaine et illusoire. On examinera la force motrice, sa nature, son intensité, sa direction, le temps pendant lequel elle agit, sa période d'action et de repos, puis la masse à mouvoir ; enfin le chemin parcouru par un point remarquable du corps, la trajectoire décrite par ce point, la loi du mouvement sur cette trajectoire, c'est-à-dire la vitesse à chaque instant, et, si l'on peut, le travail mécanique produit. On cherchera s'il est un rapport simple entre le mouvement observé et la structure des organes, leur déplacement angulaire ou l'intensité de l'effort produit au contact des surfaces d'appui, les variations de la masse et, si l'on ne peut formuler exactement cette relation, on se rendra compte du moins du sens dans lequel agissent tous ces facteurs sur la vitesse, la durée et les qualités générales de la progression.

C'est cet ordre que nous mettrons dans l'étude particulière de quelques allures de l'homme sans entrer, bien entendu, dans le détail des recherches qui ne peut trouver place ici.

Marche de l'homme

La marche est la progression continue, uniforme, modérée et durable du corps sur le sol dans l'attitude droite au moyen de l'impulsion périodique et alternative des membres inférieurs.

Impulsion, points d'appui, forces extérieures. — Le corps a pour surface de contact sur le sol la plante des pieds totale ou partielle ; la masse à mouvoir est celle de tout le corps ; la force motrice, la contraction des extenseurs des segments du membre inférieur développant, au contact du pied avec le sol, les frottements d'où naissent les composantes horizontales d'entraînement.

Il est inutile d'insister sur l'existence nécessaire de ces frottements, sans eux pas de forces extérieures, pas de déplacement horizontal du centre de gravité, pas de progression possible. L'expérience nous a tous instruits à ce sujet de la difficulté que présente la marche sur un plan de glace horizontal et poli supprimant en partie les frottements.

Les organes d'impulsion sont les membres inférieurs qui agissent par l'extension de chacun des segments pied, jambe et cuisse préalablement fléchis l'un sur l'autre et sur le tronc. L'impulsion est périodique, c'est-à-dire que les membres agissent alternativement et que le temps pendant lequel les deux pieds sont simultanément à l'appui est négligeable. Il en résulte que la durée de l'appui d'un pied est sensiblement égale à la durée de la suspension de l'autre et que ces phénomènes sont identiques pour chaque membre inférieur droit ou gauche. Il en résulte aussi que le corps est toujours à l'appui au moins sur un membre et jamais en suspension dans l'espace.

Du pas. — Nous appelons *Pas* la période pendant laquelle un même membre effectue tous ses mouvements une seule fois, c'est-à-dire un appui et une suspension complets. La marche n'est qu'une succession de pas ainsi définis.

Analyse du pas. — L'homme étant en station droite, pour se mettre en marche par le pied gauche, porte le poids du corps sur la jambe droite, penche légèrement le tronc en avant, pendant qu'il fléchit l'un sur l'autre les segments du membre inférieur gauche, pied, jambe, cuisse.

Le degré de flexion est tel que le pied soulevé ne pourra toucher terre durant toute la suspension, alors même que la jambe droite tendue, oscillant autour du pied droit à l'appui comme centre du mouvement, la cavité cotylcïde droite et avec elle tout le tronc se trouve abaissée au-dessus du plan horizontal.

La seule condition à remplir dans la flexion des segments de la jambe gauche est donc de réduire la longueur de ce membre à moins de la hauteur verticale de la cavité cotyloïde gauche au-dessus du sol, lors de son maximum d'abaissement.

Cette condition peut être remplie de bien des manières, les flexions de chacun des segments s'ajoutent et se compensent, mais il y a toujours flexion et dans le cas d'une paralysie générale des fléchisseurs, le pied traîne infailliblement à terre. Lorsque la flexion ne peut avoir lieu qu'à la hanche lors d'une ankylose ou d'un membre artificiel, il y a au départ projection latérale du membre, condition propre à en assurer le dégagement.

La jambe gauche continue à osciller sous l'action musculaire jusqu'à ce que la jambe droite, complètement étendue dans tous ses segments et ne pouvant plus s'allonger, cesse son action impulsive sur le tronc et commence à être entraînée à son tour par celui-ci. A ce moment, le pied gauche pose à terre et, pendant ce temps très court, le corps repose sur deux points d'appui : le talon gauche, les orteils et métatarse droits.

L'écartement angulaire des cuisses est à son maximum, le tronc se projette au milieu de la base de sustentation et est à son maximum d'abaissement. La progression du tronc continuant, le pied gauche s'applique complètement sur le sol tandis que le pied droit quitte terre. Alors commence, après flexion préalable, l'oscillation de la jambe droite, identique à celle de la jambe gauche ; puis le déroulement du pied gauche à l'appui avec extension du membre correspondant, l'appui du talon droit, le levé du pied gauche, jusqu'au passage du tronc au-dessus du point d'appui. Alors un pas complet est exécuté ; la jambe droite est redevenue verticale et allongée comme au départ. Il a été exécuté deux demies suspensions de la jambe gauche, une suspension complète de la jambe droite, un appui complet du pied gauche, et deux demis appuis du pied droit.

La durée de l'appui de chacun des pieds a été le même, et un peu plus grande que la durée de la suspension. Le tronc a conservé une nouvelle inclinaison qui varie avec la vitesse de l'allure, le degré de fatigue et de force musculaire, jusqu'à devenir nulle chez quelques sujets.

Oscillations du tronc. — Le tronc est animé d'oscillations verticales et latérales ainsi que d'un mouvement alternatif de torsion autour de son axe, qui s'expliquent facilement par le mode de propulsion.

Les oscillations verticales sont dues à ce que le tronc repose tantôt sur une jambe étendue verticalement (maximum d'élévation au milieu de l'appui), tantôt sur les deux membres obliques (minimum d'élévation au moment du posé d'un pied). Il y a donc, pendant l'appui d'un même pied, un minimum d'élévation au commencement de cet appui, un maximum au milieu ; c'est-à-dire, pendant un pas complet, deux minima et deux maxima ou deux oscillations correspondant à deux appuis doubles et au milieu de deux appuis simples.

Ces oscillations verticales deviennent très sensibles et très pénibles à la fois quand on porte horizontalement sur l'épaule un fardeau élastique une longue planche, une longue tige de fer placée horizontalement.

Les oscillations latérales sont nécessitées par la substitution d'un membre à l'autre comme colonne de soutien, les membres étant parallèles et leurs surfaces d'appui étant distinctes et situées à droite et à gauche du plan médian. Au moment du levé d'un pied, le tronc ne reposant plus que latéralement sur une tête fémorale ou sur un seul pied, n'est plus en équilibre, et tend à tomber du côté du membre soulevé ; l'action musculaire rétablit en partie l'équilibre en attirant le centre de gravité du tronc au-dessus de la base de sustentation. Plus la distance latérale entre les points d'appui, sera grande, soit à cause de l'écartement des pieds soit à cause de l'écartement des cavités cotyloïdes, plus les oscillations latérales du tronc seront considérables. Aussi instinctivement, quand l'allure est plus rapide, les pieds tendent à se placer sur une même ligne droite dans la direction parcourue, et les oscillations latérales du tronc diminuent sensiblement. Dans un pas il y a une oscillation complète formé de deux inclinaisons du tronc, l'une à droite l'autre à gauche. Ces inclinaisons correspondent avec les maxima de hauteur du tronc puisqu'elles se font pendant les appuis.

Ces deux oscillations verticales et latérales du tronc sont bien visibles dans une colonne d'infanterie en marche. Il est même curieux de remarquer que si la cadence du pas est donnée par une fanfare, chaque rang, tout en étant parfaitement d'accord avec le rythme qu'il entend, ne sera pourtant pas en même temps à la même phase du pas, il sera en retard du temps que met le son à parcourir la distance qui le sépare de la fanfare. Ceci se traduit par des ondulations dans les têtes des fantassins qui pourraient faire croire à tort à un manque d'ensemble, tandis qu'ils n'entendent pas la mesure au même moment.

Un troisième mouvement du tronc est dû à l'oscillation de la jambe suspendue qui, dans sa projection en avant, entraîne dans cette direction la cavité cotyloïde correspondante et fait osciller le bassin autour d'un axe sensiblement vertical passant par la tête fémorale qui sert de base de sustentation. Ce mouvement est communiqué aux hanches.

Il coïncide avec les oscillations latérales. Mais la ligne des épaules suit un mouvement inverse ; les bras ont un mouvement d'oscillation isochrone à la jambe du côté opposé. Ils corrigent donc l'effet de l'entraînement du membre inférieur du même côté, qui produit cette rotation du tronc.

La période du pas, répétée successivement, engendre la marche continue, et les temps égaux qui séparent deux posés successifs du même pied, c'est-à-dire la durée du pas, forment le rythme ou la cadence de la marche. Ce rythme dans la marche normale est fonction de la longueur du pas, de la taille du sujet, de l'intensité de la contraction musculaire mais peut être, malgré toutes ces causes, réglé par la volonté.

De la longueur du pas et du rythme dépend la vitesse de progression ; cette progression est une ligne sinueuse qui, pour un point déterminé du corps, le pubis par exemple, est inscrite dans un demi cylindre creux à concavité supérieure. La vitesse est variable le long de cette trajectoire, mais elle reprend les mêmes valeurs aux mêmes époques et le maximum coïncide avec la poussée d'un membre à la fin de son appui.

Causes de modifications dans la durée et la longueur du pas. — Il existe une relation entre la durée, la longueur du pas, facteurs de la vitesse de la marche, et chacun des éléments du pas énoncés, c'est-à-dire :

La nature des surfaces d'appui ;

L'intensité de la pression du pied sur le sol pendant l'appui ;

La durée de cet appui ;

La longueur des segments des membres inférieurs ainsi que leur degré de flexion et d'extension au moment de l'appui et du levé.

La grandeur de la masse à mouvoir, de la charge et la répartition de la charge ;

L'inclinaison du tronc en avant ;

Les mouvements des bras ;

Enfin l'état général de vigueur, de faiblesse ou de fatigue du sujet.

Il serait puéril de rechercher numériquement ces relations ; elles ne peuvent être simples vu la complication des phénomènes ;

De plus, elle ne peuvent être obtenues exactement car, et c'est là la source des difficultés et des erreurs dans l'expérimentation en physiologie, ces phénomènes sont non seulement complexes, mais inséparables et jamais on ne peut assurer que, toutes choses égales d'ailleurs, on ait fait varier un seul élément du problème.

Il faut un grand tact pour faire la part de ce qui revient à l'excitation nerveuse, à la volonté qui modifie passagèrement les résultats dès que le sujet en expérience se doute de la nature des observations dont il est l'objet.

Néanmoins, malgré ces difficultés on peut, dans certains cas, indiquer le sens de la variation, ce qui est bien suffisant.

Dans ce but, des recherches ont été faites depuis longtemps, mais une des conditions de la certitude en ces matières est la longue durée des expériences et des moyens précis d'observation. Grâce à l'ingéniosité de notre maître M. Marey, professeur au Collége de France et membre de l'Institut, grâce aux ressources fournies par la Ville de Paris, nous sommes à même de poursuivre les recherches à la station physiologique du Parc-des-Princes. Si nous ne pouvons donner aujourd'hui que des assertions un peu personnelles, nous nous empresserons de les préciser et de les modifier suivant les résultats que nous aura indiqués l'expérience.

Les surfaces d'appui sont de deux sortes, le sol et la plante du pied.

Le frottement qui se développe tangentiellement à la surface de contact offre une résistance au glissement du pied sur le sol. Ce frottement est donc nécessaire à la progression. On sait qu'il dépend de la nature des surfaces frottantes et de la pression exercée normalement à ces surfaces. Or, la composante normale de la pression diminue avec l'obliquité de la jambe et le plus grand angle d'obliquité que puisse faire le membre à l'appui sans que la stabilité soit compromise est celui dont la tangente est égale au coefficient de frottement. Cet angle est ce qu'on appelle en mécanique *l'angle de frottement*.

Nous en concluons que plus ce coefficient de frottement sera faible, c'est-à-dire plus les surfaces seront polies et glissantes, plus la longueur du pas sera petite.

Sur un terrain parfaitement poli, la progression serait impossible, le pied glisserait en arrière et le corps ne trouvant plus de point d'appui, ferait une chute dans laquelle son centre de gravité se mouvrait sur une verticale.

Au contraire, si le pied butait contre un obstacle vertical un mur par exemple, ou des dentelures analogues à celles des planches en usage pour l'abordage des bateaux, la force totale d'extension de la jambe serait utilisée et la longueur du pas serait maximum.

L'inclinaison du terrain agit beaucoup sur la longueur du pas. Celui-ci est plus long en montée qu'en descente, sa durée varie dans le même sens.

Si le sol ne présente pas la consistance suffisante pour résister à la pression du pied, la quantité de mouvement répartie entre la terre et le corps étant toujours identique, mais le déplacement du sol n'étant plus nul comme précédemment, l'extension n'est plus totalement employée au bénéfice de la progression ; on peut dire trivialement que si, le tronc avance d'un côté, il recule de l'autre en pénétrant dans le sol.

Il n'avance donc en réalité que de la différence de ces deux chemins parcourus en sens inverse.

Le travail est inégalement réparti entre le sol et le corps en travail perdu et travail utile, mais le travail perdu, nul dans le cas d'un point d'appui solide, prend ici une valeur égale à la résistance d'écrasement du sol multipliée par la distance parcourue par le pied en sens inverse de la progression, il est pris sur le travail utile qu'il diminue de toute sa valeur.

Pour éviter cette perte de travail, il faut laisser agir la pression du pied pendant un temps très court; néanmoins la progression sur un sol mouvant, nécessite toujours sur la neige ou le sable sec, une grande dépense de force musculaire et devient bientôt très pénible.

Un moyen d'éviter en partie le recul du pied est d'augmenter la résistance à la pénétration en adaptant à la chaussure des semelles excessivement larges. Les Lapons nous montrent cet exemple et les animaux qui progressent dans des milieux fluides présentent ce développement des surfaces d'appui en rapport avec la mobilité du milieu.

Ceci nous amène à indiquer l'influence de la chaussure sur la marche et sans nous arrêter aux exigences de l'hygiène, sans parler du pauvre rôle de ceux qui obéissent aux industriels forçant la vente par l'admirable invention de la mode, décrétant et changeant chaque année la forme du pied; sans rire des tortures que ces esclaves élégants, si chatouilleux sur d'autres points, se laissent imposer; sans préciser les infirmités qui créent tout le cortège des pédicures et autres exploiteurs du pied, nous pouvons avancer que la marche ne peut être soutenue que si le pied est parfaitement étalé sur la semelle au moment de l'appui.

La hauteur du talon diminue la longueur du pas, la semelle courte et flexible agit de même. On peut avec avantage abaisser la hauteur du talon, mais non point allonger les semelles au delà d'une certaine limite ni leur donner une rigidité absolue.

La longueur de la semelle augmente la durée de l'appui du pied, la longueur de déroulement de celui-ci et par suite l'impulsion; la hauteur du talon oblige la jambe a être fléchie au moment du posé, elle diminue le temps et la longueur du déroulement du pied et rend la marche à peu près analogue à la progression sur la pointe des pieds.

L'intensité de la pression du pied sur le sol et le temps pendant lequel elle agit, forment les éléments de l'impulsion. Ils varient en sens inverse, et c'est à la grandeur de la pression du pied qu'est surtout liée la vitesse de la progression. Celle-ci subit des renforcements au moment du posé et du levé du pied quand, dans une allure lente, c'est le talon qui appuie le premier sur le sol; au contraire, dans une allure plus vive, la jambe n'est pas aussi allongée au moment de l'appui, la pression est plus forte et moins durable, elle ne passe que par un maximum qui est toujours supérieur au poids du corps.

La longueur des segments des membres inférieurs augmente la longueur et la durée du pas sans souvent faire varier beaucoup la vitesse de progression ; car il n'y a pas similitude absolue entre deux hommes, l'un de grande, l'autre de petite taille ; chez eux la force musculaire et la vitesse des mouvements n'est pas en rapport avec les dimensions linéaires. L'homme petit compense la brièveté du pas par sa vivacité à le produire.

Le degré de flexion, des segments au moment de l'appui et du levé, est lié à la vitesse de l'allure et à la débilité du sujet. Il varie à l'inverse de la longueur du pas et des oscillations verticales qui tendent à s'annuler pendant que le corps s'abaisse à un minimum au-dessus du plan horizontal.

Dans les allures rapides, en effet, le mouvement oblique de bas en haut et d'arrière en avant communiqué à la tête fémorale et au tronc par l'extension du membre à l'appui, se compose avec la vitesse de translation et le mouvement d'oscillation du membre entier autour du pied. De cette combinaison résulte un mouvement presque horizontal du bassin. La vitesse de progression tend aussi à devenir uniforme bien qu'elle subisse des renforcements périodiques lors de l'impulsion, comme l'indique clairement la tension des traits dans la traction d'une voiture à bras. La grandeur de la charge diminue la longueur du pas mais cela dépend surtout de sa répartition.

L'inclinaison du tronc en avant diminue la longueur du pas, la jambe oscillante n'a pas le temps d'effectuer son oscillation complète, elle doit poser trop tôt à terre et servir d'arc-boutant pour éviter la chûte du corps qui est entraîné en avant par son propre poids grâce à l'équilibre instable du tronc sur la tête fémorale correspondant au membre à l'appui. L'absence des mouvements des bras, qui corrige l'effet de torsion du tronc produit par la jambe oscillante, devient une gêne pour la marche. Alors l'équilibre est compromis, comme le témoignent les sujets nouvellement amputés, ou ceux qui ont une paralysie ou atrophie des parties antérieures ou postérieures du deltoïde.

L'état de faiblesse du sujet agit sur le degré de force et d'étendue du mouvement d'extension du membre à l'appui. La fatigue augmente la longueur du pas, du moins quand elle n'est pas excessive.

Enfin, la durée du pas est elle-même liée à sa longueur ; elle varie en sens inverse de celle-ci, il suffit d'accélérer le rythme de la marche normale pour faire des pas plus longs ou réciproquement d'augmenter, dans une certaine mesure, la longueur de ses enjambées pour en accélérer le rythme.

Différentes espèces de marche

Marche ascendante ou descendante sur un escalier. — Lors

que l'on gravit un escalier, on soulève la jambe gauche par exemple, pour la placer sur la marche qui est au-dessus, puis la jambe droite étant totalement étendue, on incline fortement le tronc en avant de façon à ce que le centre de gravité du corps se projette verticalement au-dessus du pied gauche, le corps peut alors se maintenir en équilibre sur ce pied, les segments du membre inférieur gauche formant un système solide grâce à la contraction des extenseurs. Le pied droit se soulève, la jambe droite se fléchit fortement pour aller prendre appui sur la marche suivante pendant que le tronc est soulevé par la seule extension de la jambe gauche à l'appui. Si la marche est très élevée et surtout très large, la flexion du tronc sera maximum, on tendra même les bras horizontalement en avant, pour amener dans cette direction le centre de gravité. Celui-ci est à chaque pas porté un peu plus haut que sa position définitive lors de l'appui de la jambe, et les oscillations latérales sont aussi plus prononcées que sur la marche en plaine.

La montée sera toujours pénible à cause de la grande quantité de travail effectué (poids du corps élevé à la hauteur d'une marche) par chacune des jambes alternativement à chaque pas. Nous ne parlons pas ici de la manière d'atténuer les troubles cardiaques et respiratoires qui se produisent de façon à soutenir le travail produit ; ceci touche à la coordination respiratoire et à la résistance à la fatigue que nous nous proposons de traiter à la fin de ces leçons.

Marche descendante. — Dans la marche descendante, si l'on part du pied gauche, le corps soutenu en équilibre par la jambe droite descend d'une hauteur verticale égale à celle d'une marche sous l'action de la pesanteur retardée par la contraction des extenseurs qui luttent contre celle-ci et ne permettent qu'une descente lente et uniforme. Le tronc est porté en avant au-dessus du pied droit qui vient à l'appui sur la marche placée en dessous. Si la descente est rapide le tronc s'incline en arrière et les bras se portent de ce côté, pour éviter la chute en avant qui tend toujours à se produire. Ce sont donc les extenseurs du tronc qui agissent dans la descente, les muscles abdominaux dans la montée.

Les oscillations verticales pendant l'appui du pied ont disparu. La fatigue n'est guère moindre que pour la montée, la contraction des extenseurs des membres sert ici, non plus à élever le corps, mais à s'opposer à sa chute et au mouvement uniformément accéléré dû à la pesanteur.

Dans la *marche à reculons*, la longueur du pas est diminuée. Dans la marche latérale avec ou sans croisement des jambes, celles-ci n'ont plus d'avantage à se fléchir.

Dans la marche, en tirant ou poussant un véhicule, la durée de l'appui du pied semble augmenter ; le corps s'incline forte-

ment en avant et utilise ainsi son propre poids comme force
d'entraînement. Dans la marche sur la pointe des pieds, la longueur du pas diminue avec les oscillations verticales.

Toutes ces progressions anormales ne peuvent nous arrêter
plus longtemps ici.

Course de l'homme

Si l'on accélère graduellement la vitesse de la marche on passe
inévitablement des allures *marchées* aux allures dites *courues*.
Cette transition est brusque et ne correspond pas au maximum
de vitesse de la marche et au minimum de vitesse de la course,
les pas se raccourcissent un peu avant le passage aux allures
courues.

L'observation grossière montre que, dans ces dernières allures, le corps est pendant un moment en suspension, c'est-à-dire
ne prend aucun point d'appui sur le sol contrairement à ce qui
se passe dans les allures marchées. C'est là le caractère diffé-
rentiel que l'on donne généralement pour distinguer la marche
de la course.

Cette suspension est due à la grandeur de l'impulsion modi-
fiant en outre tous les éléments qui en dépendent à savoir : la
longueur et la durée du pas, la trajectoire décrite par un point
du tronc, etc.

La *Course* est le nom général que l'on donne à ces progressions depuis les plus lentes jusqu'aux plus rapides que l'homme
puisse soutenir pendant un certain temps dans l'attitude bipède sur
un sol ferme et horizontal avec la seule impulsion de ses membres inférieurs. C'est de ses allures courues que nous allons dire
quelques mots.

Dans la course, l'élément de l'impulsion qui s'est accru, c'est
l'intensité de l'effort d'extension du membre à l'appui, extension
qui atteint son maximum. La direction de cette force d'extension, qui est celle de la ligne joignant le centre d'appui du pied
au posé à la tête fémorale du membre correspondant, varie d'une
quantité égale à l'angle d'oscillation de ce membre pendant le
déroulement du pied, c'est-à-dire de 50 à 60 degrés, valeur plus
considérable que dans la marche.

La durée de l'appui augmente relativement à la durée de la
suspension. L'impulsion due à la jambe qui vient de se poser
(la jambe gauche par exemple) toujours fléchie et qui s'étend au
maximum, communique au tronc une quantité de mouvement
suffisante pour que le membre qui était à l'appui quitte le sol
après extension. Le corps tout entier est alors en suspension,
la jambe droite en avant et fléchie, près de toucher terre par le
talon et de servir d'appui à son tour.

Au moment de cet appui, la jambe gauche que nous avons vue s'étendre et se lever se fléchit fortement dans tous ses segments et exécute une oscillation qui se terminera au moment de son posé suivant, pendant l'oscillation de la jambe droite à l'appui.

Le corps n'est ainsi en suspension complète que pendant une demi-suspension de l'un des membres. Ces membres sont pendant la suspension au maximum d'écartement.

Le chemin parcouru par le tronc à chaque impulsion résulte de la composition de la vitesse communiquée par l'extension du membre à l'appui avec la vitesse de progression antérieurement acquise. Sous l'action résultante, le corps se meut sur une trajectoire qui, pour le pubis, est sensiblement droite et horizontale.

Les réactions verticales disparaissent en grande partie avec la vitesse de la course ; quand elles existent, elles ont lieu pendant la suspension totale du corps.

Les réations latérales sont d'autant moindres que les appuis des pieds tendent à se mettre sur une même ligne droite confondue avec la direction de la translation.

Plus l'allure est vive plus les empreintes des pieds tendent à se placer sur une même ligne droite. L'angle ou ouverture des pieds qui contribue à l'équilibration, diminue avec ces réactions latérales. Les mouvements d'épaule se font à l'inverse des membres inférieurs, les bras sont fléchis et portés dans l'élévation latérale horizontale aux terminaisons des oscillations de l'épaule.

Circonstances qui influent sur la longueur et la durée du pas de course. — Le pas de course est plus long que le pas de marche, sa durée est plus petite, ce qui s'accorde avec la remarque déjà faite que la vitesse s'accroît grâce à l'augmentation de longueur des pas et à la diminution de leur durée. Le pas de course varie environ de $2^m,10$ à $3^m,40$ et sa durée de 64 à 41 centièmes de seconde.

En suivant l'ordre que nous avons adopté pour l'examen des causes qui influent sur la longueur et la durée du pas dans la marche, nous considérerons d'abord l'influence de la nature des surfaces d'appui, c'est-à-dire la nature du terrain et de la chaussure.

Un terrain lisse et poli diminue la longueur du pas, car l'angle limite de frottement diminue l'oscillation de la jambe à l'appui comme il a été expliqué plus haut. Un terrain mobile agit de même en absorbant une partie du travail de l'impulsion.

Nous ignorons l'influence de la longueur de la semelle. Il nous semble que celle-ci doit être flexible et large pour ne gêner en rien le jeu des articulations métatarso-phalangiennes, et permettre pourtant la plus grande élongation du membre à l'appui et une plus longue durée de la période active de cet appui.

L'intensité de la pression du pied est l'élément fondamental de l'impulsion, c'est-à-dire de la longueur du pas; elle varie généralement en raison inverse de la durée de l'appui et de celle du pas. Cette pression est inégale pour les deux membres. C'est la jambe dont on se sert pour l'appel dans le saut précédé d'une course qui effectue la plus grande impulsion; la semelle de la chaussure correspondante s'use bien avant l'autre.

Le degré de flexion de la jambe oscillante et celui d'extension de la jambe à l'appui sont en raison de la longueur du pas; il en est de même de la longueur des segments des membres, c'est-à-dire de la taille du sujet pour des déplacements angulaires égaux.

La charge ou grandeur de la masse à mouvoir diminue la longueur du pas; l'inclinaison du tronc en avant ne semble pas être nécessaire à une grande rapidité de la course; il est clair pourtant que la composante horizontale du poids du corps résultant de cette inclinaison s'ajoute à l'impulsion périodique due à l'extension des segments du membre à l'appui et aux frottements développés à la surface de contact; que les deux composantes d'entraînement peuvent se compenser dans une certaine mesure et équilibrer la résistance de l'air qui n'est plus négligeable dans la vitesse de la course; en un mot, que cette inclinaison doit augmenter la vitesse de progression.

Les mouvements des bras varient suivant les sujets, mais sont toujours rythmés avec le pas et ont lieu en sens inverse de ceux des extrémités inférieures du même côté; le rôle des bras est un rôle passif et la flexion dans laquelle on les tient est bien faite pour atténuer leurs oscillations nuisibles à la continuité de la progression.

L'état général de faiblesse ou de fatigue du sujet agit au plus haut degré sur la longueur du pas et sa vitesse. La course est un exercice des plus violents que l'on ne peut soutenir qu'après une préparation préalable dont nous nous occuperons en dernier lieu avec les principes de l'entraînement.

Enfin, comme dans la marche, la longueur du pas dans la course est liée à sa vitesse et s'accroît avec celle-ci.

Genres différents d'allures courues. — Suivant l'intensité de l'impulsion, sa direction, et sa durée, les allures prennent différents caractères qui les distinguent et qui influent sur la vitesse de progression et sur la durée pendant laquelle on peut soutenir l'allure, seules choses qui, en définitive, soient intéressantes dans la pratique.

La rapidité de l'allure est en rapport avec la force musculaire dépensée, et par suite, avec le temps pendant lequel elle peut être soutenue. La qualité du coureur étant l'égalité, on distingue pour y satisfaire, deux sortes de courses : la course de résistance qui peut être soutenue pendant plusieurs kilomètres avec une vitesse de 3 m. 40 à la seconde, et la course de vélocité où le coureur donne son maximum de vitesse qui peut aller jusqu'à 11 m. 25 à la seconde, mais ne peut être prolongée raisonnablement au-delà de 150 mètres.

Cette division basée sur l'expérience, doit évidemment fixer la nature de l'allure suivant la distance à parcourir; elle doit faire abandonner ces concours indéterminés et dangereux, où la course, vu la longueur de la piste trop grande ou trop petite, ne peut être ni une course de vélocité, ni une course de résistance. Ces limites sont à fixer.

Citons encore, comme allure courue modérée, le *pas gymnastique*, dans lequel la direction de l'impulsion peu inclinée par rapport à la verticale, imprime au tronc de grandes réactions verticales.

Enfin le *galop*, dont le pas, combinaison de la course et de la marche, ne contient qu'une suspension correspondant toujours à l'impulsion de la même jambe, impulsion supérieure par l'intensité et la durée à celle de l'autre membre qui exécute seulement la poussée nécessaire à un demi pas de marche précipitée.

La distance des empreintes des pieds sur le sol en rapport avec le rythme n'est donc plus égale dans cette allure, d'ailleurs usitée seulement dans les jeux des enfants.

Du saut.

Le saut est l'ensemble des mouvements harmonieux et simultanés exécutés dans le but de faire passer le corps par une impulsion brusque suivie d'une suspension, d'un point d'appui à un autre point d'appui, séparé du premier par une distance ou un obstacle à franchir.

Analyse du saut. — Comme dans toute progression, nous trouvons dans le saut trois éléments principaux liés entre eux par des relations bien déterminées: la *force motrice*, la *masse à mouvoir* et la *trajectoire décrite*. C'est aux variations que présente la force motrice en *intensité durée et direction*, que sont dues, pour une même masse à mouvoir, les variations dans les éléments de la trajectoire du centre de gravité, éléments qui caractérisent les sauts en *hauteur, longueur et profondeur*.

En général, dans tout saut, il y a quatre périodes distinctes: La *préparation, l'impulsion, la suspension et la chute.*

La *préparation* au saut consiste toujours dans une flexion des extrémités inférieures, indispensable à leur extension consécutive. Quelquefois aussi, les bras élevés antérieurement s'abaissent vivement pour s'élever avec plus de vitesse au moment de l'impulsion.

L'impulsion est donnée par l'extension vive de l'un ou des deux membres inférieurs. Cette extension agit comme force intérieure au système *terre et corps*, s'exerce aux points de contact, et a pour effet de repousser avec la même intensité et en sens contraire, le corps d'une part, la terre de l'autre, suivant la direction de l'impulsion. La vitesse initiale communiquée à chaque mobile est en raison inverse des masses. Ce qui s'exprime en disant que la quantité de mouvement est également répartie. La terre ayant une masse infinie par rapport à celle du corps, sa vitesse ou son mouvement peut être considéré comme nul ; le corps semble se mouvoir seul, comme un projectile, sous l'effet d'un ressort se débandant tout à coup, et se détache de terre si la vitesse initiale qui lui est communiquée est suffisante pour l'élever contre la pesanteur à une hauteur supérieure à la longueur des extrémités complètement allongées. Le travail est très inégalement réparti, il est pour ainsi dire nul du côté de la terre, sur un sol résistant, et du côté du corps il est mesuré par le poids de celui-ci, multiplié par la hauteur d'élévation. En résumé, le centre de gravité du système *terre et corps* au contact desquels naît la force intérieure d'impulsion, reste fixe, et sous l'action de cette force, les quantités de mouvements de chacune des masses terre et corps sont égales.

Les résultats de l'impulsion sont augmentés par une élévation des bras, exécutée simultanément avec l'extension des jambes. Cette élévation brusquement arrêtée par la contraction des adducteurs, produit l'effet d'une petite masse animée d'un mouvement dans le sens de l'impulsion et qui, grâce à sa liaison au corps, communiquerait son mouvement à celui-ci en sens inverse de la pesanteur. Le corps à ce moment exerce donc une pression moins forte en ses points d'appui ; il semble diminué de poids.

Le corps détaché du sol reste suspendu dans l'espace pendant un temps qui dépend de la hauteur à laquelle il s'étend verticalement, ou de la profondeur à laquelle il tombe. Pour une même vitesse initiale, le temps de la suspension sera maximum, pour un saut vertical dans lequel la vitesse devient nulle au maximum d'élévation.

Dans un saut en profondeur, si la vitesse initiale était horizontale, pour une même hauteur verticale, quelle que soit la longueur du saut, le temps de suspension au-dessus d'un même plan horizontal serait constant.

Le centre de gravité, point variable, décrit une trajectoire parabolique; mais il ne faut pas confondre la trajectoire du centre de gravité avec la trajectoire décrite par un point du tronc, la hanche par exemple. Tout mouvement d'élévation des bras et des jambes pendant la suspension, a pour effet de faire varier la position du centre de gravité relativement aux points du corps, mais non pas d'en changer la trajectoire. Si donc, comme dans le cas présent, les mouvements produits par des forces intérieures élèvent relativement le centre de gravité par rapport aux parties du corps, réciproquement, celui-ci s'abaissera par rapport au centre de gravité qui décrit une trajectoire invariable, et la trajectoire d'un point du corps présentera une forme aplatie. Les photographies instantanées de M. Marey montrent très nettement cette particularité.

Les extrémités inférieures se fléchissent plus ou moins suivant la nature du saut, elles se réunissent pour former un tout solide, et la vitesse du corps reprenant sensiblement pendant la descente, la même valeur qu'elle avait pendant l'ascension dans le même plan horizontal le corps vient au contact du sol animé d'une vitesse à peu près égale à la vitesse initiale du départ.

Chute. — Cette vitesse doit s'annuler en tout ou en partie, suivant les cas au moment de la chute ; toute la force vive que possède alors le corps doit se partager entre les organes et le sol.

C'est dans la meilleure répartition de cette force vive, de manière à ne pas léser les organes eux-mêmes, que consiste la qualité de la chute très difficile à bien exécuter. Nous avons vu, dans la première partie de cet ouvrage, qu'au moment du choc, les extrémités, qui s'étaient allongées, se fléchissent afin de répartir la force vive sur les muscles extenseurs contractés et de la détruire en les étirant. Nous avons vu le danger qu'il y aurait à ne pas agir ainsi et à laisser le choc se transmettre le long des segments du membre étendu jusqu'au cerveau. Dans le cas d'un saut en hauteur, c'est toujours et pour la même raison, la pointe des pieds qui doit toucher le sol la première, dans les sauts en longueur, nous verrons qu'il n'y a pas inconvénient, qu'il y a même avantage pour la longueur du saut, à toucher le sol par le talon la jambe étendue ; la vitesse acquise horizontalement vous rétablit en équilibre.

Les bras, au moment de la chute, jouent un rôle identique et aussi important qu'au moment du départ. Dans le saut en hauteur et en profondeur, ils s'élèvent et atténuent le choc en diminuant la vitesse du corps par un mouvement en sens inverse ; dans le cas d'un saut en longueur ils rétablissent l'équilibre au moment de la chute et suivant la vitesse trop grande ou trop petite que possède encore le tronc dans le sens du saut et au moment de l'appui, les bras se portent plus ou moins verticalement pour éviter la chute sur la face ou sur le dos.

Ce rôle des bras est donc essentiellement variable. C'est avec l'attitude des membres inférieurs au moment du posé, l'un des plus importants facteurs d'une bonne chute. Une coordination parfaite des mouvements unie à un sentiment spécial que donne une longue pratique, seront les conditions indispensables pour exécuter avec harmonie les mouvements du saut, c'est-à-dire en utilisant au moment de l'impulsion et de la chute toutes les ressources dont nous disposons dans les deux fins opposées de communiquer au corps la plus grande vitesse initiale possible et d'annuler en tout ou en partie cette vitesse sans danger.

Influences qui font varier les éléments du saut. — La *nature des surfaces d'appui* est toujours des plus importantes à considérer ; en effet, dans le cas de surfaces polies et glissantes, mais solides, le saut en hauteur, dû à une impulsion absolument verticale, serait seul possible. Le corps s'élèverait dans ce cas verticalement et retomberait sur les premières empreintes. Toute direction d'impulsion oblique à la verticale, nécessite le développement de résistance de frottement et l'angle limite de cette direction avec la verticale est l'angle de frottement déjà mentionné dans la marche ; dans le cas contraire, la chute est inévitable.

Si le sol n'est pas résistant, le travail de l'impulsion ne sera plus nul pour la terre, une partie sera absorbée par les déplacements du sol et les éléments de la trajectoire, flèche et corde, seront diminués.

Mais cet état de mollesse du sol sera avantageux au point de chute, justement pour la raison qu'une partie de la force vive sera absorbée en déformation et c'est pourquoi l'on a tout intérêt à placer des surfaces dures et enduites de résine à l'endroit de l'appel des pieds et des couches épaisses de sable ou de sciure de bois à l'endroit de la chute. La surface d'appel pour les sauts en longueur de pied ferme serait même avantageusement inclinée du côté où l'on saute, justement pour permettre une inclinaison plus grande de la direction impulsive qui est, comme nous le verrons, une condition de la longueur du saut.

Les sols artificiels élastiques comme les tremplins, restituent le travail qu'ils ont d'abord absorbé, leur effet sur la trajectoire décrite est donc d'autant plus intense qu'on leur communique une plus grande quantité de force vive par un violent appui provenant d'une course préalable ; le poids du sujet joue aussi son rôle dans ce cas.

La surface d'appui de la chaussure devra être la plus large et la plus plate possible pour augmenter encore les frottements et pour faciliter la chute et l'équilibre final.

L'intensité de la pression du pied est un des principaux éléments de l'impulsion, elle mesure l'intensité de la force motrice. On peut admettre que, pour un même poids, la hauteur à laquelle on s'élève est proportionnelle au carré de la pression ; mais il est un autre élément de l'impulsion non moins important que cette pression, c'est la durée pendant laquelle elle agit ; la hauteur d'élévation est encore proportionnelle au carré de ce temps, c'est-à-dire proportionnelle au carré du produit FT des deux facteurs de l'impulsion, force et temps. Ce produit, dans lequel nous considérons F comme ayant la valeur moyenne de toutes celles par laquelle passe la pression du pied dans un saut vertical, est à considérer dans tout saut relativement au poids du corps; il représente pour nous la valeur du coup de jarret, et nous avons constaté que des sujets qui n'ont pas les jambes très développées compensent, dans une certaine mesure, leur faiblesse d'extension par la durée de leur détente.

La longueur des segments des membres et leur degré de flexion influent sur la durée de l'appui, par conséquent sur la vitesse initiale au départ, plus la flexion sera grande, plus la hauteur d'élévation le sera aussi. La longueur du pied est très avantageuse à ce point de vue. Au moment de la chute, la flexion ne sera pas exagérée, elle sera en rapport avec la force vive acquise et à détruire.

La *direction de l'impulsion* dépend de l'inclinaison du tronc au départ. Cette inclinaison, qui est limitée elle-même par le frottement au contact du pied, doit être nulle pour un saut en hauteur et tendre vers 45 degrés pour le saut en longueur de la plus grande étendue, étant donné un même coup de jarret ou une même vitesse initiale. L'inclinaison sera intermédiaire pour les sauts en hauteur et largeur, elle influe uniquement sur la longueur du saut; car la hauteur d'élévation est la même pour une même vitesse initiale, quelle que soit la direction de celle-ci.

L'inclinaison de la direction de l'impulsion sera, ainsi que la vitesse initiale, augmentée par la composition de cette vitesse due au coup de jarret avec une autre vitesse horizontale antérieurement acquise par une course préalable.

L'influence de *la grandeur de la masse à mouvoir*, c'est-à-dire du poids du corps, est des plus grandes; tout ce qui n'est pas actif dans le saut, c'est-à-dire le tronc, absorbant un travail inutilisé doit présenter le moindre développement relatif possible; un bon sauteur est celui qui, sous un faible poids, développe un coup de jarret relativement très intense; car, pour un même coup de jarret dans le saut vertical, la hauteur à laquelle s'élèvent deux sauteurs est inversement proportionnelle au carré du poids du corps.

Pour deux sujets du même poids, le rapport des hauteurs auxquelles ils s'élèvent est égal au rapport des carrés de l'impulsion définie plus haut.

La comparaison de deux sauteurs se fera donc en mesurant la hauteur maximum à laquelle ils s'élèvent et leurs poids respectifs.

Le rapport des produits des poids par les racines carrées des hauteurs correspondantes, sera celui des impulsions ou coups de jarret.

Si, d'autre part, on avait une relation entre la force musculaire ou la force de détente et la longueur des segments ou la taille du sujet, on pourrait comparer des sujets de tailles différentes en tenant compte de leur organisation, en imaginant un sauteur type, pris comme unité, d'une taille et d'un poids déterminés qui développerait une impulsion correspondante maximum, reconnue pratiquement possible, sachant utiliser tous ses moyens et auxquel on comparerait tous les autres.

Il y a, en effet, deux points de vue auxquels ont peut considérer la valeur d'un sauteur.

Le point de vue absolu ou pratique où l'on envisage les longueur et hauteur du saut sans s'occuper du poids du corps, et le point de vue théorique où l'on considère les hauteur et longueur du saut en tenant compte de la masse à mouvoir.

Ces deux points de vue peuvent mener à une estimation toute différente d'un sujet. En effet, un sauteur qui, par la distance franchie, l'emporterait sur d'autres dans la première méthode de comparaison serait, quelquefois mal classé d'après la seconde s'il était très léger ; et inversement, un sauteur lourd franchissant une courte distance pourrait l'emporter si son effort d'impulsion était relativement supérieur à celui du premier.

Nous ne nous prononçons pas sur le choix de ces deux méthodes de classement, pourtant c'est évidemment la seconde qu'on devra appliquer pour un même individu afin de le comparer à lui-même à différentes époques de sa croissance. Elle revient, pour des sauteurs différents, à égaliser les poids en leur ajoutant des masses additionnelles.

L'influence du mouvement des bras est très considérable nous en avons décrit le mode d'action dans l'analyse du saut. On peut l'exagérer en chargeant, comme faisaient les anciens, les mains d'haltères, c'est-à-dire en augmentant la masse des extrémités supérieures et par conséquent, la force vive destinée à entraîner le tronc dans la direction convenable. Le nom d'haltères ne vient du reste, que de l'usage de cet instruments dans le saut.

L'état de vigueur ou de faiblesse du sujet agit sur l'impulsion en faisant varier, soit l'intensité, soit la durée de la contraction. C'est ici que l'excitation nerveuse a sa plus grande part et fait varier les résultats d'après les différences ou dispositions individuelles. On sait combien diffèrent la brièveté ou la lenteur de la contraction des muscles, suivant la température, l'activité de la circulation, l'état de repos ou de fatigue, la constitution du sujet. Nous croyons que c'est la vivacité dans la détente qui est une des principales qualités du coup de jarret.

Nous reviendrons, du reste, sur ces données quand nous nous occuperons du travail musculaire.

CONSIDÉRATIONS PRATIQUES RELATIVES A LA MARCHE, A LA COURSE ET AU SAUT

De étude précédente très succincte, que nous venons de faire des trois allures : marche, course, saut, nous pouvons tirer quelques enseignements utilisables dans la pratique.

La *chaussure sera sans talon*, la semelle large et assez épaisse permettant au pied de s'étaler tout à son aise lors de son déroulement sur le sol.

La *marche en plaine* se fera en développant le moins de force muscelaire possible, l'allure de l'homme fatigué, du paysan, le corps penché en avant, le pas régulier et d'une longueur en rapport avec la taille, sera celle que l'on pourra soutenir le plus longtemps avec une vitesse de six kilomètres à l'heure, non chargé.

La marche s'accélèrera en allongeant le pas et en observant en même temps une cadence plus vive, car nous avons vu que la cadence et la longueur du pas sont intimemont liées l'une à l'autre.

Il sera possible de faire l'éducation d'un marcheur par des exercices de marche cadencée qui consistent à étendre totalement la jambe et le pied au moment du posé, de façon à ce que le pie pose le plus loin possible et sur toute la surface plantaire à la fois, le corps étant légèrement penché en avant. Cet exercice souvent répété donne au pas une plus grande longueur moyenne qui se soutient pendant de longues marches. C'est ainsi que dans une marche récente des élèves de l'Ecole normale de gymnastique de Joinville-le-Pont, élèves ayant cinq mois d'entraînement gymnastique, la même longueur de pas (60 pas pour 100 mètres) a été soutenue en moyenne, pendant que variait la durée du pas et la vitesse de progression sous l'influence de la fatigue.

Dans la *marche ascendante* le corps sera penché fortement en avant et inversement dans la marche descendante.

Dans la *course de résistance* on conservera une cadence constante et modérée, environ 88 pas à à la minute, ce qui pourra permettre, au maximum, une vitesse de 13 kilomètres à l'heure.

On ne devra soutenir la *course de velocité* que durant une longueur de 150 mètres environ.

On partira le corps penché en avant et on allongera le pas progressivement jusqu'au maximum. La vitesse pourra ainsi acquérir pendant dix secondes, jusqu'à la valeur de 11 mètres 25 par seconde.

La condition essentielle pour soutenir la marche et la course est de dépenser le moins de force musculaire possible et d'éviter l'essoufiement en réglant les mouvements respiratoires avec le rythme du pas, comme nous le verrons, à propos de l'entraînement et de la résistance à la fatigue ; on respirera, si l'on peut, par le nez.

Le saut est différent suivant que l'on est en repos ou en mouvement au moment de l'impulsion.

Si l'on saute de pied ferme, en hauteur, au-dessus d'un obstacle, on se placera le plus près possible de cet obstacle, le corps très légèrement incliné, les jambes réunies, fortement fléchies dans tous leurs segments et les bras abaissés pour la préparation. Au temps de l'impulsion, les bras s'élèveront vivement et s'arrêteront brusquement environ à l'horizontale, les jambes resteront unies et, si l'on peut, allongées et fléchies sur le tronc afin que la distance comprise entre le point le plus bas du corps et le sol pendant la suspension soit maximum ; car, nous l'avons vu, suivant l'attitude du corps, cette distance est variable et indépendante de la hauteur du centre de gravité qui décrit sa trajectoire parabolique. L'obstacle franchi, on étendra vigoureusement le tronc afin d'éviter le frottement de l'obstacle avec les fessiers ; enfin au moment de la chute les membres inférieurs en contact avec le sol par la pointe des pieds se fléchiront pendant que les bras s'élèveront pour atténuer le choc et rétablir l'équilibre.

Si l'obstacle est très large et que l'on désire y prendre appui, (saut en hauteur) il faudra fléchir fortement les jambes, être suffisamment distant de l'obstacle afin de permettre cette flexion ainsi que le mouvement des bras, prendre appui au moment où la vitesse s'est annulée et se relever immédiatement.

Ici la chute n'existe pas ; dans le saut en profondeur au contraire, c'est l'impulsion qui est presque nulle, elle doit-être suffisante pourtant pour lancer horizontalement le corps loin de l'obstacle sur lequel on repose et éviter une chute tout-à-fait verticale. Cette chute est ici fort difficile et fort dangereuse. Les entorses, les fractures, les déchirures de muscles et de tendons, les commotions cérébrales, les hernies crurales en peuvent être la conséquence.

Nous conseillons dans la chute, terminaison de tous les sauts, d'avoir les jambes réunies accolées l'une à l'autre. Cette attitude que doivent avoir les extrémités pendant la suspension est celle qui donne le plus de solidité pour soutenir le choc.

Le saut en longueur de pied ferme, tire ses qualités de l'intensité du coup de jarret et du mouvement de projection des bras, mais aussi de l'inclinaison du corps en avant au moment de l'impulsion. Il faut, pour ainsi dire, donner son coup de jarret pendant une chute en avant. Sans cette condition, le saut sera toujours trop élevé et raccourci.

Les jambes seront étendues et les cuisses fléchies sur le tronc, les pieds toucheront le sol par le talon au moment de la chute.

Ce mode d'appui n'a aucun inconvénient, car la vitesse à annuler est dirigée plutôt horizontalement que verticalement, les jambes sont aussi très obliques et rasent le sol; il a au contraire l'avantage d'utiliser toute la vitesse acquise et de reculer au maximum le point de chute, c'est-à-dire la longueur du saut. L'équilibre final sera rétabli par un mouvement convenable des bras, généralement peu utile, si le saut est bien exécuté; car la vitesse dont le corps est animé au moment de la chute, suffira pour amener le tronc au-dessus du point d'appui qui, vu l'allongement des jambes, se trouve verticalement au devant du centre de gravité. Cependant, dans le cas où des frottements suffisants ne seraient pas développés au contact du talon, une chute sur les ischions serait à redouter.

Dans les sauts précédés d'une course, celle-ci doit aller en s'accélérant au moment de l'appel qui se fait alors généralement d'un seul pied, la longueur des pas diminue aussi; la vitesse horizontale préalablement acquise se composant avec celle qui est due au coup de jarret, a pour résultante une vitesse initiale, toujours plus inclinée que cette dernière. On en conclut que le saut précédé d'une course augmente bien plus la longueur que la hauteur du saut. L'inclinaison de la surface de la planche d'appel modifiera ces résultats.

Il sera avantageux de s'exercer à prendre cet appel indistinctement de l'un ou l'autre pied; dans tous les cas, les jambes seront réunies pendant la suspension et la chute exécutée comme dans le saut de pied ferme.

L'appel des deux pieds ne s'accorde pas avec une course préalable bien vive; il demande un certain temps et s'exécute surtout dans les sauts avec appui des mains.

La chute finale d'un saut précédé d'une course est difficile, il sera bon de s'y exercer progressivement en y recherchant toujours les qualités énoncées plus haut. Elle différera dans les cas où l'on voudrait après le saut continuer la course, mais cependant, il faudra toujours observer la réunion des jambes au moment du choc et marquer un temps d'arrêt.

Sauts divers et sauts successifs. — Toutes les variétés de sauts obéissent aux principes généraux que nous avons donnés sur la préparation, l'impulsion, la suspension et la chute. Ainsi dans le saut en arrière ou de côté, l'inclinaison du tronc et le mouvement des bras doivent être dirigés dans la direction du saut.

Dans les sauts successifs, les jambes fléchies pour la chute doivent immédiatement s'étendre avec une nouvelle élévation des bras.

Dans les progressions par sauts successifs sur un pied qu'on nomme progression à *cloche-pied*, les bras aident peu, mais le

tronc est fortement incliné en avant. Ces progressions très pénibles ne s'exécutent que comme exercices gymnastiques.

Sauts avec appui des mains. — Dans les sauts de barrière
et au cheval de bois avec appui des mains, la suspension proprement dite est de beaucoup réduite : tantôt il y a appui simultané des pieds sur le sol et des mains sur l'obstacle, et l'abduction des bras ajoute son effet à l'extension des jambes, tantôt
l'appui sur les mains est effectué après le saut, ce qui permet une
obliquité extrême du corps pendant pendant la suspension et une
grande longueur de saut. Il y a alors, en réalité, deux chutes,
l'une sur les poignets, l'autre finale sur les pieds. Dans ces
sauts, les jambes passent au-dessus de l'obstacle, fléchies entre
les bras ou allongées latéralement pendant que le corps est à
l'appui sur un seul bras toujours allongé ; le poids du corps doit
toujours être porté par le bras à l'appui, ce qui exige que l'on ne
s'éloigne pas de cet appui au moment du saut.

Dans le *saut à la perche*, la hauteur d'élévation du corps est
augmentée par une vigoureuse traction des bras effectuée pendant la suspension et pendant que la perche a point d'appui sur
le sol. Théoriquement, ce saut revient à prolonger l'appui du
pied par l'appui de la perche et l'effort des extenseurs par celui
des fléchisseurs et adducteurs des bras. Le corps s'attire donc
vers l'extrémité de la perche, tandis que celle-ci oscille autour
de son point d'appui. Il résulte de toutes ces circonstances une
plus grande hauteur et longueur de saut.

PROGRESSIONS DIVERSES

Progression sur des pistes étroites et sinueuses. — Les
progressions précédentes, marche, course et saut, présentent de
grandes difficultés, si l'on réduit l'espace sur lequel elles doivent
s'effectuer. Ainsi, en laissant de côté la part de trouble dans la
coordination provenant du vertige, lorsque la progression a lieu
sur un lieu élevé, la réduction latérale dans la surface d'appui,
comme cela a lieu dans la marche sur une poutre ou sur des
piquets, oblige les pieds à se mettre dans des positions relatives
qui ne sont pas naturelles, nécessitent pour rétablir l'équilibre à
chaque instant, des contractions musculaires difficiles à régler et
demandent une éducation nouvelle et longue.

Si le chemin à parcourir est une ligne sinueuse, une ligne circulaire de petit rayon, le corps est incliné vers le centre, d'une
quantité en rapport avec la vitesse de progression. A chaque
instant, il tend à se mouvoir, suivant la tangente à la courbe ;
les deux actions qui le ramènent incessamment vers le centre,

sont: celle des jambes qui, par une légère adduction et abduction respectives, ramènent les pieds sur la ligne à suivre et celle de la pesanteur du corps qui tend à faire une chute vers le centre du mouvement.

Marches gymnastiques. — Tous les mouvements de planches peuvent être exécutés en progressant. Le pas convenable à ces mouvements est un pas cadencé, lent, de grande longueur et dans lequel la jambe en avant reste fléchie, perpendiculaire au sol, tandis que la jambe qui, en arrière, est toujours allongée, le pied perpendiculaire à la direction de la progression a peu près comme dans la fente de l'escrime. Les mouvements des bras se rythment avec ceux des jambes, le corps prend ainsi des attitudes élégantes et viriles; il acquiert une rare stabilité surtout si l'on joint à tous les mouvements de la leçon de plancher complète ceux de la leçon dite de la *boxe française*, dans laquelle on demande, aux extrémités inférieures, une souplesse et une indépendance égale à celle des bras. Ces mouvements sont généraux, ils sont donc bons à exécuter en plein air par les temps froids. De plus, attrayants, naturels et difficiles ils doivent commencer toute séance de gymnastique, sérieusement et rationnellement pratiquée.

Progression à la suspension

Les progressions à la suspension sont à distiguer suivant le mode de suspension à une barre ou deux barres parallèles, suivant que la suspension est allongée ou fléchie, alternative ou simultanée et suivant que la direction de la progression est horizontal, oblique ou verticale.

Progression horizontale

Suspension allongée sur une barre. — On peut progresser latéralement le long d'une barre horizontale en suspension par les mains, les bras allongés.

A cet effet, les bras étant parallèles, si l'on s'attire vers la barre latéralement par une légère traction du bras droit, le corps se mettra à osciller à droite, autour de la main gauche comme point de suspension. Cette traction cessant subitement, l'oscillation se fera à gauche et, dès que le bras droit sera tendu le centre de mouvement passera dans la main droite, la pression de la main gauche sur la barre diminuera jusqu'à devenir nulle, celle-ci pourra se soulever et se déplacer dans le sens de la progression c'est-à-dire dans le cas présent de la gauche vers la droite. L'oscillation du corps ayant lieu ensuite dans cette direction, le bras gas gauche se tend, la main correspondante sert de centre d'oscillation tandis que la main droite supportant une partie de plus en plus faible du poids du corps peut devenir libre, se déplacer à droite en avant de la progression et ainsi de suite.

Le rythme dépend de la taille du sujet assimilé à un pendule dont les oscillations sont d'autant plus lentes qu'il est plus long.

La *progression à bras fléchis à une barre* est différente de la première, les oscillations du corps diminuent avec le déplacement des mains ; la contraction musculaire très énergique rend le mouvement pénible et de courte durée, même si l'on a soin de ne contracter que les muscles des membres supérieurs, seuls nécessaires au mouvement et surtout d'éviter *l'effort*. Ce mouvement est aussi mauvais pour la dilatation thoracique que le premier est favorable.

La progression à une seule barre, l'axe des épaule perpendiculaire à cette barre et les mains symétriquement placées permet un écart plus grand des mains ; la même progression en suspension fléchie est la plus détestable et la plus pénible des progressions à la suspension.

La *progression simultanée* est celle où, étant en suspension allongée, on attire vivement et simultanément le tronc verticalement vers la barre, au moyen de la flexion des avant-bras et de l'adduction des bras. Le corps prend une vitesse verticale de bas en haut, la pression des mains sur la barre diminue ; au maximum d'élévation, cette pression s'annule et le corps est en suspension. On profite de ce moment pour déplacer les deux mains latéralement du même côté et de la même quantité changer ainsi le point de suspension ; au moment de l'appui des mains, une nouvelle traction sur les bras a lieu suivie d'un appui plus éloigné, le corps progresse donc latéralement d'une façon saccadée et rythmée. Cette progression est analogue à une série de sauts de côté et successifs ; le mouvement des bras peut être ici remplacé par une élévation verticale des genoux au moment de la traction des bras ; cette élévation augmente la vitesse verticale du corps et ajoute son effet à la traction des bras. Les sujets peu rompus à ces exercices de suspension et d'ailleurs peu développés, usent instinctivement de ces moyens qui subviennent à leur force musculaire. Ils s'agitent alors de la façon la moins élégante font beaucoup de contorsions inutiles, mais les mouvements sont des élévations de genoux.

Progression en suspension à deux barres parallèles horizontales. — La progression peut être alternative ou simultanée, allongée ou fléchie.

Dans la progression alternative allongée, le corps suspendu par les mains, la ligne des épaules perpendiculaire aux barres, prend un balancement à droite par une légère traction sur le bras correspondant ; pendant l'oscillation suivante à gauche, la main gauche se soulève et va se replacer en avant de son point d'appui ; puis c'est la main droite qui se déplace, et ainsi de suite en conservant une cadence en rapport avec la taille.

Si l'on fléchit les bras, les distances des appuis des mains diminuent, le rythme s'accélère, la contraction rend le mouvement pénible, surtout si les mains sont en pronation avec rotation des bras en dedans.

La progression se fait simultanément au moyen d'une traction vive des bras, suivie d'une suspension pendant laquelle les mains peuvent être déplacées, l'effet est le même que dans la progression à une barre, le mouvement des bras est seulement un mouvement en avant au lieu d'un mouvement latéral pendant la suspension.

L'élévation brusque des genoux peut avoir le même avantage et, pour éviter un balancement d'avant en arrière, il faut avoir soin de donner une nouvelle impulsion aussitôt après l'appui.

Ces mouvements peuvent s'exécuter en avant, en arrière, avec différents mouvements de jambes ; nous n'insistons pas, leur analyse est facile, on y trouverait des analogies parfaites avec la marche, le saut ; une condition nécessaire de progression, est l'existence de frottements développés au contact des barres.

Nous verrons, quand nous traiterons spécialement du développement thoracique, que la qualité de ces progressions dépend de l'allongement des bras et de l'écartement des mains.

Les marches prolongées en suspension allongée à des barres horizontales ayant plus de l'écartement des épaules, seront donc très efficaces et le plus à recommander. Les fixateurs de l'omoplate en arrière, les portions moyennes et inférieures des trapèzes, les rhomboïdes, sont fortement mis en jeu par l'écartement des mains que l'on peut encore exagérer à une échelle horizontale par une progression latérale en suspension à des échelons fortement distants.

Au contraire, toute progression à bras fléchis et à une seule barre, donne au pectoral la prédominance d'action funeste que nous avons déjà indiquée à propos de la suspension et dont les conséquences sont l'attitude vicieuse des épaules et l'affaissement thoracique, sans compter les troubles dus à un effort continu.

Progression oblique.

Toutes les progressions à des perches, cordes, échelles placées obliquement, peuvent se faire à l'aide des pieds et des mains ou à l'aide des mains seulement.

9

L'effort musculaire, nécessaire dans la suspension et la progression horizontale, est ici insuffisant ; il y a en effet élévation verticale du corps à chaque déplacement des mains. Cette élévation correspond à une production du travail mécanique considérable et ne peut avoir lieu que si l'on s'attire par les bras ou si l'on se repousse par les jambes en changeant ses points d'appui. Il n'y a donc pas de progression oblique ni verticale à bras complètement allongés.

Dans la progression à une perche oblique, ou une corde tendue obliquement, l'équilibre est très difficile à conserver si l'on est couché sur la perche, et si l'on progresse en attitude d'appui oblique, qui a une grande analogie avec le ramper. L'équilibre est instable, le corps tend à tourner autour de la perche jusqu'à ce qu'il ait exécuté une révolution de 180 degrés et que l'on soit en suspension oblique.

Dans cette suspension, elle-même, on peut progresser à l'aide des pieds et des mains, soit en s'accrochant par les extrémités diagonalement opposées, la main et l'angle du genou, et en déplaçant dans le sens de la progression les deux autres membres ainsi rendus libres ; soit en déplaçant alternativement les mains et les pieds et prenant tour à tour point d'appui et point de suspension, en serrant la perche au même point avec les pieds ou avec les mains et en faisant des flexions et extensions du tronc comme nous le verrons dans le grimper vertical.

Dans la progression en suspension oblique à la perche ou à la corde à l'aide des mains seulement, les jambes doivent rester passives ; on passe successivement de la suspension fléchie à deux mains, à la suspension fléchie à une seule et il faut conserver cette pénible attitude pendant que le bras, devenu libre, s'élève et prend un point d'appui plus élevé, grâce à la pression des doigts et aux frottements développés par cette pression.

Les progressions à l'échelle oblique ou à deux perches ou cordes obliques parallèles, ne diffèrent de celles que nous venons d'étudier que par l'écartement constant que doivent conserver les membres à l'appui, écartement qui, pour des membres supérieurs, rend la progression salutaire et efficace au point de vue du développement thoracique dans les suspensions. Il y a à observer un rythme, à tirer parti du balancement du corps qui doit, comme dans les progressions à la suspension horizontale que nous avons décrites, s'opposer à ce que, au moment du levé d'une des mains, le corps n'ayant plus tout à coup qu'un point de suspension latéral, n'oscille brusquement de ce côté et n'entraîne la main qui s'est levée loin du montant le long duquel elle doit progresser.

Les progressions peuvent aussi se faire simultanément à bras fléchis, sans balancement latéral, par sauts successifs.

En se servant des pieds et des mains et en suspension au dessous d'une échelle oblique, on peut monter par les extrémités diagonales ou latérales en ayant soin d'éviter que les pieds ne quittent l'échelle, grâce à la tendance qu'a le corps de se mettre en suspension verticale.

Au dessus de l'échelle, on progresse à l'appui sur les pieds comme sur un escalier, les mains ne servant qu'à maintenir l'équilibre, ou à l'appui sur les mains, les jambes écartées serrant les montants de l'échelle par adduction des cuisses.

On peut aussi effectuer une suspension oblique de ce côté, le dos contre l'échelle et appuyant le long d'une planchette fixée aux échelons. Cette disposition, qui est celle de l'échelle dite *orthopédique*, a pour effet de rejeter les points de suspension en arrière de la ligne des épaules, ce qui contribue simultanément à rejeter l'épaule en arrière, et grâce à la suspension allongée, à dilater le thorax.

Progression verticale.

Cette progression constitue le *grimper* proprement dit; exécutée à l'aide des pieds et des mains, ou à l'aide des mains seulement à une corde ou à deux cordes, ou perches parallèles.

Le grimper à l'aide des pieds et des mains à une corde verticale se fait en prenant alternativement point d'appui et point de suspension au moyen des pieds et des mains serrant fortement la corde et s'opposant ainsi par les frottements développés au glissement vertical de tout le corps.

Les mains sont juxtaposées, les pieds entrecroisés serrent la corde sur leurs faces dorsales externes au moyen de l'extension de la jambe et de la flexion de la cuisse, qui correspond au pied droit porté à gauche et de la flexion de la jambe et de l'extension de la cuisse gauche, qui correspond au pied gauche porté à droite. Dans le cas d'une corde à nœuds cette pression est considérablement amoindrie.

La progression se fait en deux temps; au premier temps, le point de suspension supérieur est fixé, les pieds se relâchent, les bras se raccourcissent, les cuisses et les jambes se fléchissent, les pieds sont ainsi amenés le long de la corde au-dessus de leur première position. Puis le point d'appui des pieds est fixé par un serrement convenable, les mains se relâchent, le tronc, les cuisses et les jambes s'étendent; les mains devenues libres, glissent le long de la corde jusqu'à élévation complète des bras, et se fixent pour servir de nouveau de point fixe, vers lequel est attiré comme précédemment tout le corps.

Ce dernier progresse à chaque changement de main de la hauteur à laquelle se sont élevés les pieds lors de la flexion des extrémités. Il y a donc intérêt à exagérer cette flexion ainsi que celle du tronc en même temps que la traction des bras et ensuite à bien étendre tout le corps pour reporter les mains le plus haut possible. L'analogie de ce grimper avec l'allure de la chenille est complète.

Les Japonais pratiquent un mode de grimper à la perche qui diffère du précédent en ce que le tronc et les membres inférieurs sont constamment fléchis, que le pied saisit la perche entre le gros et le second orteil et que deux membres diagonaux sont constamment appuyés pendant que les deux autres se déplacent. Le corps contracté assez d'adhérence avec la perche en s'attirant au moyen des bras et en se repoussant au moyen des jambes pour éviter le glissement. Cette allure, qui rappelle celle des singes est difficile mais beaucoup plus rapide que toutes les précédentes.

Le *grimper à la corde au moyen des mains* seulement consiste, étant en suspension fléchie des deux mains, à se tenir un moment en suspension fléchie d'un seul bras pendant que l'autre, devenu libre, s'élève pour saisir la corde le plus haut possible.

Dans la traction qui succède, le rôle de chacun des membres est interverti, le dernier qui vient de se poser reste fixe, le premier s'élève.

Cette progression est donc des plus pénibles il est surtout difficile de posséder assez l'indépendance des mouvements pour qu'il n'y ait aucune flexion des jambes ou des cuisses sur le tronc. Sans cette qualité, les muscles abdominaux contractés, annulent presqu'entièrement la respiration et la progression ne peut se continuer. Nous étudierons spécialement ces défauts inhérents aux élèves mal coordonnés quand nous nous occuperons de la coordination des mouvements. Dans tous les cas, nous avançons que l'exercice de la corde lisse et de la perche n'est qu'un exercice d'application en cas de sauvetage, mais non un exercice gymnastique proprement dit, car il renferme tous les défauts inhérents à l'effort et à l'attitude vicieuse de l'épaule due à la prédominance d'action des pectoraux.

Les exercices de grimper à deux cordes ou deux perches parallèles sont beaucoup moins mauvais, ils doivent être, à l'exclusion des autres, pratiqués par les enfants, leur mécanisme se rapprochant de celui des progressions obliques.

Ils peuvent s'exécuter avec changement simultané ou alternatif des mains.

Le secours des pieds est ici plus gênant qu'utile.

Progressions à l'appui.

Les progressions à l'appui s'effectuent à une seule barre ou à deux barres parallèles, les bras étendus ou fléchis.

L'appui tendu ou fléchi peut-être fait alternativement ou simultanément des deux mains ; la progression peut avoir lieu avec ou sans élan, avec ou sans l'aide des membres inférieurs.

Progressions à l'appui tendu. — La progression peut-être alternative ou simultanée à une barre ou à deux barres horizontales, avec ou sans balancement, du corps.

Dans la progression à une barre avec appui alternatif des mains, le corps allongé étant en station à l'appui tendu sur cette barre, son axe incliné du côté de la barre, peut progresser péniblement surtout si, en balançant les jambes avec souplesse à droite ou à gauche on fait passer l'appui sur une seule main et l'on déplace dans le sens du mouvement celle qui est devenue libre par suite du balancement latéral, c'est-à-dire celle qui est située du côté où se fait ce balancement.

La progression avec appuis simultanés n'est autre qu'une succession de sauts dûs à l'extension vive des bras préalablement fléchis. C'est pendant la suspension ou la diminution de pression qui suit l'extension des bras que l'on peut déplacer les appuis des mains vers la droite ou vers la gauche et ainsi progresser.

Par un mécanisme analogue s'exécutent les marches à l'appui sur deux barres parallèles. Dans les progressions avec appui alternatif des deux mains, le corps prend un léger balancement latéral qui fait porter un instant le poids du corps par la main opposée au côté où sont lancées les jambes, la main droite par exemple. La main gauche n'exerçant plus alors de pression sur la barre correspondante peut se déplacer librement et se porter en avant.

Elle portera à son tour le poids du corps dans l'oscillation suivante des jambes et ainsi de suite.

La progression avec appui simultané ne peut-être faite, les jambes passives que par une succession de petits sauts dus à l'extension brusque des segments des membres supérieurs préalablement fléchis légèrement. L'inclinaison du corps dans le sens de la progression facilite l'exécution de ces marches dans lesquelles il faut observer un rythme convenable s'accordant avec le balancement des jambes.

Le rôle de l'élévation des genoux est analogue à celui que nous avons attribué aux bras dans le saut et aux jambes pendant la suspension, il consiste toujours dans une augmentation de la pression à l'appui, augmentation suivie immédiatement d'une diminution en rapport avec la vitesse d'élévation. C'est au moment de cette diminution qui peut aller jusqu'à zéro, que le changement d'appui se fait.

Les élans ou balancements du corps autour de l'axe des épaules dans le sens de la progression ont la même propriété ; ils aident la progression si l'on fait bien coïncider le levé des appuis avec le minimum ou le zéro de la pression. L'équilibre après le changement des mains est plus ou moins difficile, l'espace parcouru est plus ou moins grand suivant que le sens du balancement est ou n'est pas le même que celui de la progression.

Progressions à l'appui fléchi. — Comme pour les progrestions à l'appui tendu, les progressions à l'appui fléchi sur deux barres parallèles peuvent être exécutées avec appui alternatif ou simultané des mains, avec ou sans balancement du corps.

Les progressions à l'appui fléchi sans balancements sont fort pénibles et peu élégantes. Le corps subissant par le fait de l'extension vive des bras, une vitesse dans le sens vertical, c'est toujours au moment où la pression des mains devient minimum qu'a lieu le levé des appuis.

Il faut pour exécuter correctement ces progressions, laisser les jambes dans l'inaction, spécialiser l'effort musculaire aux adducteurs du bras et aux extenseurs de l'avant bras et éviter qu'un fâcheux balancement ne vienne contrarier le mouvement dans son rythme et son aisance.

Ces exercices demandent une grande force musculaire ; ils donnent aux articulations des côtes avec le sternum une grande souplesse et peuvent ainsi, peut-être, favoriser l'ampliation thoracique ou du moins l'amplitude des mouvements d'inspiration. Leur inconvénient et leur laideur provient de l'abduction forcée du bras en arrière qu'ils nécessitent et qui, produite par le poids du corps, n'a pour limite que la résistance des muscles et de l'articulation de l'épaule.

Celle-ci souffrira d'autant plus que les muscles seront moins développés. Nous conseillons de ne pas abuser de ces mouvements surtout avant l'âge adulte.

Il en est de même des progressions avec balancement à l'appui fléchi ou à l'appui fléchi et tendu.

Dans ces mouvements, le moment où dans une oscillation du corps la pression des mains est minimum est toujours choisi pour déplacer les appuis. Le balancement du corps peut-être pris à l'appui fléchi ou à l'appui tendu suivi d'un appui fléchi et d'un appui tendu au moment du nouveau posé des mains.

Les mouvements contrariés dans lesquels les levés correspondent au moment où l'oscillation des jambes a lieu en sens inverse de la progression, doivent être aidés par une espèce de poussée faite par les bras dans le sens de la progression.

Nous ne pouvons aller plus loin dans l'étude de ces exercices qui offrent tous le même caractère mécanique. Les professeurs de gymnastique les connaissent, nous ne nous adressons qu'à eux, ils pourront compléter d'eux-mêmes ce travail et le développer dans leurs leçons suivant le plan que nous avons établi.

Nous terminons l'analyse des progressions par l'étude sommaire de quelques-unes qui, sans être comprises positivement dans les mouvements gymnastiques proprement dits, touchent néanmoins d'une façon générale à notre sujet. Nous ne ferons, du reste, que caractériser ces dernières au point de vue mécanique, renvoyant le lecteur pour les détails de la pratique aux traités spéciaux.

Du Glisser et du Patiner

Le *Glisser* est un mode de progression qui consiste à utiliser la propriété des surfaces polies qu'acquiert le sol lorsqu'il est recouvert d'une couche de glace.

La diminution des frottements entre les surfaces de contact entraîne la diminution des résistances passives. La vitesse communiquée au corps dans une course préalable peut ainsi être conservée pendant un temps plus ou moins long; un espace considérable peut être parcouru au moyen d'un seul élan initial sans que le corps quitte terre.

Si le sol est horizontal, il est nécessaire qu'il présente en certains points les qualités indispensables à la course c'est-à-dire la solidité et la rugosité suffisantes. A l'arrivée sur la surface polie, les jambes cessent leur impulsion, demeurent tendues jointes ou écartées, les deux pieds sont à l'appui et le corps progresse dans la direction de la vitesse initiale qui va constamment en décroissant jusqu'à zéro.

Si le sol est incliné et si l'on part du point le plus élevé, la pesanteur seule peut être la force motrice qui communique au corps un mouvement accéléré. Ce mouvement tend à s'uniformiser lorsque les résistances dues au frottement et à l'air augmentent.

La difficulté de la glissade consiste à maintenir l'équilibre. On y parvient en laissant aux articulations du tronc et des membres inférieurs une grande souplesse, en atténuant ainsi l'effet des chocs dus aux inégalités du terrain.

En tous cas le mouvement du centre de gravité ne dépend que de la vitesse initiale, de l'action de la pesanteur et des frottements développés aux appuis. L'adresse est de conserver ce centre de gravité à une hauteur sensiblement constante au-dessus du sol, à éviter la chute ou à en atténuer les effets lorsqu'elle a lieu.

L'art du *Patinage* est plus complexe; il faut en patinant entretenir sa vitesse de progression en prenant point d'appui sur la glace elle-même et varier la direction de cette vitesse à son gré.

On y réussit en armant le pied de patins, c'est-à-dire de lames d'acier présentant des surfaces planes verticales dirigées dans la direction de l'axe du pied. Ces lames pénètrent dans la glace et permettent aux membres inférieurs de prendre point d'appui sur le sol de plus, suivant la direction qu'on leur imprime, le sens de la progression peut varier à l'infini.

Entre deux impulsions successives, le corps glisse sur le sol en vertu de sa vitesse acquise, le pas devient ainsi très long et le rythme de l'allure très lent. Mais l'équilibre est assez difficile et, pour bien patiner, une éducation spéciale est nécessaire.

Progression dans l'eau

Natation. — Une des progressions utiles à l'homme et qui est aussi le resultat d'une éducation spéciale est la natation.

La natation consiste à associer harmonieusement les mouvements des membres dans les deux fins de se soutenir sur l'eau et de progresser dans ce milieu en conservant la possibilité de respirer.

La résistance à vaincre est celle que le milieu oppose à la progression; c'est plus exactement le travail effectué dans le déplacement des couches d'eau mises en mouvement. Cette résistance augmente soit avec la vitesse de progresoni soit avec la vitesse de l'eau elle-même.

La force motrice est l'action des muscles adducteurs des bras et des jambes; l'art de nager consiste à employer au mieux cette action musculaire au bénéfice de la progression.

L'homme n'a pas, en général, la densité de l'eau; cette densité moyenne dépend de la constitution; l'accumulation de la graisse la diminue notablement; elle varie même pendant les deux périodes de la respiration. Cependant le rapport de cette densité à celle de l'eau salée ou non peut être tel que l'homme ait la facilité de surnager sans mouvements nécessaires. Mais cela ne suffit pas, il faut encore pour que l'inmersion soit sans danger que la bouche émerge hors de l'eau.

Les quadrupèdes flottent en général quand ils sont plongés dans l'eau, et la longueur de leur cou leur permet une extension suffisante pour que la bouche ne soit pas snbmergée. Ils n'ont alors d'autres mouvements à faire que ceux qui sont nécessaires à la progression et sont analogues à ceux qu'ils exécutent sur terre.

Au contraire, dans le cas où sa densité est inférieure à celle de l'eau, l'homme doit constamment s'appuyer sur celle-ci pour remonter à la surface; il développe pour cela des actions obliques de bas en haut et une fois qu'il arrive à surnager, il exagère pour progresser l'intensité de ses mouvements.

La résistance opposée à la progression croît avec la vitesse de celle-ci ou avec la vitesse contraire du courant; elle croît aussi avec l'étendue des surfaces qui sont pressées par l'eau en sens opposé de la progression. Pour vaincre cette résistance l'homme coordonne ses mouvements ainsi qu'il suit:

Il allonge les bras horizontalement en même temps qu'il fléchit les jambes avec une forte abduction latérale de la cuisse, les pieds fléchis. Ensuite il amène les bras en adduction en même temps qu'il étend les jambes et produit l'adduction des cuisses.

Les premiers mouvements sont des mouvements préparatoires; ils doivent être exécutés sans vitesse et sans brusquerie, car ils sont nuisibles à la progression. Les seconds mouvements produisent seuls l'effet utile; ils doivent être faits avec vigueur et avec toute l'ampleur possible.

Pendant l'adduction des bras et des cuisses, l'eau est repoussée en arrière par toutes les surfaces en mouvement. La quantité de mouvement est également partagée entre le corps et toutes les molécules d'eau déplacées qui ont servi de point d'appui fuyant devant l'action qui leur est appliquée. Les surfaces internes des cuisses sont essentiellement actives, d'autant plus qu'elles sont plus étendues; c'est pour ajouter à leur action qu'on a essayé d'armer les extrémités des membres de palettes qui se déploient dans la période active et font l'office des membranes interdigitales des animaux palmés.

Ces tentatives avaient pour but de donner aux surfaces utiles un grand développement.

La vitesse de progression du corps dans un courant d'eau et dans la direction de ce courant est égale à la somme ou à la différence des vitesses que le corps aurait dans l'eau stagnante et de celle du courant suivant que l'on descend ou que l'on remonte celui-ci.

Si la progression est oblique au courant, la vitesse résultante est en grandeur direction et sens la résultante de la composition des vitesses de progression et du courant. Le mouvement de progression proprement dit est indépendant de celui du courant; au bout d'un temps quelconque le corps occupe une position déterminée par celle qu'il aurait sous l'influence de l'action du nageur en eau immobile transportée dans le sens et la direction du courant d'une quantité égale à l'espace parcouru par un point de celui-ci pendant le temps considéré.

Le praticien connaît toutes ces influences; il présente obliquement sa poitrine au courant qu'il remonte afin de lui opposer le moins de surface possible; il sait que jamais il n'aborde au point qu'il désire s'il s'y dirige directement; il sait aussi que pour changer sa direction il doit faire dominer l'action des membres opposés à cette direction.

En mer la natation est facilitée par la densité de l'eau, densité qui dépasse souvent la moyenne de celle du corps.

Les ondes étendues ne gênent en rien la progression car elles ne produisent que des mouvements d'élévation et d'abaissement qui en sont indépendants. Mais il n'en est plus de même des vagues qui déferlent sous l'influence du vent.

Les qualités du nageur et du plongeur sont toutes inhérentes à la coordination dans les mouvements surtout dans les mouvements respiratoires, à la faculté qu'il a de retenir longtemps sa respiration et de supporter l'influence du froid. Il y a à cet égard des différences individuelles innées et acquises par l'éducation.

Mouvements de progression indirects

Les mouvements de progression indirects sont ceux où la force musculaire motrice agit sur les résistances à vaincre non plus par le moyen des seuls organes de la locomotion mais par l'intermédiaire de machines qui en transforment ou en amplifient les mouvements. De ce genre sont les progressions sur des échasses, en vélocipède, en canot, à cheval et à la voltige.

Progression sur des échasses. L'adjonction d'échasses au membre inférieur augmente la longueur de celui-ci et par conséquent la longueur du pas pour un même mouvement angulaire de la cuisse. Mais aussi l'articulation du pied est inutilisée et l'élasticité du tarse, le déroulement du métatarse sont sans fonction. Il en résulte dans la progression une gêne et une sécheresse qui diminuent les avantages que l'on semblerait gagner en augmentant artificiellement la longueur du pas. Les échasses ont l'avantage de surélever le corps au-dessus du sol, lorsque ce sol est boueux ou imprégné de matières impures.

Progression en vélocipède. Le vélocipède est une machine qui transforme le mouvement périodique d'impulsion des membres inférieurs en un mouvement continu de rotation.

Le vélocipédiste est assis sur une sorte de selle reliée élastiquement à l'essieu d'une grande roue motrice armée de deux manivelles diamétralement opposées sur lesquelles agit la force d'extension des membres inférieurs, quelquefois aussi le poids du corps.

Le plan de la roue motrice est variable ; il peut tourner autour d'un axe vertical au gré de l'opérateur qui agit sur lui au moyen de deux poignées horizontales comme sur la barre d'un gouvernail. Une seconde roue plus petite située en arrière de la première et reliée à celle-ci donne au système un second point d'appui sur le sol.

La force musculaire imprime à la grande roue un mouvement de rotation et l'espace parcouru à chaque tour est égal à la longueur de sa circonférence. L'équilibre de cette machine est naturellement instable dans le repos et dans le mouvement ; la ligne décrite sur le sol par les points d'appui n'est jamais une ligne droite ; elle est toujours une ligne ondulée de la nature des Sinusoïdes mais se rapproche d'autant plus de la rectitude que la vitesse de translation est plus grande.

Le talent du vélocipédiste consiste à faire varier constamment le plan de la roue motrice et à lui faire décrire des angles très petits autour de son axe vertical et à droite et à gauche du plan de la roue postérieure de telle sorte qu'à chaque instant il y ait équilibre entre la force centrifuge qui tend à entraîner le système dans une direction normale à la trajectoire que décrit son centre de gravité et entre la composante du poids qui agit en sens inverse pour incliner le système vers le centre de courbure de cette trajectoire.

Plus la vitesse et la courbure sont grandes plus l'appareil est incliné sur le plan horizontal, et la limite de l'inclinaison est donnée par le frottement développé sur la jante des roues en contact avec le sol.

Les deux roues ne se meuvent pas sur la même courbe; dans le cas où la roue motrice décrit une circonférence, la petite roue entraînée par elle décrit une circonférence concentrique et intérieure à la première.

Sur un terrain solide plan et horizontal, le vélocipède est une machine qui utilise favorablement la force musculaire de l'homme pour une locomotion rapide. Il n'en est plus de même sur un sol mou rugueux et incliné; les désavantages créés par les résistances passives ou la composante du poids deviennent aussitôt prépondérants. Dans tous les cas l'abus du vélocipède fatigue l'articulation du genou, il donne au tronc de mauvaises attitudes et cause quelquefois des refroidissements sérieux. Nous ne pouvons entrer ici dans plus de détails sur la théorie, la pratique et l'hygiène de cet instrument.

Du canotage. — Dans la progression en canot, la force musculaire motrice s'exerce par l'intermédiaire d'avirons ou de palettes qui offrent sur l'eau un point d'appui suffisant pour communiquer à la masse totale, canot et canotier, une vitesse dans un sens déterminé.

La force motrice est intermittente et tout le travail musculair n'est pas utilisé.

Dans la position initiale, les bras sont allongés horizontalement, le tronc est fléchi de façon à porter l'extrémité de la poignée de l'aviron le plus en avant possible. Dans la période active, le tronc se redresse, les jambes s'étendent en prenant point d'appui sur le fond du canot; les bras se fléchissent lorsque le tronc est totalement étendu. L'extrémité de l'aviron plongé dans l'eau décrit un arc de cercle autour de son point d'appui; sa face plane, d'abord dirigée en avant, s'incline peu à peu jusqu'à l'horizontale par une flexion progressive des poignets qui produit la rotation de l'aviron autour de son axe. Les couches d'eau rencontrées par la face antérieure de l'aviron offrent à son mouvement une résistance qui dépend de leur masse, de la facilité de leur écoulement et de la vitesse communiquée à l'aviron. Elles réagissent sur celui-ci et de là sur la masse totale du canot qui prend une vitesse contraire telle qu'il y ait égale répartition entre la quantité de mouvement de sa masse et de celle de l'ensemble de toutes les molécules d'eau déplacées.

Dans la période inactive ou de préparation, le corps reprend l'attitude initiale; les avirons reviennent d'avant en arrière en effleurant la surface de l'eau et replongent à la fin de leur course perpendiculairement à cette surface.

L'axe du canot prend une direction qui est celle de la résultante des vitesses communiquées par l'eau et l'air d'une part et par l'action des avirons et du gouvernail de l'autre. Ainsi se comprennent les changements de direction à droite ou à gauche, les virages, suivant que l'on fait prédominer l'action de l'aviron de gauche ou celle de l'aviron de droite.

Le canotage et la natation sont d'excellents exercices musculaires ; ils répondent au but hygiénique et social de la gymnastique. La natation met en jeu les adducteurs des membres et exagère la fonction respiratoire, le canotage exerce les muscles abdominaux et les muscles postérieurs du dos sollicités dans les tractions horizontales d'avant en arrière exercée sur les avirons.

Ils présentent en outre tous les avantages des exercices musculaires à l'air libre.

De l'équitation. — L'équitation consiste à monter un cheval, suivant les lois de sa locomotion, en lui imposant sa volonté. L'équitation peut être envisagée sous trois aspects :

Elle est, pour le cavalier, une *gymnastique* passive et active tout à la fois. Une gymnastique passive, car l'homme à cheval subit tous les mouvements et réactions de sa monture ; une gymnastique active car, pour assurer sa stabilité, il réagit par des actes musculaires et par des attitudes qui le lient au cheval dans tous ses mouvements.

L'équitation demande la connaissance des allures du cheval et celle du mécanisme de sa locomotion, pour ne jamais contrarier celle-ci. Elle touche donc à la *science* de ce côté.

Elle devient un *art* dans l'application, parce que le cavalier doit, pour bien jouer du cheval, avoir acquis le tact, l'à-propos, le sentiment équestre sans lequel homme et monture ne sauraient former un tout harmonieux.

La connaissance du cheval, en temps qu'animal indépendant, capable de volonté et de sentiment, ne s'acquière que par l'expérience et est en rapport avec l'intelligence même du cavalier.

La connaissance des réactions du cheval dans toutes ses allures est encore à déterminer expérimentalement ; c'est d'elle que dépendra naturellement la connaissance exacte des réactions nécessaires du cavalier.

Nous ne voulons pas nous étendre sur un sujet très complexe et pour lequel nous ne sommes pas encore préparé. Disons vaguement que la station à cheval exige souvent le secours des adducteurs des cuisses ; que la stabilité est en rapport avec la longueur du fémur ; qu'il y a avantage à ce que les genoux serrent le cheval au-dessous du plus grand diamètre horizontal d'une section du cheval, qui passerait par les condyles du cavalier. De plus, une grande indépendance dans les mouvements, une grande souplesse sont nécessaires ; tous les muscles du tronc sont tour à tour sollicités.

On sait que la pratique du cheval est généralement salutaire au point de vue hygiénique, mais que, exercée avec abus dans la première jeunesse, elle arque les fémurs. D'autres inconvénients provenant de la friction des organes génitaux contre la selle peuvent aussi être à redouter.

Escarpolette. — *Voltige à la suspension.* — Lorsque l'homme est suspendu à un instrument oscillant, une corde, des poignées ou escarpolette, il forme, avec cet instrument, un ensemble qui n'est autre qu'un pendule oscillant autour de l'axe de suspension. Il ne peut modifier le mouvement du centre de gravité du système dont il fait partie, si ce système n'est soumis qu'à l'action de forces intérieures. Dans le cas qui nous occupe, le système n'est pas libre, il est lié à un point fixe et, en ce point, des frottements sont développés du contact. Le système est en équilibre si le centre de gravité du système est verticalement situé au-dessous du point de suspension. Ceci a lieu si l'on n'exécute aucun mouvement. Mais, aussitôt que l'on change brusquement la position de ce centre de gravité, en changeant d'attitude, tout se passe comme si le système avait été écarté de sa position d'équilibre et une oscillation commence. On peut ensuite l'amplifier en exécutant des mouvements rythmés avec le balancement, et qui ont pour but d'abaisser le centre de gravité dans la demie oscillation descendante pour le relever dans la demie oscillation ascendante. Ainsi, le pendule arrivé à l'extrémité de sa course augmente tout à coup de longueur, l'oscillation commence, et en passant par la verticale le centre de gravité possède une vitesse telle, qu'il remonterait, en sens opposé, à la même hauteur verticale, si rien ne changeait.

Il n'en est pas ainsi, le corps se redresse à ce moment; le centre de gravité s'élève, est obligé de décrire une trajectoire circulaire d'un rayon plus petit avec la vitesse qu'il a acquise, il remontera encore à la même hauteur verticale, c'est-à-dire que la projection du chemin parcouru sur cette verticale sera le même. Cette condition exige que l'angle sous tendu par l'arc décrit ou l'amplitude d'oscillation soit augmentée. En agissant de même pour la seconde oscillation, l'amplitude croîtra toujours et, si le pendule n'est pas rigide il ne dépassera guère 180°. Si l'on abandonne le système pendant son mouvement. on choisira de préférence les moments où sa vitesse est nulle, c'est-à-dire les points extrêmes de son oscillation, on observera alors les règles de toute chute verticale, et l'on prendra les précautions indiquées plus loin dans la manière de quitter un appareil en mouvement.

Manière de quitter sans danger un appareil dont on possède la vitesse. — Deux précautions sont à prendre : pour abandonner l'appareil et pour assurer la chûte. Il faut quitter totalement et d'un seul coup le véhicule qui vous portait de façon qu'il n'y ait plus avec lui aucune liaison. C'est ainsi que l'on descendra de voiture soit à l'arrière soit sur le côté en se projetant latéralement.

Le corps abandonné à lui-même avec la vitesse horizontale de la voiture, soumis d'autre part à l'action de la pesanteur, décrit une parabole pendant sa suspension. Mais il peut tourner autour de son centre de gravité suivant la direction de l'impulsion dernière qui lui a été donnée. Il y a donc une attitude spéciale à prendre, car les pieds touchent les premiers le sol, ils perdent presque immédiatement leur vitesse, tandis que le mouvement du tronc continuant amène inévitablement une chûte dans le sens de la progression.

Pour y parer, on fait agir le poids du tronc lui-même en l'inclinant en arrière ou en avant d'une quantité en rapport avec la vitesse à annuler et suivant que l'on descend dans le sens de la progression du véhicule ou bien en sens inverse.

La vitesse du tronc est ainsi annulée par son poids et le corps demeure en équilibre sur le sol en station droite. Pour des raisons identiques, mais inverses, on peut passer sans inconvénient sur un véhicule en mouvement à la condition d'avoir acquis préalablement une vitesse égale à celle qu'il possède et dirigée dans le même sens. Le choc qui se produit ne dépend que de la différence des vitesses du corps et du véhicule.

Les chûtes qui terminent les divers mouvements usités aux appareils d'appui et de suspension sont ici à étudier; nous n'en dirons qu'un mot. Elles dépendent toutes de la direction et de la grandeur de la vitesse que possède le centre de gravité du corps pendant la suspension, ainsi que de la position relative de ce centre de gravité et du point qui vient le premier au contact avec le sol c'est-à-dire de l'attitude au moment de la chûte.

Le rôle des bras est très actif; il règle le mouvement de rotation autour du centre de gravité, l'accélère ou le retarde. La vitesse angulaire de ces rotations varie avec la distance des centres de gravité des membres au centre de gravité du système et suit la loi des aires. Par exemple, si pendant la suspension d'un saut périlleux, le sauteur se groupe, on voit immédiatement augmenter la vitesse angulaire de sa rotation.

C'est par ce même mécanisme que la chûte peut être assurée à la suite d'une éducation spéciale qui développe dans le sens musculaire une grande délicatesse et dans les mouvements une parfaite coordination.

Les chûtes qui suivent les balancements à l'appui ou à la suspension dépendent surtout de la manière avec laquelle on a quitté l'obstacle fixe où l'on avait ses points d'appui, car on est maître de la direction de sa vitesse et de la rotation autour du centre de gravité tant que l'on a avec l'instrument un point de contact.

La chûte après un balancement à la suspension est particulièrement difficile, la vitesse du tronc est inférieure à celle des jambes et la chûte sur le dos est à redouter. La difficulté est moins grande après un balancement à l'appui; l'action des bras est moins gênée ; elle peut être employée à repousser vigoureusement le tronc loin de l'appareil et à lui communiquer une vitesse à peu près égale à celle des membres inférieurs de façon à éviter une rotation fâcheuse.

Progressions passives

Dans les mouvements passifs, le sujet subit l'influence des variations de vitesse du véhicule qui l'entraîne. S'il réagit, c'est pour conserver une attitude déterminée, mais non pas pour modifier la vitesse du véhicule dont il n'est pas le maître et avec lequel il fait corps. C'est ainsi qu'agit la vectation en voiture, en bateau ou sur des appareils giratoires.

En voiture, le corps reçoit une partie des trépidations transmises des roues aux essieux et au caisson par l'intermédiaire de ressorts qui en amortissent considérablement l'intensité. Il tend à chaque instant à conserver la vitesse qu'il possède de sorte que si celle de la voiture vient tout à coup à varier en plus ou en moins, le corps semble lancé en sens contraire de l'accélération du véhicule et avec la différence des vitesses.

Tous les accidents sont la conséquence de ce fait. Le mal de mer lui-même est produit par les variations dans la vitesse des différentes parties du corps à tout moment. Les parties molles qui le composent sont en certains points comprimées et dilatées tour à tour ; il en résulte un état anormal du système nerveux, état qui se traduit par le malaise connu. On sait en effet que le mal de mer est atténué dans l'attitude couchée ou bien encore si l'on occupe les parties du navire qui possèdent le minimum de variations de mouvement.

L'effet des appareils giratoires usités dans les fêtes populaires est analogue à ceux qui précèdent. La force centrifuge agit d'autant plus sur les parties du corps qu'elles sont plus excentriques. Dans le cas de tourniquets aux barres fixes, le sang se porte au cerveau ou l'abandonne suivant que la tête est dirigée ou non vers l'axe de rotation. Les impressions visuelles ne sont pas étrangères au trouble nerveux général.

FIN DE LA DEUXIÈME PARTIE.

TROISIÈME PARTIE

CLASSIFICATION PHYSIOLOGIQUE DES MOUVEMENTS GYMNASTIQUES

ou

SYSTÈME RATIONNEL DE GYMNASTIQUE

Basé sur la recherche des qualités organiques nécessaires à l'homme pour jouir pleinement de ses moyens physiques et sur la connaissance des mouvements propres à les acquérir directement.

Le but de la *Gymnastique* étant bien défini, c'est-à-dire :
Le *développement des organes de la locomotion* ;
La *conservation de la santé et de la force* ;
La *résistance à la fatigue et l'adresse corporelle* ;
L'ensemble des moyens propres à réaliser directement ce but devient du domaine de la science, et l'enseignement de ces moyens, ou la méthode d'enseignement qui doit être en rapport avec le but à obtenir, est par cela même déterminée.

C'est ce qu'oublient tous ceux qui, d'accord sur les principes généraux, divergent dans les moyens à employer et semblent même n'attacher aucune importance à ceux-ci en les abandonnant à l'arbitraire et au caprice de l'imagination. Cette erreur que nous croyons inutile de réfuter, provient de l'ignorance des phénomènes de la vie dans laquelle se trouvent quelquefois ceux qui s'occupent de l'enseignement de l'*Education physique.* Cette erre.r se produit souvent au sujet de phénomènes continus mais lents qui, pour devenir sensibles et manifestement indéniables doivent agir pendant une longue période de temps.

Les modifications produites chez l'homme par l'exercice musculaire sont en effet très lentes, mais elles n'en existent pas moins, et le moyen le plus direct pour les obtenir, quand elles ont été déterminées, est évidemment d'accumuler toutes les causes modificatrices connues agissant dans un sens convenable.

Déjà nos connaissances actuelles nous permettent d'établir des principes généraux découlant immédiatement de la définition de la Gymnastique, principes qui doivent dominer tout l'enseignement au point de vue individuel.

Ces principes généraux pourront être satisfaits par un grand nombre de moyens qui permettront la variété dans les détails en conservant l'unité dans l'ensemble. C'est dans les détails que le professeur fera connaître son savoir et son talent ; cependant sa leçon ne méritera vraiment ce nom que si les principes ré-

pondant aux modifications spéciales à rechercher dans l'organisme de l'homme en vue du perfectionnement physique utile
dans la vie dominent toujours et apportent dans tous les détails
de la leçon : la raison d'être avec la conviction, la liaison,
l'ordre, la précision et la simplicité inséparables de tout enseignement bien établi.

On sait que tout homme normal pour jouir des qualités physiques indispensables au soldat : *santé robuste, force moyenne,
résistance à la fatigue et adresse corporelle,* doit posséder des
organes convenables et savoir s'en servir.

Ces exigences sont renfermées explicitement dans les formules
générales suivantes :

   Développement du squelette et des muscles;
   Fixation de l'épaule en arrière;
   Développement thoracique ;
   Développement des muscles abdominaux;
   Coordination dans les mouvements.

Chacune de ces formules est l'énoncé d'une qualité spéciale
rarement acquise en dehors de l'exercice, sans laquelle il n'est
pas d'homme en possession de tous ses moyens physiques et vers
laquelle l'enseignement peut et doit être dirigé spécialement.

Nous appelons *classification physiologique des mouvements
gymnastiques* l'ensemble des moyens groupés de façon à atteindre directement chacun des buts particuliers précédents correspondants à des qualités physiques reconnues indispensables au
but général de la Gymnastique défini plus haut.

C'est cette classification que nous allons maintenant développer.

1° Développement ou accroissement du squelette et des muscles.

Accroissement du squelette. — Une des premières conditions
que doivent remplir les organes locomoteurs de l'homme, c'est
d'être d'une dimension en rapport avec les objets qui nous
entourent et, si une taille très élevée n'est que chose embarras-
sante, une taille petite est toujours l'indice de la dégénérescence
physique et présente des désavantages évidents sur une taille
moyenne.

Nous préciserons plus loin l'influence de la taille sur la force
musculaire, sur la vitesse de translation, la longueur et la hauteur
du saut, sur la résistance et l'agilité.

Si l'hérédité influe sur la taille de l'homme, ses lois ne sont
pas constantes et l'on ne peut pas dire forcément que le produit
de deux êtres acquièrera la taille de ses parents.

Mais nous savons positivement que la taille dépend de la
croissance des os en longueur, que la diaphyse des os longs s'accroît par ses extrémités et s'arrête lors de la soudure des

épiphyses. Or l'exercice musculaire hâte l'ossification et la soudure des épiphyses c'est-à-dire arrête permaturément la croissance des os en longueur.

Si cette proposition n'a pas été à notre connaissance positivement démontrée, on peut cependant citer quelques faits d'observation vulgaire qui peuvent contribuer à l'établir, les voici :

Les acrobates nous donnent le triste et immoral spectacle d'enfants qui, de bonne heure, dans un seul but d'exploitation encouragée par la badauderie publique, sont astreints à des exercices violents.

Ces enfants restent généralement de petite taille.

On sait, au contraire, qu'à la suite d'un repos prolongé nécessité par la maladie, la croissance en longueur se trouve souvent exagérée.

Ces faits qui pourront être scientifiquement établis mènent à cette conséquence que la recherche du développement exagéré de la force et du système musculaire chez l'enfant est chose nuisible à sa taille future.

Il faudra donc à l'enfant une gymnastique spéciale, différente de celle de l'athlète, gymnastique où l'on recherchera surtout, en agissant sur la nutrition générale, l'éducation du système nerveux qui règle la coordination dans les mouvements, c'est-à-dire l'adresse, la précision, la sûreté, qualités précieuses, longues à acquérir et que l'enfant apportera ensuite dans des exercices plus virils.

Le moment des exercices athlétiques sera donc avec raison reculé à l'âge adulte alors que la croissance des os en longueur sera suffisante c'est-à-dire de vingt à vingt-cinq ans.

Alors la croissance des os en épaisseur qui est en rapport avec le développement des muscles sera chose à envier au point de vue de la solidité de l'ossature générale.

L'harmonie dans cette ossature est en rapport avec l'harmonie dans la musculature. Ainsi le développement musculaire exagéré d'un membre peut produire dans le squelette une asymétrie que l'on doit combattre par une gymnastique spéciale.

Les positions vicieuses de l'épaule dues à la prédominance ou à l'insuffisance d'action de certains groupes musculaires sont corrigées par l'exercice individuel des muscles atrophiés.

Il est en de même, dans certains cas, de courbures anormales de la colonne vertébrale, en particulier de l'exagération de la courbure lombaire, qui entraîne à sa suite quelques infirmités et peut souvent, comme nous le verrons, être conjurée par le développement des muscles abdominaux.

Accroissement des muscles. — Un développement musculaire moyen est une condition de la vie de relation active puisque la force musculaire est naturellement liée au développement du muscle. Mais ce n'est pas la seule condition; l'intensité de la contraction dépend aussi d'autres facteurs; la nature du tissu musculaire, le degré de l'excitation nerveuse ont la plus grande influence à cet égard et l'on sait que le volume des muscles ne donne pas toujours la mesure de la force musculaire d'un homme. Dans tous les cas il ne faut pas confondre la force musculaire avec le degré de résistance à la fatigue, qui n'est pas du tout en raison de la grosseur des muscles, mais est lié aux phénomènes intimes de la nutrition. Ces considérations fort délicates seront indiquées à leur place suivant l'état de nos faibles connaissances à cet égard.

Le *développement modéré* des muscles est non seulement nécessaire au point de vue de la force musculaire moyenne, mais aussi au point de vue de la santé, étant données l'activité circulatoire, l'intensité des combustions et du dégagement de chaleur dont les muscles sont le siège pendant leur contraction.

L'*accroissement exagéré* du système musculaire est au contraire rempli d'inconvénients par cette raison que tout système qui tend à prédominer détourne à son profit une grande somme d'activité au détriment des autres organes. C'est pourquoi la santé des athlètes anciens était déplorable. Il fallait à ceux-ci, pour nourrir leurs muscles, des aliments en quantité prodigieuse et un temps énorme pour les digérer. Les besoins brutaux dominaient chez ces hommes dont l'activité cérébrale intelligente, affective était endormie, atrophiée ou absorbée par la stupide vanité de se satisfaire dans des efforts stériles comme un haltère monstre à enlever ou un adversaire à terrasser.

On peut dire à ce sujet que ceux qui ont fait le plus de tort à la popularisation de la Gymnastique sont ceux qui dans un siècle où l'intelligence et le sentiment sont les vraies forces dirigeantes, ont présenté l'exercice musculaire comme tendant à rétablir la brutalité et n'ont pas compris que la véritable application de la Gymnastique n'est pas dans le Gymnase, mais dans la lutte de chaque jour.

Il est certes inutile d'ajouter une cause de démoralisation de plus à celles qui existent déjà et la perspective de l'acrobatie n'a guère d'attraits pour un penseur.

On connaît la paresse intellectuelle qui suit une fatigue corporelle, et nous savons par expérience combien les exercices violents disposent peu aux travaux de l'esprit.

Donc le système musculaire ne doit pas dominer chez l'homme, il doit toujours être subordonné à l'activité cérébrale intelligente et morale.

Les bienfaits que les hommes d'étude retirent de la Gymnastique proviennent justement de cette influence modératrice de l'exercice musculaire sur les centres nerveux et de la pondération qui en résulte.

En résumé, le développement musculaire ne sera pas exagéré, mais bien modéré et *harmonieux*; c'est-à-dire que tous les groupes musculaires seront entre eux dans un rapport déterminé de volume qui dépend d'un travail réparti sur chacun d'eux en suscitant des résistances à vaincre en tous sens et dans toutes les positions relatives des os permises par la structure des articulations.

Le type humain ainsi déterminé par la nature de telle sorte qu'il soit en pleine possession de ses moyens de locomotion et de défense, c'est l'homme fort et beau, l'idéal des Grecs anciens auquel il faudrait ajouter les qualités intellectuelles et morales de notre siècle pour en faire un homme complet.

L'harmonie musculaire ainsi définie n'existe pas chez les sujets qui n'ont pas pratiqué la *Gymnastique Générale*.

Les uns n'ont jamais fait de Gymnastique proprement dite et n'ont pas de métier manuel. Ils présentent alors sous une atrophie générale de système musculaire des atrophies partielles de groupes de muscles.

En effet, dans l'attitude bipède, les fléchisseurs du tronc, les extenseurs de l'avant bras, les adducteurs du bras ne sont pas à beaucoup près aussi exercés que leurs antagonistes. Le poids des membres fait leur office et les mouvements correspondants sont dus à la pesanteur.

Ces groupes musculaires ne peuvent être mis directement en action que par des résistances qu'on leur oppose en sens inverse de la pesanteur par exemple, comme nous l'avons indiqué dans le *parallèle de mouvements de plancher et des mouvements aux appareils* à la fin de la première partie de ce travail. De même, les muscles fixateurs de l'omoplate en arrière, muscles qui s'opposent à l'écartement de leurs bords spinaux, ne sont directement sollicités que dans des efforts horizontaux.

D'autres personnes ne font pas de gymnastique, mais ont un métier manuel qui exerce toujours les mêmes groupes de muscles, cause évidente de désharmonie.

D'autres enfin, font bien de la gymnastique, mais de la *gymnastique spéciale*, c'est-à-dire, se spécialisent aux exercices d'appui ou de suspension, aux sauts, à la pratique des poids, à l'escrime, etc.

Mais il n'y a que ceux qui cultivent la *Gymnastique Générale* qui peuvent acquérir cette harmonie du système musculaire précédemment définie et sans laquelle il n'y a ni beauté ni équilibration des forces.

Etant connus par l'analyse, les mouvements propres à mettre en jeu des groupes définis de muscles, l'importance à donner à ces mouvements dans la leçon de gymnastique, sera déterminée par le degré de faiblesse actuelle des groupes de muscles correspondants.

Ces considérations principales étant établies, abordons maintenant les lois générales du développement des muscles; en nous rappelant les propositions énoncées par Brown-Séquard et citées plus haut.

Nous considérons dans un acte musculaire :

1° *L'intensité de la contraction.*
2° *L'amplitude du mouvement produit ;*
3° *La durée de la contraction ;*
4° *La répétition ou fréquence de cette contraction.*

Nous passerons en revue chacune des qualités que doivent remplir ces facteurs du travail musculaire au point de vue du meilleur développement de l'organe.

Intensité de la contraction. L'intensité de la contraction sera moyenne, la nutrition paraît être ainsi mieux favorisée ; elle sera, du reste, en raison inverse de la fréquence ou répétition du mouvement. La contraction poussée jusqu'à ses dernières limites peut même n'être pas en rapport avec la résistance des tissus, et nous avons vu des exemples de déchirure de fibres et de rupture d'os dues à la seule contraction volontaire. L'intensité de la contraction d'un muscle influe sur la grosseur de sa section.

Amplitude du mouvement. L'amplitude du mouvement a une influence considérable et généralement ignorée sur le développement du muscle.

M. Marey, par ses observations tirées de l'anatomie comparée et de la pathologie, a montré que le muscle se met en rapport avec le genre de travail qu'il exécute.

Si l'intensité de la contraction influe sur la section du muscle, l'amplitude du mouvement influe sur la longueur de la partie charnue et active du muscle. Ainsi, si deux muscles identiques effectuent le même travail musculaire : 3 kilogrammètres, par exemple, toujours sous des formes différentes mais équivalentes : 20 kilogrammes élevés à 15 cent. ou 5 kilogrammes élevés à 60 cent., le premier acquièrera une section plus forte que le second, car il effectuera un effort plus grand, mais son corps charnu diminuera de longueur en raison de la course réduite de son point d'insertion mobile. Une partie de la longueur de la partie charnue, devenue inutile, s'atrophiera et sera remplacée par une longueur correspondante du tendon, organe passif.

M. Marey, dans *La Machine Animale*, appuie ses observations d'exemples frappants tirés de l'anatomie et de la pathologie, nous y renvoyons le lecteur.

Pour nous, qui désirons chez l'homme le perfectionnement des ressources physiques, en particulier la souplesse dans les mouvements, il est clair que nous devons entretenir, dans toute sa vitalité, la plus longue portion possible de la fibre musculaire, et combattre la tranformation tendineuse qui est la mort du muscle ou, tout au moins, son état de vieillesse. Pour cette raison, nous éviterons systématiquement les mouvements étriqués dans lesquels le muscle ne donne qu'une partie de la course dont il est susceptible. Nous éviterons de laisser certains muscles dans un état de rétraction prolongée qui, même dans le repos musculaire, finit à la longue par produire des malformations par le rapprochement définitif des points d'insertion.

Nous trouvons mauvaises et sans beauté les constitutions athlétiques dépourvues de souplesse, et les exagérations dans le développement de certains groupes de muscles comme les fléchisseurs de l'avant-bras sur le bras, et les trapèzes (partie supérieure) chez les hommes qui se livrent exclusivement à l'exercice des poids, des pectoraux chez ceux qui abusent de la suspension fléchie à une corde verticale. Chez ceux-ci, l'omoplate est attirée en avant; chez ceux-là, l'avant-bras est constamment dans une demie flexion, les épaules sont surélevées et la longueur du cou diminuée.

Les Suédois ont compris ces inconvénients; et, pour éviter le raccourcissement de la fibre musculaire, ils ont inventé leurs *mouvements excentriques* qui consistent à étirer un muscle contracté, en lui opposant une résistance plus grande que son action, et en le vainquant ainsi graduellement jusqu'à son allongement complet.

La gymnastique aux appareils fixes ne produit jamais ces allongements salutaires, car toujours les muscles y sont raccourcis. Au contraire, dans les luttes raisonnées de deux gymnastes, avec bâtons ou cordes; dans les exercices aux appareils à contrepoids, l'action et la nutrition des muscles est complète. La contraction peut être même localisée et l'on peut remarquer que les antagonistes des muscles étirés tombent dans le relâchement; leur action est remplacée par l'effort de l'opposant.

Concluons de ces faits que, si l'on ne veut pas employer les *mouvements excentriques* des Suédois sous le puéril prétexte de l'ennui qu'ils peuvent causer, on devra du moins en reconnaître la parfaite rationalité et exécuter tous les mouvements naturels avec l'amplitude totale tolérée par la structure des articulations. Ces mouvements seront de plus exécutés dans les deux sens opposés, et avec la même intensité, pour exercer également les muscles antagonistes.

Durée de la Contraction. La durée de la contraction n'est pas indifférente au développement du muscle; c'est elle qui règle la vivacité du mouvement. Or *cette vivacité ou cadence doit varier avec la masse à mouvoir*, en voici la raison :

On sait qu'il faut un certain temps pour qu'un mouvement se communique à une masse sollicitée par une force et que ce temps dépend de ce que l'on appelle l'inertie du corps.

Donnez, en effet, un violent coup de marteau à une lourde pierre suspendue à une corde, vous en briserez une partie mais vous ne l'ébranlerez pas; une légère pression du doigt vous suffira au contraire pour la faire osciller. Cela tient à la différence de temps pendant lequel ont agi les deux causes du mouvement.

Le marteau a produit un choc instantané et la force vive communiquée à la suite de ce choc n'a pas eu le temps de se distribuer dans toute la masse de la pierre; elle a été localisée et s'est perdue en travaux moléculaires, en chaleur, en son, en électricité, lumière même; tandis que le doigt produisant une pression faible mais durable, a réussi à communiquer le mouvement du système entier.

Un autre exemple nous rapprochera encore plus de notre sujet.

C'est la ficelle attachée à un poids et qui se rompt si on la tend brusquement tandis qu'on soulève un poids relativement considérable en opérant lentement.

Il se passe des faits analogues dans les mouvements brusques où une partie du corps de masse considérable comme le tronc ou un membre allongé surchargé d'un poids ou toute la masse du corps lui-même comme dans le saut, est soudainement sollicitée par une contraction énergique et instantanée des muscles.

A cause de l'inertie de la masse à mouvoir, il se produit une tension exagérée du tissu musculaire; la contraction dure un temps insuffisant pour que le mouvement puisse se communiquer également dans toute cette masse par les intermédiaires élastiques; l'intensité de cette contraction est bien supérieure à celle qui suffirait à produire le mouvement en agissant pendant un temps plus long. Aussi tout le travail produit par le muscle n'est pas utilisé; mais absorbé en partie par le muscle lui-même sous forme de déplacements moléculaires, c'est-à-dire de déchirures.

Ces chocs fatiguent le tissu musculaire; ils produisent des courbatures; ils doivent être évités et remplacés par des efforts continus et durables au moyen desquels le muscle tantôt progressivement raccourci, et tantôt moelleusement étiré, devient le siége d'une circulation active propre à amener les matériaux de réparation et à entraîner les résidus des actions chimiques internes.

Pour ces raisons, nous abandonnons les mouvements saccadés et précipités source de chocs, incompatibles avec l'amplitude, ou qui, dans le cas contraire, produisent un second choc final supporté par les surfaces et ligaments articulaires, choc aussi détestable que le premier supporté par les muscles.

Donc, le *rythme du mouvement sera en rapport avec la masse du segment à mouvoir.*

Il sera *plus lent* pour les mouvements des membres étendus que pour ceux des segments partiels qui les composent; *plus lent* encore pour ceux du tronc que pour ceux des membres allongés.

Nous ne confondrons pas la vigueur avec la sécheresse et la précipitation; la vigueur n'est que l'énergie de la contraction unie à l'ampleur du mouvement. Nous ferons cependant exception pour les mouvements où la brièveté de la détente est une qualité nécessaire, pour les sauts que nous considérons d'ailleurs comme une application de la gymnastique.

Les rythmes seront variés et composés de cadences diverses suivant la loi des masses précédemment énoncée.

Répétition ou fréquence de la contraction. La répétition ou fréquence de la contraction musculaire dépend de l'intensité de cette contraction. Un muscle ne peut produire aucun travail sans se fatiguer et nécessiter le repos. Cette fatigue du muscle vient d'autant plus vite que le travail effectué dans chaque contraction est plus considérable ; elle se manifeste par un affaiblissement dans la vivacité et dans l'intensité de la contraction ; la douleur locale persistante en est aussi un indice. Au-delà de ces phénomènes le tissu même du muscle est attaqué et le sang surchargé de matériaux impurs n'est plus apte à la réparation. Le développement du muscle n'est pas compatible avec son travail exagéré et les alternatives de repos et de mouvement sont les meilleures conditions de nutrition.

La *répétition des mouvements sera donc modérée* et ne sera dans aucun cas poussée jusqu'à la fatigue ; elle suivra la loi des masses comme la cadence surtout dans le cas où, les points fixes d'insertion étant intervertis, un même groupe de muscles destiné à mouvoir le bras sur le tronc devient, dans une attitude déterminée, la suspension fléchie par exemple, chargé de mouvoir le tronc sur le bras.

On alternera les mouvements des membres supérieurs avec les mouvements analogues des membres inférieurs et l'on fera suivre, comme nous l'avons déjà indiqué, chaque groupe de mouvements d'une halte pendant laquelle nous conseillons les exercices respiratoires.

Fixation de l'épaule

Utilité de la fixation de l'épaule. — On sait que le squelette de l'épaule composé de l'omoplate et de la clavicule, n'est relié au thorax que par quelques ligaments et par un grand nombre de muscles. Parmi ceux-ci, les uns unissent directement l'omoplate et la clavicule au tronc (colonne vertébrale et côtes), et sont principalement les fixateurs de l'épaule ; les autres lient le membre supérieur à l'épaule ; d'autres, enfin, agissent sur l'épaule indirectement parce qu'ils prennent point d'attache au tronc et au bras.

L'épaule prend donc une position d'équilibre résultant de l'action de la pesanteur, des résistances qui lui sont appliquées et des actions diverses des muscles nombreux qui agissent sur elle directement et indirectement, soit dans le repos, soit pendant leur contraction.

Dans le repos et en station droite, le poids du membre supérieur tend à attirer l'épaule en avant et en bas en même temps que s'exagèrent les courbures de la colonne vertébrale. Si donc l'omoplate n'est pas constamment supportée et attirée contre le thorax par la tonicité ou l'élasticité des masses charnues qui s'y insèrent, elle sera abaissée en totalité, son bord interne se détachera du thorax et son angle inférieur fera saillie sous la peau. C'est ce que l'on remarque chez les sujets présentant une atrophie des *rhomboïdes* et des *trapèzes* à un degré quelconque.

La seconde tendance de l'épaule à être portée en avant est contrebalancée par l'action des *grands dorsaux* qui attirent en arrière la tête de l'humérus, et luttent contre la prédominance des pectoraux en même temps qu'ils contribuent légèrement à redresser les courbures de la colonne vertébrale.

Déjà nous avons insisté sur cette action dans le courant de la première partie de cet ouvrage. Les *trapèzes* (portion moyenne et supérieure), les *rhomboïdes* et *grands dorsaux* ont donc un rôle capital dans l'équilibre de l'épaule ; ils attirent celle-ci en arrière, la fixent et concourent à l'attitude du soldat au port d'armes, les épaules effacées, la poitrine ouverte, attitude qui est l'indice de la vigueur tout comme le dos rond, les épaules affaissées sont l'indice de la mollesse et du laisser-aller.

Ces conditions mécaniques de l'épaule présentent des avantages marqués au point de vue de l'énergie des mouvements du membre supérieur, et au point de vue du développement thoracique.

Tout mouvement du bras nécessite, en effet, la fixation de l'épaule, et l'intensité de l'effort produit par le bras est en rapport avec l'intensité de cette fixation. De plus, certains muscles dilatateurs du thorax ont leurs points d'insertion fixés et rejetés en arrière, leur action est, par suite, plus efficace et s'ajoute à celle des muscles qui diminuent les courbures de la colonne vertébrale.

Dans le mouvement du bras, l'effet des fixateurs de l'omoplate devient encore plus nécessaire que dans le repos à cause des mouvements propres de l'épaule, comme le mouvement de bascule de l'omoplate dans l'élévation verticale du bras, mouvements que nous avons étudiés spécialement.

La force musculaire du membre supérieur et l'ampliation du thorax sont donc intimement unies au développement des muscles fixateurs de l'épaule ; c'est pourquoi nous avons attiré l'attention du lecteur sur ce point.

Dans la vie sédentaire, les muscles fixateurs de l'épaule sont fort peu développés ; les déformations de l'épaule sont, chez les enfants, un défaut presque constant que l'on remarque dans les écoles. C'est au professeur de gymnastique à apporter le remède nécessaire au moyen d'exercices spéciaux qui devront être souvent répétés sous toutes formes, et dominer l'enseignement de la gymnastique scolaire au point de vue du développement individuel.

Mouvements propres à développer les muscles fixateurs de l'épaule. — Les mouvements à exécuter seront de deux sortes : 1° Ceux qui exerceront les muscles du dos par des tractions horizontales, qui solliciteront les muscles *rhomboïdes* et *trapèzes* (partie moyenne) et rapprocheront les bords spinaux des omoplates. Les luttes deux à deux, l'usage des appareils à contre-poids au moyen desquels on pourra simuler l'action de ramer, seront tout-à-fait efficaces ;

2° Les mouvements qui exerceront spécialement les *grands dorsaux* et agiront sur l'épaule en masse par l'intermédiaire du bras. Les suspensions allongées ou fléchies à l'échelle horizontale ou oblique ainsi qu'aux barres parallèles hautes à distance invariable, les perches fixes accouplées, etc., rempliront ce but, tandis que les bonnes attitudes longtemps prolongées et strictement observées pendant la leçon de gymnastique ainsi que dans la vie ordinaire, finiront par agir sur le squelette et les muscles efficaces et détermineront leur harmonie d'une façon définitive. Nous nous contenterons de ces quelques données fondamentales, le paragraphe suivant les détaillent suffisamment.

Du Développement ou de l'Ampliation thoracique

Il est indiscutable qu'il y a intérêt à faciliter, chez l'homme, les échanges respiratoires en augmentant l'amplitude des mouvements thoraciques dans une mesure telle que, dans un temps donné, une plus grande quantité d'air arrive au contact du sang veineux, qu'ainsi l'hématose soit plus complète et plus rapide.

En laissant de côté l'activité circulatoire qui en sera la conséquence, on a toute raison de croire qu'un apport plus considérable de l'un des éléments essentiels de la production de travail, de l'oxygène, augmentera la résistance de l'homme à la fatigue.

On sait, par les résultats de MM. Marey et Hillairet, au fort de la Faisanderie, de quelle nature sont les modifications que l'entraînement apporte dans le mécanisme de la respiration. Il a été constaté que le rythme des mouvements du thorax ne changeait point sensiblement, mais que leur amplitude devenait quadruple. Ces modifications correspondant à une augmentation de rendement dans le travail musculaire, doivent être celles que l'on doit chercher à obtenir par l'éducation volontaire.

Le moyen le plus court pour arriver à ce résultat est évidemment d'agir directement par des pratiques extérieures sur les articulations costales, de donner aux mouvements de celles-ci une amplitude considérable, de s'opposer à ce que le thorax se solidifie dans la position d'affaissement qui caractérise l'expiration, comme il tend à le faire sous les actions incessantes de la pesanteur, des mauvaises attitudes et de la compression des vêtements.

Il est indiqué de développer les puissances inspiratrices et de ramener la moyenne des oscillations thoraciques vers un maximum tel que le sujet respire plus amplement et avec plus d'air dans la poitrine.

Ce sont les moyens directs d'arriver à ces résultats que nous nous nous proposons d'étudier en comparant, au point de vue de leur effet sur la dilatation thoracique et sur la quantité d'air qu'ils permettent d'inspirer, les divers mouvements et attitudes usités dans les gymnases actuels. Notre intention est, après un choix judicieux, de déterminer l'importance à donner à chacun de ces mouvements et attitudes dans l'éducation physique des enfants, en vue de contribuer directement, et dans le plus court espace de temps possible, au développement thoracique maximum compatible avec la structure de chaque individu. Nous allons passer rapidement en revue les causes qui influent sur la dilatation thoracique.

A l'état sédentaire, normal, la fonction respiratoire est réduite au minimum ; les mouvements du thorax et du diaphragme varient en raison de l'activité musculaire. Lorsque celle-ci vient à s'exagérer dans la course, par exemple, aussitôt les mouvements respiratoires augmentent de fréquence et d'amplitude.

Les vêtements serrés, les corsets, les ceintures non élastiques causent l'affaissement thoracique. Il en est de même des mauvaises attitudes assises, le dos voûté avec exagération de la courbure dorsale qui ont pour effet de rapprocher et d'abaisser les côtes, de mettre ainsi le thorax en expiration suivant le mécanisme connu. Le dos voûté transversalement, le croisement des bras sur la poitrine produisent un effet analogue.

Il faut donc éviter, au point de vue de la dilatation thoracique, la courbure dorsale exagérée ainsi que le déplacement du moignon de l'épaule attiré en avant et en bas par la tonicité des pectoraux et la pesanteur des bras.

Nous avons vu précédemment qu'on parvient à ce résultat au moyen de l'action des *grands dorsaux*, qui prennent leurs insertions fixes au bassin et à la région lombaire, produisent l'extension de la colonne vertébrale, l'abduction du bras en arrière et agissent efficacement sur l'épaule par l'intermédiaire de celui-ci.

Les *Trapèzes* et *Rhomboïdes* qui rapprochent les bords spinaux des omoplates concourent au même but et corrigent l'action d'abaissement en masse produite par les grands dorsaux. Ces derniers seront développés par les exercices de suspension et de grimper. L'omoplate fixée en arrière devient alors le point d'insertion fixe direct ou indirect des muscles inspirateurs qui, soulevant les côtes, dilatent la cage thoracique.

Toute la dilatation thoracique due à la contraction des muscles inspirateurs n'est pas totalement employée à augmenter la capacité pulmonaire, car par l'aspiration thoracique qui en résulte, les viscères abdominaux pénètrent dans le thorax et il s'établit une compensation entre l'exagération de la dilatation thoracique et la diminution de l'abaissement du diaphragme. Ces faits sont rendus évidents par l'emploi des appareils inscripteurs.

Néanmoins, si l'effet restreint de la fixation de l'épaule en arrière par l'effort musculaire en station droite produit déjà manifestement la dilatation thoracique, on doit s'attendre à voir ce résultat s'exagérer si l'on prend des attitudes où les points d'insertion des muscles dilatateurs du thorax se trouvent rejetés en arrière ou en haut, attitudes qui permettent à ceux-ci d'agir plus efficacement sur l'élévation des côtes en amenant la direction de leur puissance vers la normale au plan qui les contient.

Aussi l'écartement horizontal des bras tendus augmente la dilatation thoracique, et, toute cause qui exagère ce mouvement exagère aussi son effet. Tel est l'emploi de poignées sur lesquelles on fait agir l'action musculaire d'un opposant ou la traction d'un poids ou d'un ressort, pourvu que l'effort exercé soit horizontal et dirigé tangentiellement à l'arc décrit par la main, les bras étant allongés,

La rotation des bras en dehors peut se faire la main chargée d'un poids, d'un haltère dont la masse exagère le mouvement communiqué à l'humérus par un mouvement de supination énergique de l'avant-bras, pendant que le membre supérieur tombe verticalement, que le tronc penché en arrière produit l'extension de la colonne vertébrale.

Pour les raisons citées plus haut : le rejet de l'épaule en arrière, l'extension de la colonne vertébrale et peut-être l'enroulement du pectoral autour de l'humérus, la dilatation thoracique est alors considérable.

L'abduction du bras en arrière dans un plan vertical parallèle au plan médian est avantageux à la dilatation thoracique à la condition qu'elle s'effectue dans les limites que nous allons indiquer :

L'abduction postérieure du bras a pour valeur normale 40 degrés environ. Le mouvement est limité par la structure même de l'articulation de l'épaule ; l'humérus vient buter en arrière et en haut contre l'acromion, en avant contre l'apophyse coracoïde. Ce mouvement d'abduction normale peut être un peu exagéré mécaniquement par une traction d'avant en arrière exercée sur les bras pendant que la colonne vertébrale est étendue, le corps bien droit dans la station du gymnaste, c'est-à-dire une jambe portée en avant fléchie, celle qui est en arrière restant tendue. Dans ces conditions le thorax est sensiblement dilaté.

Mais, si l'on exagère l'abduction par un effort trop violent, l'effet mécanique a pour résultat de tendre à séparer l'omoplate du thorax de manière à ce que son angle inférieur fasse saillie sous la peau.

Si l'effort est vertical, dirigé de bas en haut, les muscles qui relient l'omoplate au thorax agissent à la manière d'une sangle sur laquelle reposerait la poitrine ; celle-ci est alors déprimée.

C'est ce qui se passe dans la suspension renversée qui suit un renversement aux anneaux. Dans cette suspension que nous avons déjà étudiée et critiquée, l'abduction postérieure des bras peut dépasser 90 degrés , c'est-à-dire plus du double de la valeur de l'abduction normale.

Dans cette attitude défectueuse à tous les points de vue, les bras conservent leur parallélisme, le poids du corps agit tout entier pour produire l'abduction du bras et, quand les muscles faiblissent, l'effort tout entier est supporté par les ligaments de l'articulation de l'épaule. Le système tronc et membre supérieur est en équilibre sous l'action du poids du corps appliqué au centre de gravité, de la réaction du point d'appui égale et opposée au poids du corps, appliquée à l'extrémité du bras. Les muscles ligaments et os qui forment l'articulation de l'épaule s'opposent seuls à ce que l'angle du bras et du tronc ne devienne égal à 180 degrés. Il est facile de calculer la valeur des composantes normales à l'axe de ces segments et de rendre ainsi compte de leur énorme intensité.

Nous n'insisterons pas et nous nous contenterons de faire remarquer que dans cette pénible attitude le thorax n'est aucunement dilaté.

Il en est de même, mais à un moindre degré dans l'abduction des bras en arrière produite dans la station à l'appui fléchi sur deux barres parallèles (1).

Influence de l'élévation verticale des bras et de la suspension. L'élévation verticale des bras en rejetant les insertions des muscles inspirateurs vers la partie supérieure offre une attitude éminemment favorable à la dilatation thoracique.

Nous avons constaté que, malgré cette dilatation considérable, l'air ne pénètre pas en plus grande quantité dans le poumon pendant cette attitude, cela tient à ce que les viscères abdominaux obéissent à l'aspiration thoracique et que les mouvements de l'abdomen dans de profondes inspirations deviennent inverses de ceux du thorax.

On peut, en écartant mécaniquement les insertions des muscles inspirateurs, grâce à la direction tout à fait propice de l'effet de ces derniers sur les côtes, obtenir une dilatation thoracique plus grande encore. Il suffit pour cela de faire agir le poids du corps lui-même dans la *suspension tendue* par les mains à un obstacle fixe, les bras étant bien allongés verticaux et parallèles.

Dans cette suspension presque totalement passive, l'action des fléchisseurs des doigts est seule mécaniquement nécessaire ; le bras est en élévation complète, l'omoplate effectue son mouvement de bascule ordinaire avec élévation en masse ; les points

---

(1). Ces faits ont été vérifiés expérimentalement par nous au moyen du pneumographe, instrument qui inscrit lui-même les variations dans la circonférence ou dans les diamètres du thorax.

d'insertion humérale du *Grand Pectoral*, ceux du *Petit Pectoral* (*apophyse coracoïde*), l'angle inférieur de l'omoplate avec tout son bord spinal (insertion du *Grand Dentelé*) se trouvent rejetés en haut. Le tronc est suspendu par les muscles qui relient le bras, l'omoplate et la clavicule au thorax ; de là résulte le soulèvement maximum des côtes, car, par le mouvement exagéré de bascule de l'omoplate, la direction de la puissance des muscles inspirateurs se rapproche le plus possible de la normale au plan des côtes.

On peut se rendre compte de la position que prend l'omoplate après son mouvement de bascule en observant un de ses points, l'acromion, qui est sous cutané et en mesurant les distances qui le séparent des deux extrémités fixes du sternum ; de même en arrière, en prenant pour base fixe la ligne des apophyses épineuses et en projetant les angles inférieur et supérieur de l'omoplate sur cette base, la septième vertèbre cervicale servant de point de repère.

On constate alors que la distance de l'acromion à la fourchette sternale ne varie pas et l'on devait s'y attendre, car cette distance est en réalité la longueur de la clavicule. De plus, l'angle supérieur interne de l'omoplate reste sensiblement invariable tandis que la distance qui sépare les angles inférieurs de l'omoplate augmente considérablement en passant de la station les bras élevés à la suspension allongée. La détermination de la nouvelle situation de l'omoplate par rapport au thorax, étant ainsi faite, la direction des muscles qui s'y insèrent en est la conséquence et il est inutile d'insister sur le mécanisme de la dilatation thoracique qui en résulte.

Le thorax se dilate donc en passant de la station droite à la station les bras élevés verticalement et à la suspension allongée. Le maximum de dilatation correspond à cette dernière station grâce au poids du corps qui, distendant les muscles élévateurs des côtes, soulève celles-ci avec force. Si l'on charge les pieds de poids additionnels, la dilatation thoracique augmente encore à tel point que les mouvements des côtes deviennent insensibles et que la respiration est totalement diaphragmatique.

Nous avons eu soin de qualifier le genre de suspension précédente en recommandant qu'elle soit faite les bras bien allongés, presque passivement, les mains conservant l'écartement des épaules. C'est, en effet, dans ces conditions que la dilatation thoracique a réellement lieu.

La suspension fléchie et la suspension les mains réunies à une corde entraînent l'affaissement thoracique.

Effet de la station à l'appui. La station à l'appui tendu a peu d'effet sur la dilatation thoracique, ce n'est que de sa qualité d'exécution que dépend son résultat. Nous rappelons les conditions d'équilibre de cette station.

Les bras en extension servent de support au tronc par l'inter-

médiaire de l'omoplate reposant sur la voûte acromio-coracoïdienne et par l'action des muscles qui s'y rattachent. Mais il est
indifférent pour l'équilibre que l'omoplate soit amenée en avant
ou en arrière ou même que l'épaule soit soulevée en totalité.
L'effet sur la dilatation n'est donc pas nécessaire à la station à
l'appui ; cette dilatation dépend de la contraction des musles qui
corrigent la mauvaise attitude de l'épaule. C'est-à-dire, celle
des *Grands Dorsaux*, *Trapèzes* et *Rhomboïdes* qui rapprochent
les omoplates en arrière et s'opposent à l'élévation du moignon
de l'épaule.

La dilatation a lieu alors par le même mécanisme que celui que
nous avons étudié dans la station droite ; dans le cas contraire
elle est nulle.

Conclusion..— En résumé, nous avons constaté qu'il est à
divers degrés, des attitudes favorables à la dilatation thoracique
et au moyen desquelles on peut lutter efficacement contre les
causes nombreuses de l'affaissement des côtes, causes qui
agissent journellement.

Parmi ces dernières on peut citer en première ligne les vêtements serrés, les corsets, les ceintures non élastiques qui dépri-
ment la circonférence inférieure du thorax et s'opposent directement à l'amplitude des mouvements respiratoires.

Puis viennent les mauvaises attitudes debout ou assises, celles
où la courbure dorsale est exagérée et où, comme dans le croisement des bras sur la poitrine, les omoplates sont attirées en
avant et leurs bords spinaux écartés l'un de l'autre.

Au contraire, les attitudes dans lesquelles les omoplates
attirées et fixées en arrière par la tonicité et la contraction des
rhomboïdes, *trapèzes* et *grands dorsaux* servent de points fixes
aux muscles élévateurs des côtes, ces attitudes dont le type est
la position du soldat au port d'armes, le corps droit, le ventre
déprimé par l'aspiration des viscères, produisent sur le thorax
une dilatation manifeste.

A plus forte raison l'abduction modérée des bras en arrière,
la rotation des bras en dehors, l'abduction horizontale et au plus
haut degré l'élévation verticale des bras, ainsi que la suspension
passive les bras allongés soulèvent les côtes au maximum,
donnent aux articulations des cartilages costaux, une mobilité
qui permet de grands mouvements inspiratoires et s'opposent à
la fixation du thorax en expiration.

Nous n'avons pas cru utile de faire des mesures comparatives
sur la valeur relative de ces attitudes au point de vue de la
dilatation thoracique à cause des erreurs qu'entraîne nécessairement la contraction musculaire volontaire et de l'extrême
difficulté de rencontrer un sujet tout à fait passif.

Nos tracés indiquent les variations de la circonférence thoracique ; ils ne sont donc pas absolument à l'abri des erreurs dues
au gonflement des muscles exigé par le mouvement des membres.

Mais nous avons eu soin de placer la ceinture du pneumographe à la hauteur de la pointe du sternum de telle sorte que la saillie du grand dorsal n'agisse que faiblement à ce niveau.

La preuve nous en a été donnée pour le fait que dans l'élévation des bras et dans la suspension, alors que ces saillies sont minimum, nous avons pourtant obtenu une dilatation maximum.

Néanmoins nous pensons qu'il serait utile de reprendre toutes ces observations en notant les variations des diamètres thoraciques pour se mettre totalement à l'abri de l'erreur provenant des muscles.

Nous concluons que dans l'éducation physique des enfans et des jeunes gens, il faudra le plus fréquemment possible exiger les attitudes précédentes dont l'effet dilatateur sur le thorax a été démontré.

1° Eviter les attitudes debout ou assises où les courbures dorsale et lombaire sont exagérées.

2° Fixer l'omoplate en arrière le tronc en extension en donnant dans tous les exercices musculaires une prédominance à l'action des trapèzes, rhomboïdes et grands dorsaux de façon qu'ils l'emportent constamment à l'état de repos et de mouvement sur les pectoraux, leurs antagonistes au point de vue de la position du moignon de l'épaule.

3° User largement dans la leçon de gymnastique des mouvements libres à bras tendus où ceux-ci sont portés en abduction modérée en arrière, en rotation en dehors, en abduction horizontale et surtout en élévation. Il serait avantageux d'effectuer pendant ces mouvements et à l'instant convenable, des profondes inspirations pour aider encore à la dilatation thoracique, et d'effectuer des circumductions lentes du bras composées de la succession des mouvements précédents.

4° On pourra exagérer l'effet de ces mouvements en se servant de poignées sur lesquelles on exercera un effort au moyen d'un cordon. La suspension allongée sera avant tout recommandée à l'exclusion de la suspension fléchie et de la suspension les mains réunies à une corde qui devront être évitées dans le jeune âge.

Les appareils de suspension tireront leur valeur de l'écartement forcé qu'ils donneront aux mains transversalement.

Aussi les barres parallèles hautes et l'échelle horizontale rempliront toutes les conditions désirables et permettront de longues progressions, les bras allongés.

5° Les exercices d'appui au contraire n'auront pas la durée des exercices de suspension car leur effet est indifférent sur la dilatation thoracique, tout le résultat dépend de la manière dont ils sont exécutés, et ils peuvent être nuisibles dans le cas de mauvaise attitude.

La suspension renversée et l'appui fléchi sont des attitudes où l'abduction des bras en arrière est forcée et anormale. Elles n'ont aucun avantage sur la dilatation thoracique et fatiguent l'articulation de l'épaule qu'elles disloquent et avec la structure de laquelle elles ne s'accommodent pas.

Nous avons cherché à déterminer dans les cas les plus avantageux, si la dilation thoracique correspondait à un plus grand volume d'air inspiré. Mais nous avons constaté que chaque fois que l'inspiration dépassait les limites moyennes, les mouvements de l'abdomen se faisaient à l'inverse de ceux du thorax, les viscères abdominaux pénétraient dans la poitrine, l'abdomen se déprimait, et par suite de cette compensation dans les deux mouvements, le volume de l'air inspiré restait à peu près constant.

On peut prévoir que la pratique soutenue des mouvements gymnastiques qui ont un effet de dilatation marquée sur le thorax, amènera des modifications durables dans la conformation de celui-ci, à la condition que les attitudes maintenues en dehors des exercices aient la qualité indiquée plus haut.

Il restera à voir maintenant dans quelle mesure cette modification aura lieu chez différents sujets et quels résultats elle produira sur le rythme et l'amplitude des mouvements respiratoires, ainsi que le rapport qui existera entre le développement thoracique chez un même sujet et le travail musculaire accompli par lui.

4° Solidité des parois abdominales

On sait que l'abdomen est limité par des parois qui ne présentent pas toutes la même résistance.

Les parois postérieure et inférieure comprenant la colonne vertébrale et le bassin sont solides.

Les parois antérieure et latérale, formées uniquement de parties molles, doivent leur résistance à l'état des téguments qui les composent et ne peuvent être actives qu'autant que le tissu musculaire y est largement développé.

Rôle des parois abdominales. — La paroi supérieure, qui sépare le thorax de la cavité abdominale, est formée par le diaphragme, voûte musculaire qui, en se contractant, diminue sa courbure et produit une action inspiratrice sur l'air contenu dans le poumon; en se relâchant elle produit une action inverse, et d'autant plus intense que la pression dans l'abdomen est plus grande.

Le diaphragme transmet donc dans le thorax toute compression des parois latérale et antérieure de l'abdomen sur les viscères qui y sont contenus.

C'est ainsi que les muscles des parois abdominales (transverse, grand droit, grand et petit obliques) agissent dans les fortes expirations, la toux, le cri et aussi dans tous les actes d'expulsion comme la défécation, l'accouchement. Ils agissent aussi dans le chant, mais beaucoup moins que l'on pourrait se figurer.

Nous avons constaté par une exploration simultanée de l'abdomen et du thorax que, chez les chanteurs exercés, les parois abdominales tendent à demeurer inactives dans les sons filés, surtout à leur début. Aussi la pression de l'air agissant sur le larynx et destinée à faire vibrer l'anche formée par les cordes vocales, ne dépasse pas six ou huit centimètres de mercure environ. Ce dernier chiffre a été obtenu en adaptant un manomètre à la canule d'un sujet trachéotomisé qui n'avait pas totalement perdu la faculté d'émettre des sons musicaux.

Cette pression modérée semble être une des conditions de de bonne émission de la voix ; elle contribue à la qualité, à l'ampleur et à l'égalité du son, ainsi qu'à l'économie dans la dépense de l'air, économie dont la conséquence immédiate est la plus longue durée des sons soutenus.

Les muscles abdominaux n'ont donc pas dans le chant une action prépondérante, et ceci explique pourquoi les chanteurs, en général, laissent le ventre gonflé et produisent l'expiration uniquement par l'affaissement complet du thorax, dont les mouvements ont alors la plus grande amplitude.

Le rôle actif des parois abdominales s'exerce constamment contre le poids des viscères abdominaux qui tend à les distendre.

Elles cèdent d'autant plus qu'elles sont plus faibles devant cette action incessante, et c'est pourquoi l'on peut dire dans une certaine mesure qu'une bonne ceinture naturelle, formée par de solides muscles abdominaux, est un moyen préventif de l'obésité.

C'est aussi une bonne condition pour se préserver des hernies, puisque les points faibles des parois de l'abdomen qui cèdent à la pression de l'intestin et donnent accès à celui-ci, se fortifient avec les muscles qui les entourent.

L'équilibre du tronc en station droite chez les sujets obèses nécessite une action constante et intense des extenseurs de la colonne vertébrale. Le sujet chez qui l'abdomen est volumineux a son centre de gravité déplacé en avant d'une quantité considérable, il se trouve au point de vue mécanique dans les mêmes conditions d'un homme qui porte un éventaire et est obligé, pour soulager les muscles extenseurs de la colonne vertébrale, de se pencher en arrière en recherchant l'équilibre de son tronc sur ses têtes fémorales. Cette attitude ne tarde pas à modifier les courbures de la colonne vertébrale, en augmentant la courbure lombaire et en produisant l'*ensellure* exagérée.

Les muscles abdominaux peuvent aussi lutter efficacement contre cette déformation du squelette. Leur fonction est en effet de produire la flexion de la courbure vertébrale, c'est-à-dire l'effacement de la courbure sacro-lombaire. Ainsi des auteurs ont pu attribuer à l'atrophie des muscles abdominaux une certaine forme de lordose qui se distingue de celle qui serait consécutive à l'atrophie des muscles dorso-lombaires.

Atrophie fréquente des muscles abdominaux, conséquences. — Les parois de l'abdomen présentent généralement une flaccidité constante chez les sujets qui ne font pas d'exercice musculaire. L'atrophie des muscles abdominaux provient alors de ce que dans la vie sédentaire leur fonction se trouve extrêmement restreinte.

Non seulement leur contraction est rare et peu intense, mais encore l'étendue de leur raccourcissement, qui influe tant sur la nutrition et la conservation de la partie charnue du muscle, se réduit à un degré extrême.

Une des raisons de cette inactivité est principalement que dans la station verticale les mouvements de flexion de la colonne vertébrale ne nécessitant pas l'action des muscles de l'abdomen, la pesanteur peut seule en produire l'effet dans les mouvements peu énergiques.

L'atrophie consécutive à l'inactivité de ces muscles amène des inconvénients aussi nombreux que leurs fonctions utiles précédemment énoncées.

L'expiration manque de force, et cela devient grave quand il s'agit de se débarrasser de mucosités qui encombrent les bronches ou de matières fécales qui obstruent l'intestin.

La distension des parois de l'abdomen, la fréquence des hernies, les inconvénients de l'obésité et de l'ensellure exagérée ne tardent pas à se manifester.

Mouvements propres à développer les muscles abdominaux. — Les mouvements propres à développer les muscles des parois abdominales, sont naturellement ceux qui sollicitent leur contraction et surtout ceux qui demandent tout le raccourcissement possible de leur fibre charnue.

On peut ainsi se servir de l'action de la pesanteur ou créer des résistances artificielles dirigées en sens contraire de l'action des muscles abdominaux, c'est-à-dire qui produisent l'extension de la colonne vertébrale.

On peut imaginer des séries de mouvements simples très efficaces, par exemple : fléchir le tronc sur les jambes, étant couché horizontalement à terre ; élever un poids attaché à un cordon qui passe sur une poulie ; tirer l'eau d'un puits ; mouvoir un balancier ou une manivelle de grande dimension ; fendre du bois avec la cognée ; exécuter le mouvement du scieur de long ; canoter, etc.

L'analyse des mouvements donne des indications précises sur le moment précis où les muscles abdominaux entrent en action dans tous les cas.

Les luttes raisonnées de deux gymnastes au moyen de barres rigides ou des poignées suédoises, permettent des mouvements spéciaux pour mettre en jeu les muscles abdominaux. Citons l'exercice dans lequel les deux gymnastes en station se tournent le dos, une jambe en avant, l'autre tendue en arrière, les bras allongés, élevés verticalement, et exécutent, en résistant d'un effort réciproque, la flexion du tronc en avant et en arrière.

La lutte proprement dite produit des effets moins bien déterminés, mais très intenses, des muscles de l'abdomen. Les statues des athlètes anciens nous montrent chez eux un développement énorme des obliques, qui forment une sorte de bourrelet débordant les insertions iliaques. Cette conformation de l'abdomen a, pour ainsi dire, disparu de nos jours avec les exercices qui en étaient très certainement la cause.

5° Modifications du système nerveux

Coordination dans les mouvements. — Le mouvement dû à la contraction musculaire est, comme tous les phénomènes de la vie, sous la dépendance du système nerveux. Le système nerveux domine tous les autres systèmes de la vie organique, et ses fonctions différencient totalement les êtres animés des autres êtres vivants, comme les végétaux, chez qui les phénomènes physiques semblent seuls devoir être invoqués pour expliquer leurs fonctions.

C'est d'une partie déterminée des centres nerveux que part l'excitation qui va être l'ordre de la contraction d'un muscle. Cette contraction elle-même résulte de la fusion des secousses successives qui se confondent, grâce à l'élasticité du tissu musculaire, comme l'a montré si clairement M. Marey.

Mais dans l'étude des mouvements de l'homme on voit que la contraction d'un muscle n'est pas normale. Un mouvement pour être bien maîtrisé nécessite le concours d'un groupe de muscles déterminés, qui ont tous leur fonction particulière.

Nous avons donné dans cet ouvrage, au commencement de l'analyse des mouvements, quelques exemples de la complexité des actes musculaires.

Nous avons vu qu'il y a des muscles *spéciaux* qui produisent exclusivement le mouvement proprement dit, que les muscles *directeurs* guident les segments osseux dans la direction du mouvement commandé et en assurent la précision ; de plus, que les points d'insertion fixe des muscles précédents doivent être maintenus au moyen des muscles *fixateurs* des points fixes ; enfin que l'action des muscles spéciaux doit, pour ne pas être brusque et saccadée, être contre-balancée par celle des muscles *modérateurs*, qui ne sont que leurs antagonistes.

Le rôle de chacun de ces muscles peut être expliqué, et l'on peut par des raisons mécaniques justifier la complexité des actes musculaires et sa nécessité pour la perfection des mouvements.

Nature de la coordination des mouvements, possibilité de son perfectionnement. — Il y a donc dans tout mouvement un groupe déterminé de muscles mis en jeu.

Ces associations de muscles qui se contractent simultanément ont reçu le nom de groupes synergiques ou de synergie.

Quand nous voulons exécuter un mouvement nous envoyons d'abord de nos centres nerveux un ordre ou une excitation qui chemine le long de la moelle et des conducteurs nerveux jusqu'aux muscles.

Ceux-ci n'entrent en contraction qu'un certain temps après que l'ordre émané du cerveau a été émis.

Cet ordre contient tout ce qui est relatif à l'intensité et à la direction du mouvement. Nous n'en sommes plus le maître quand nous l'avons donné. C'est pourquoi nous sommes étonnés quand, par hasard ou par méprise, nous n'avons pas bien calculé notre effort, soit que nous ne l'ayons pas mesuré à la résistance à vaincre, soit que nous en ayons mal dirigé l'action.

On connaît la surprise que cause la légèreté d'un objet en plâtre auquel on a donné habilement par la couleur, l'aspect du bronze, ainsi que l'absence d'une marche d'escalier que l'on s'attendait à rencontrer. Dans les deux cas on voit l'ordre précéder l'exécution du mouvement ; l'erreur précède encore cet ordre, elle consiste dans une fausse appréciation de l'effort ou de la nature du mouvement à exécuter.

Deux hommes qui se rencontrent nez à nez au coin d'une rue en cherchant à s'éviter, n'arrivent pas du premier coup à prendre chacun une direction latérale opposée : l'un des deux marcheurs voyant l'autre aller à sa droite, commande à ses muscles un mouvement à gauche et tout irait bien si le premier restait immobile ou continuait sa marche dans la première direction ; mais, instinctivement, avant que le second ait exécuté son mouvement, celui-là cherche à éviter son partenaire en se portant à sa gauche. Ils se rencontrent alors une et plusieurs fois encore, jusqu'à ce que l'un d'eux, attendant que le mouvement de l'autre soit bien esquissé, puisse décidément prendre la direction inverse et trouver le chemin libre.

L'excitation émanée des centres nerveux, probablement de parties déterminées de l'écorce cérébrale, chemine dans la moelle et prend différentes voies pour se répartir dans un nombre restreint de muscles.

Cette répartition est soumise à la volonté, et l'on peut exercer celle-ci aussi bien pour obtenir le relâchement des muscles utiles que la contraction de certains muscles inutiles.

Certains mouvements complexes nécessitent d'abord une attention soutenue puis, par la répétition fréquente, ils deviennent inconscients, presque automatiques.

C'est que l'excitation nerveuse qui suit toujours la même voie finit par s'y créer pour ainsi dire un chemin facile. Il se forme à la longue des associations des cellules nerveuses qui entrent en jeu simultanément. En définitive, à une association musculaire correspond une association nerveuse, une modification anatomique des centres nerveux, de sorte que la coordination des mouvements serait une véritable éducation de la moelle.

Cette association des cellules nerveuses de la moelle est rendue manifeste par les mouvements réflexes des animaux chez qui on supprime l'action des centres nerveux volontaires par la décapitation. Ce sont là des faits acquis, qui nous montrent que la gymnastique s'adresse tout autant au système nerveux qu'au système musculaire et peut perfectionner les fonctions de l'un et de l'autre.

Au début des exercices les mouvements sont incoordonnés; si l'on demande à l'élève un effort considérable, tous ses muscles entrent en contraction. S'il élève un poids lourd du bras droit, la main gauche se trouve crispée, la face contractée, la respiration arrêtée. Dans une suspension fléchie à une barre horizontale on voit les membres inférieurs raidis jusqu'aux orteils.

C'est qu'il y a diffusion dans la répartition de l'ordre ou de l'excitation centrale. La même confusion se produit dans le cas d'excitations morales violentes.

La volonté peut réglementer cette confusion, donner à l'excitation centrale la direction utile et empêcher ainsi les contractions inutiles de se produire.

Il y a donc possibilité de perfectionnement de la coordination, car toute contraction inutile est nuisible et toute coordination d'abord volontaire, finit par être définitivement acquise et constitue une synergie inconsciente qui n'a plus besoin du concours de la volonté.

On pourrait comparer les modifications qui se passent dans le système nerveux à une réglementation savante d'un réseau de lignes télégraphiques. La dépêche émanant du bureau central trouve en chemin des appareils surveillés, qui la dirigent vers la localité indiquée sans que le courant électrique se disperse dans le réseau général ou dans les fils voisins.

De même, chez un sujet coordonné l'excitation nerveuse centrale chemine le long des nerfs qui commandent aux muscles utiles à un mouvement donné, et rien que dans ces nerfs. Le perfectionnement peut aller même jusqu'à amener l'indépendance de deux ordres différents émis à la fois des centres moteurs.

Cette coordination acquise constitue un véritable perfectionnement physique. C'est d'elle que dépendent la précision et la sûreté dans les mouvements d'où résultent l'adresse et la souplesse ; de plus, le fait principal qui est la conséquence de cette répartition du travail des muscles, est une grande économie dans la somme du travail mécanique produit dans chacun des mouvements, la possibilité d'exécuter ces mouvements un plus grand nombre de fois et finalement le recul de la limite de résistance à la fatigue.

Limite du perfectionnement de la coordination des mouvements. Moyens propres à l'atteindre. — La coordination dans les mouvements ne s'obtient que lorsque l'on s'observe constamment pendant l'exécution des actes musculaires et si l'on a en soi les facultés nécessaires à en juger et à en corriger les défauts.

Ces facultés sont: d'abord un sens musculaire bien développé qui n'est qu'une forme particulière de la sensibilité générale. C'est grâce à lui que nous parvenons à estimer approximativement la valeur absolue d'un effort, le poids d'un objet placé dans la main, la différence entre les poids de deux objets placés dans chaque main.

Il nous indique aussi la position de nos membres.

On sait que les ataxiques, comme tous ceux qui ont perdu le sens musculaire, ne pourraient tenir correctement le bras à la position horizontale, sans le secours de la vue qui corrige à chaque instant les défauts d'exactitude du mouvement.

Mais la délicatesse du sens musculaire n'est pas suffisante ; il faut, pour faire une parfaite éducation de la moelle, des conditions d'organisation favorables et un développement suffisant des agents qui peuvent influer sur elle ; une délicatesse générale des sens ; l'intelligence qui fait connaître ce qu'il faut améliorer ; la volonté qui commande la persévérance dans la répétition des mêmes actes musculaires, répétition qui est une des conditions essentielles de modification.

La seule énumération de ces qualités nous montre que la limite à la coordination est liée à leur degré même de perfection, et nous voyons des sujets chez qui tout progrès dans ce sens est bientôt devenu impossible: ce sont ceux qui forment la classe nombreuse des lourdauds et des maladroits qui ne peuvent faire le moindre geste qui ne prête à la critique.

Quelques métiers spéciaux demandent un perfectionnement inouï dans la coordination de certains mouvements. Le jeu des instruments de musique est particulièrement remarquable, et l'on ne peut se défendre d'un mouvement d'admiration quand on analyse les phénomènes complexes qui se passent chez un violoniste, par exemple. L'image de caractères musicaux conventionnels commande par l'intermédiaire de l'œil les mouvements de l'archet et des doigts, et à chaque instant l'oreille vient contrôler le son émis par la corde, sous le rapport de la hauteur ou justesse, de l'intensité ou de la force, de la durée ou de la mesure, du timbre ou de la qualité de son.

Suivant que l'oreille est plus ou moins satisfaite, l'exécutant réagit en variant d'une façon presqu'insensible la longueur de la corde ou la pression de l'archet. Si l'on joint à cela les nuances générales qui constituent l'interprétation musicale, et l'obéissance avec laquelle l'artiste s'accommode au jeu de ses partenaires, on a là, je crois, un des exemples les plus complexes et les plus étonnants de coordination des mouvements qu'il soit possible de citer.

Ici comme ailleurs la limite à la perfection du mécanisme dépend de l'organisation, de l'intelligence et de la délicatesse des sens. La raideur des doigts n'est pas dans la main mais bien dans les centres nerveux, c'est en eux que se produit la modification réellement importante

Les équilibristes nous montrent aussi un frappant exemple de perfection de mouvements. Le sens musculaire d'une exquise délicatesse joint à une rapidité de coup d'œil et à une habitude acquise de relâcher leurs muscles font le fond de leur adresse étonnante.

Nous avons eu l'occasion de constater maintes fois à quels résultats une organisation rudimentaire pouvait arriver par la volonté et l'éducation. Un homme privé par la nature de ses membres postérieurs et supérieurs n'avait pour tout organe de préhension qu'un moignon de quelques centimètres. Nous l'avons vu pourtant, en se servant de sa joue comme pouce et de ce vestige de membre comme index, écrire d'une façon remarquable et exécuter des exercices d'adresse avec plus de perfection que certains sujets qui seraient en possession de leurs membres dans toute leur intégrité.

Ces faits ne manquent pas d'être consolants et pleins d'espérance pour les travailleurs.

Si tous ne peuvent prétendre à une perfection de la coordination des mouvements, cependant il n'y a pas que la nature du sujet qui détermine la limite de cette coordination.

Le jeune âge est particulièrement favorable à toutes les modifications du système nerveux. La connaissance bien définie des mouvements en assure la bonne exécution et hâte la coordination : il y a plus de facilité à exécuter les mouvements symétriques de ceux que l'on sait déjà faire. On écrira par exemple de la main gauche, mais en caractères symétriques à ceux que l'on trace de la main droite.

Enfin, la gymnastique générale assouplissant le corps, favorise la spécialisation à un nouvel exercice musculaire quelconque.

Le perfectionnement de la coordination dans les mouvements s'obtiendra dans tous les cas par la répétition lente d'actes musculaires simples ; jamais on ne devra dépasser le rythme pour lequel la souplesse cesse et la raideur commence, de plus cette répétition devra être très fréquente.

C'est pourquoi il faut attacher la plus grande importance à la correction des mouvements. La leçon de plancher n'est efficace qu'à la condition d'être bien définie et d'être exécutée avec la correction la plus absolue. C'est alors que sa difficulté, sa beauté et son utilité deviennent indiscutables.

Il y a autant de coordinations spéciales qu'il y a de métiers manuels ; toutes sont le résultat de l'accomodation du système nerveux à quelques mouvements déterminés, toutes s'obtiennent par la répétition et par une éducation spéciale.

On peut affirmer qu'au bout d'un certain temps le résultat de ces coordinations consiste en ce que chaque sujet trouve la meilleure manière d'exécuter son travail musculaire avec la plus grande économie de force possible pour son organisation.

Puisque les mouvements de la respiration sont sous la dépendance de la volonté on peut les régler et en modifier le rythme et l'amplitude. En cherchant à substituer de grandes inspirations lentes aux petites inspirations fréquentes on peut ainsi hâter les modifications persistantes que nous avons vu se produire spontanément chez les coureurs.

On évite ainsi l'effort et l'essoufflement et on augmente la résistance à la marche, à la course, au grimper, à la natation et en général à tous les exercices musculaires violents qui amènent si l'on n'y prend garde des troubles dans la respiration et corrélativement dans la circulation du sang.

Nous ne saurions trop appuyer sur cette gymnastique respiratoire que des auteurs comme M. le Dr Dally ont préconisée dans toutes leurs publications et considérée à juste raison comme un des plus grands bienfaits des exercices corporels.

DE LA CONSTATATION DES RÉSULTATS

DE L'ÉDUCATION PHYSIQUE AU MOYEN DES MENSURATIONS

MENSURATION DU THORAX

On a toujours considéré à juste raison l'ampliation de la poitrine ou du thorax comme une des modifications persistantes les plus essentielles à produire dans la structure des gymnastes. En effet le résultat immédiat de cette augmentation dans les dimensions de la poitrine est l'accroissement du volume d'air que l'on peut faire pénétrer dans les poumons dans une inspiration, ou de ce que l'on appelle la capacité pulmonaire. Cette capacité pulmonaire subit de très grandes altérations à la suite d'accidents qui modifient l'état du poumon ou le mécanisme de la respiration; aussi peut-on assurer que sa mesure donne des renseignements exacts sur l'état des organes respiratoires.

Nous avons longuement insisté, dans nos leçons sur l'*Éducation physique* (1), sur le mécanisme de la dilatation thoracique et sur la valeur relative des attitudes et des mouvements usités dans les gymnases au point de vue de cette dilatation. Nous avons montré l'importance de la fixation de l'épaule en arrière et des redressements des courbures de la colonne vertébrale.

Nous allons ici nous occuper des moyens de constater les résultats obtenus au moyen des mensurations.

Les mensurations ou mesures de la poitrine sont extérieures ou intérieures :

Les mesures extérieures ont pour but de se rendre compte de la forme et des dimensions de la cage thoracique ainsi que de l'accroissement absolu de ces dimensions pendant les mouvements respiratoires.

Le ruban gradué peut servir à mesurer la hauteur du sternum et les circonférences supérieure et inférieure de la poitrine.

Mais ces dernières sont tellement influencées par les masses musculaires qui recouvrent le thorax, qu'il faut se méfier de leurs indications; il est même préférable de leur substituer la mesure des diamètres thoraciques, au moyen d'un compas d'épaisseur analogue à ceux dont se servent les sculpteurs et

(1) *Bulletin du Cercle de gymnastique rationnelle. Leçons sur l'Éducation physique.*

qui permet de mesurer exactement les diamètres importants de la cage thoracique, c'est-à-dire le diamètre antéro-postérieur et le diamètre transverse. Le rapport de ces deux diamètres appartenant à une même section du thorax est appelé quelquefois *Indice thoracique* par les auteurs et donne une idée de la forme du thorax. Il ne faut pas oublier de faire ces mesures en double, c'est-à-dire dans le moment de l'expiration la plus complète, ce qui donne une valeur minimum, et dans celui de l'inspiration la plus ample possible, ce qui donne un chiffre maximum. Le chiffre moyen peut être pris approximativement pour la valeur des dimensions du squelette de la poitrine à l'état de repos, et la différence entre les chiffres extrêmes donne une idée de l'amplitude des mouvements respiratoires.

Dans un thorax bien conformé le diamètre transverse l'emporte sur le diamètre antéro-postérieur et le rapport du second au premier est environ celui de 5 à 7. Le diamètre transverse correspond au développement des poumons, aussi ce développement est-il important à mesurer. On le trouve médiocre chez les sujets qui ont une poitrine bombée et aplatie latéralement; cette forme du thorax dans lequel le diamètre antéro-postérieur égale ou l'emporte même sur le diamètre transverse a reçu communément le nom de poitrine *de poulet* et est un des mauvais types de conformation thoracique.

Les différences qui existent entre les dimensions des thorax de sujets adultes en bon état de santé sont assez minimes. Le diamètre antéro-postérieur pris au niveau de l'appendice xiphoïde mesure environ 20 à 22 centimètres dans l'inspiration maximum et 18 à 20 dans l'expiration. Le diamètre transverse maximum pris à un niveau inférieur et avec les précautions particulières sur lesquelles nous insistons ci-après, mesure de 28 à 32 centimètres dans l'inspiration et de 24 à 29 centimètres dans l'expiration.

Les modifications qui se produisent dans les dimensions de la poitrine d'un même individu sont encore plus difficiles à constater, aussi faut-il bien se mettre en garde contre les erreurs de mesure venant de l'accroissement de volume des muscles.

On aura soin d'abord de mesurer les diamètres thoraciques en des sections homologues du thorax, afin de rendre les résultats comparables entre eux. Pour le diamètre antéropostérieur on appuiera une pointe du compas contre l'extrémité du sternum appelée appendice xiphoïde et l'autre pointe à l'épine de la vertèbre dorsale qui lui correspond dans un plan horizontal. Pour le diamètre transverse on choisira celui qui correspond à ce même plan horizontal ou bien ce qui est quelquefois plus commode, le diamètre transverse maximum situé à un niveau inférieur un peu au-dessus des fausses côtes. On appuiera les pointes du compas sur deux côtes correspondantes, en les rapprochant le plus près possible du corps même de ces côtes que l'on sentira à travers les téguments. Cette observation est surtout importante dans le cas où le sujet à mesurer est gras. Nous avons construit à cet effet un *compas thoracique* dont les pointes mousses sont en ivoire. L'une de ces pointes est fixée directement à la branche du compas, l'autre est portée par une tige à ressort qui glisse à volonté dans un tube portant un index repéré. Cette disposition permet de retirer facilement le compas sans l'ouvrir et pourtant sans blesser le sujet en expérience ni nuire à l'exactitude de la mensuration.

L'élasticité du ressort force la tige qui porte le bouton d'ivoire à s'appuyer constamment contre la poitrine et néanmoins laisse à cette tige le jeu nécessaire aux mouvements respiratoires. La course de cette tige mesure ainsi l'augmentation des diamètres du thorax pendant l'inspiration.

Au moyen de ces instruments de mesure, on constate immédiatement sur des gymnastes bien éduqués, que la modification la plus manifeste et sans contredit la plus importante est l'augmentation de l'amplitude des mouvements respiratoires. Tous les mouvements d'élévation des bras et surtout la suspension allongée comme nous l'avons déjà expliqué longuement ont une influence convenable sur la dilatation thoracique, et par la répétition fréquente ils donnent aux articulations des côtes une élasticité qu'elles sont loin d'avoir chez les personnes qui ne pratiquent point ces exercices. Grâce à l'amplitude du mouvement d'élévation des côtes obtenue par des exercices particuliers, grâce aussi au développement des muscles inspirateurs, les mouvements respiratoires peuvent devenir plus larges et la quantité d'air introduite dans le poumon à chaque inspiration peut augmenter considérablement. On voit alors diminuer la fréquence des mouvements respiratoires, à mesure que leur amplitude s'accroît, et la ventilation ou le renouvellement de l'air dans les poumons s'effectuer d'une façon beaucoup plus complète. Ces modifications dans la respiration des hommes entraînés avait été signalée depuis longtemps par M. Marey, qui en avait fait l'objet d'une note à l'Académie des sciences.

Comme les mouvements respiratoires sont sous la dépendance de la volonté, on peut par la pratique devenue habitude, hâter ces modifications importantes chez les jeunes sujets. Il suffira de lutter volontairement contre l'essoufflement en faisant des inspirations très larges et peu fréquentes, 15 à

18 environ à la minute. Dans la marche et dans la course, nous conseillons de les faire coïncider avec le rythme de l'allure, et si ce rythme est vif, d'exécuter l'inspiration en deux fois, de sorte que le nombre des demi-pas soit le double des mouvements respiratoires.

Les mesures du thorax contenues dans le tableau suivant, montrent bien que l'éducation de la respiration et que les exercices musculaires ont une influence beaucoup plus marquée sur l'amplitude des mouvements de dilatation du thorax que sur l'accroissement des dimensions de celui-ci à l'état de repos. On peut constater aussi que la capacité pulmonaire est directement liée à cette ampliation du thorax pendant l'inspiration, aussi bien par l'accroissement de ses diamètres que par l'accroissement beaucoup plus complexe de sa circonférence. La mesure de ces accroissements est donc beaucoup plus intéressante que la mesure absolue des dimensions thoraciques à l'état de repos.

En résumé, l'accroissement de la capacité pulmonaire est donc bien due à l'accroissement d'amplitude des mouvements inspiratoires; ces mouvements sont accrus par le jeu donné par certains exercices à l'articulation des côtes et par la puissance des muscles inspirateurs qui se développent dans les pratiques gymnastiques.

Les mesures précédentes peuvent déjà donner une idée du mode d'accroissement de la capacité pulmonaire. Il est cependant utile de mesurer directement celle-ci au moyen de procédés qui constituent les mesures intérieures du thorax et qui portent le nom de spirométrie.

DE LA SPIROMÉTRIE PRATIQUE

La spirométrie est la mesure du volume maximum d'air introduit dans les poumons d'un individu, après une grande inspiration. Ce volume, mesuré sous la pression atmosphérique, est égal à l'accroissement du volume du thorax produit par l'élévation des côtes et l'abaissement du diaphragme. L'intérêt de cette mesure est assez grand et est fondé sur cette observation : que les échanges des gaz entre l'air et le sang varient très probablement dans le même sens que le volume d'air inspiré, de telle sorte que la recherche de la capacité pulmonaire d'un homme peut, quand elle est entourée de certaines précautions, donner des indications certaines sur l'état des organes respiratoires et montrer si le sujet en expérience, dans le cas de l'éducation physique, par exemple, a bénéficié ou souffert du régime qu'on lui fait suivre.

On a fait beaucoup de spiromètres différents, mais ils ont

CERCLE
DE GYMNASTIQUE RATIONNELLE
FEUILLE DE MENSURATIONS

DATE de la mensuration	NOMS	PROFESSION	AGE	TAILLE	LONGUEUR du membre inférieur	cuisse	jambe	pied	POIDS	Hauteur du centre de gravité au-dessus du sol	Circonférence thoracique inférieure Exp.	Insp.	LONGUEUR du sternum	Diamètre antéro-post. Insp.	Exp.	transverse Insp.	Exp.	CAPACITÉ PULMONAIRE maximum	OBSERVATIONS sur le tempérament, la force et le développement musculaires, etc.
juin 85	DEMENY	professeur	35	1 60	0 88	38 5	49 5	0 25	k 61	0 945	0 83	0 87	0 19	0 22	0 19	0 283	0 24	lit. 4 5	
24 juin 85	OTTO LUND	mécanicien	39.5	1 63	0 85	0 35	0 50	0 27	88	—	0 75	0 81	0 18	0 217	0 193	0 282	0 255	4 75	
»	A. PASSERIEU	comptable	36	1 70	0 90	0 43	0 47	0 26	80	—	0 89	0 91	—	0 22	0 90	0 253	0 24	3 »	
»	CLAISSE Victor	piqueur, chem. de fer de l'est	25	1 70	0 90	43 5	46 5	0 25	0 35	—	0 79	0 83	—	0 23	0 20	0 27	0 25	5 »	
28 juin 85	CLAISSE Henry	employé au minist. de Paris	22.5	1 07	0 88	0 38	0 50	0 23	0 35	—	0 82	0 90	—	0 23	0 21	0 26	0 25	5 4	
	Henri BILAND	comptable	31	1 73	0 89	43 5	45 5	0 26	0 35	—	0 87	0 91	—	0 22	0 185	0 30	0 285	4 5	
	DESSEILLE Benjamin	dᵒ	33	1 77	0 93	0 48	0 55	0 27	0 35	—	0 84	0 92	—	0 23	0 19	0 29	0 27	6 »	
août	MEUNIER Fernand	architecte	20	1 80	0 94	0 49	0 51	0 28	70	—	0 92	0 99	—	0 21	0 185	0 32	0 29	5 5	
»	GUYOT Charles	repré. de fabrique (Dom)	22	1 64	0 84	0 41	0 43	0 26	70	—	0 82	0 89	—	0 235	0 185	0 29	0 27	4 75	
»	VIALA	adjud. à l'école de gymnast.	24	1 70	0 90	0 43	0 47	0 27	70	—	0 88	0 93	0 20	0 23	0 18	0 31	0 28	5 »	circonf. cuisse, 0.55, mollet, 0.35.
»	GRATIEN	sergent-major, id.	24	1 63	0 86	41 5	44 5	0 27	70	—	» 1 »	0 21	0 23	»	0 345	0 32	4 50		circonf. cuisse, 0.50, mollet. 0.38
26 7bre 85	BROCHET	employé de banque	17	1 55	0 83	11 5	0 43	0 23			0 66	0 71	0 10	0 185	0 10	0 24	0 23	3 50	sec, maigre, membres très minces.

La longueur du membre inférieur a été prise sur le sujet debout. Puis le grand trochanter du fémur jusqu'à terre.
La longueur de la jambe, comprend aussi la hauteur du pied.

presque toujours un organe essentiel commun, un réservoir étanche qui sert à recueillir l'air expiré et à en mesurer le volume directement sous la pression atmosphérique. C'est dans ce but que l'on emploie les cloches équilibrées, les vessies de caoutchouc, etc.

La construction de ces instruments est assez délicate, assez coûteuse et de dérangement facile. Pour obvier à ces inconvénients des spiromètres courants, nous avons adopté une disposition plus simple qui nous a été conseillée par M. Marey et qui fait partie du matériel de la station physiologique.

Ce spiromètre se compose d'un grand réservoir en fer de 330 litres environ, à parois solides, dans lequel on insuffle l'air expiré au moyen d'un tube de caoutchouc garni d'une embouchure de verre rodé. On choisit un tube de diamètre au moins égal à celui de la trachée, afin de ne pas créer d'obstacle au passage de l'air expiré de la poitrine dans le récipient et de ne pas changer le rythme respiratoire.

La pression intérieure monte, sous l'influence de l'expiration, de quelques centimètres d'eau; un manomètre à air libre fait connaître cet accroissement de pression.

Si l'on prend soin de graduer expérimentalement ce manomètre, en injectant dans le récipient 1, 2, 3, 4, 5... litres d'air et en marquant la hauteur de l'eau correspondant à chaque nouveau litre introduit, on pourra lire facilement le volume d'air injecté, en regard de la pression manométrique correspondante.

Ce spiromètre est très facile à construire, fort peu coûteux; un tonneau quelconque peut servir à sa confection, pourvu qu'il soit étanche. S'il a le défaut de mesurer l'air expiré sous une pression supérieure à la pression atmosphérique, cet inconvénient diminue lorsque l'on prend un tonneau suffisamment grand. Il suffit que pour 5 litres introduits, la pression ne dépasse pas 20 centimètres d'eau. Le spiromètre ainsi construit peut rendre de bons services dans les écoles où l'on voudrait établir des moyennes de la capacité respiratoire des enfants et constater les modifications de cette capacité respiratoire par suite de l'éducation physique qu'on leur fait subir.

Mais il faut bien remarquer que l'homme ou l'enfant que l'on fait expirer dans un spiromètre, ne donne pas d'emblée un chiffre constant qui représenterait sa capacité réelle, il donne toujours un chiffre inférieur à cette capacité. Cela tient à ce qu'il ne sait pas d'abord exécuter les actes musculaires de l'inspiration dans toute leur plénitude, il ne sait pas non plus contenir dans ses poumons tout l'air inspiré. Il en perd une partie d'abord en portant l'embouchure du spiromètre à ses

lèvres et ensuite pendant l'insufflation ; de plus au lieu
d'expirer sans effort, la glotte largement ouverte, il serre la
gorge et les lèvres, il se fatigue inutilement et, pour ces
raisons multiples, ne rejette pas tout l'air que ses poumons
auraient pu contenir après une inspiration maximum.

Ce sont pourtant les chiffres maxima de capacité pulmonaire
qu'il faut prendre comme chiffres vrais ; on ne peut, en effet,
rejeter hors de la poitrine plus d'air qu'elle ne contient, à
la condition, bien entendu, de ne pas inspirer par le nez à la
manière des émailleurs et des orfèvres qui se servent du cha-
lumeau ; mais on peut en rejeter une plus faible partie. Aussi
est-ce sur des chiffres maxima qu'il faut établir une moyenne
pour qu'elle ait quelque valeur et lorsque le sujet en expérience aura contracté une habitude suffisante de l'instrument.
Il n'est pas nécessaire de lui faire rejeter totalement et en une
fois tout le volume de l'air inspiré, il ne faut pas non plus
faire durer l'expiration trop longtemps. Celle-ci doit être
naturelle, continue et exécutée dans l'attitude debout en ayant
soin de placer l'instrument de façon à ce que l'embouchure
soit à la hauteur de la bouche et en desserrant les vêtements
qui pourraient empêcher la dilatation thoracique.

La quantité d'air inspiré dépend surtout de la facilité avec
laquelle le sujet peut dilater son thorax, c'est-à-dire de la
puissance des muscles inspirateurs et de la mobilité des côtes.
Les exercices inspiratoires souvent répétés amènent à un
résultat très satisfaisant. Il en est de même de la course et des
suspensions allongées exécutées avec persévérance.

Nous avons vu que les modifications dans le rythme respiratoire sont toujours à l'inverse de l'augmentation de capacité
pulmonaire. Plus le sujet respire largement, moins il a besoin
de faire de mouvements inspiratoires, plus est complète la
ventilation du poumon. Il est important de ne pas séparer
l'étude du rythme respiratoire du sujet de l'étude des modifications de sa capacité pulmonaire. Et le spiromètre précédent se
prête justement bien à ce mode de recherches.

Le récipient est assez vaste pour que l'on y puisse impunément
faire quelques inspirations et expirations et varier ainsi
la pression intérieure. Le manomètre oscille alors en suivant
le rythme respiratoire et les mouvements de l'air inspiré et
expiré. Mais il est beaucoup plus précis d'inscrire ces variations de pression de l'air au moyen des appareils enregistreurs
usités, et de conserver des tracés comparables qui donnent les éléments de la respiration du sujet au moment de
l'expérience.

On peut ainsi constater et mesurer les variations qui se produisent dans la respiration chez les différents sujets qui s'en-

12

traînent à la course et en même temps connaître le volume de l'air qu'ils inspirent.

Ces données sont des plus importantes au sujet de l'éducation des coureurs et permettent d'établir des lois qui dirigent cette éducation et hâtent ainsi, au moyen de l'intervention volontaire, les résultats utiles qui se produiraient peut-être fatalement et spontanément chez, tous mais dans un délai beaucoup plus reculé.

MESURES DIVERSES

QUI INTÉRESSENT L'ÉTUDE DE LA LOCOMOTION

Il est encore quelques mesures qu'il est intéressant de prendre sur les sujets dont on étudie la locomotion; ces mesures que nous résumons dans le tableau suivant consistent dans la taille et la longueur des segments des membres, le poids du corps, la hauteur du centre de gravité au-dessus du sol, que l'on obtient en plaçant l'homme en équilibre sur une planche horizontale oscillante.

Les observations sur le tempéramment, la force et le développement musculaire des sujets, quoique peut-être moins importantes, ne sont certainement pas à dédaigner, surtout quand elles offrent des particularités intéressantes. Nous n'avons rien à ajouter à ce que tous savent déjà sur ce sujet. Ces dernières mesures sont nécessaires pour établir ce qui constitue effectivement la supériorité dans l'organisation de l'homme au point de vue de la locomotion proprement dite : marche, course, saut, et des locomotions particulières, comme le grimper, la natation, etc. Nous prions le lecteur de se reporter à nos travaux spéciaux sur la locomotion où l'application de ces mesures a été tentée, mais nous l'avertissons que le dernier mot en ces matières n'a pas encore été donné, car il dépend de la solution complète des problèmes les plus difficiles de la Mécanique animale.

TABLE DES MATIÈRES
DU 1er FASCICULE

DEUXIÈME PARTIE

TROISIÈME PARTIE

MODIFICATIONS & ERRATA

PREMIÈRE PARTIE

P.   8, ligne 24, *lire* : des empiriques, *au lieu* : des empiristes.

P. 12, ligne 29, *lire* : à cet égard il faut pourtant faire quelques réserves dont il sera parlé plus loin.

P. 17, ligne 7, *après* absorption, *ajouter* : la circulation ou distribution à tout l'organisme des matériaux de nutrition contenus dans le sang.

P. 24, ligne 7, *lire* : radio-carpienne, *au lieu de* : radio-cubitale.

P. 25, ligne 35, *lire* : en considérant les muscles comme des organes de mouvement, les os comme des organes de transmission de mouvement et de protection.

P. 26, ligne 17, *lire* : constituent un organe de préhension.

P. 31, ligne 10, *lire* : les mouvements de torsion de la colonne vertébrale ne sont considérables qu'à la région cervicale, etc.

P. 31, ligne 26, *lire* : le plan de leur surface frottante presque horizontal, etc.

P. 32, ligne 2, *lire* : et abdominaux et d'organe moteur pour la respiration.

P. 32, ligne 6, *lire* : *épaule et membre supérieur.*

P. 32, ligne 23, *ajouter* : l'extrémité inférieure du radius est fragile, car il est formé de tissu spongieux.

P. 32, ligne 29, *lire* : de sa main.

P. 32, ligne 32, *lire* : était souvent mieux partagé que lui.

P. 32, ligne 33, *lire* : bassin et membre inférieur.

P. 33, ligne 4, *lire* : qui nous révèlent.

P. 33, ligne 24, *lire* : à un membre par rapport au tronc.

P. 34, ligne 11, *lire* : 45°, *au lieu de* : 180°.

P. 34, ligne 44, *lire* : mouvement de circumduction du pied.

P. 35, ligne 3. *Remarque* : ce qu'on appelle flexion du pied, est un mouvement analogue à l'extension de la main.

P. 35, ligne 35, *Remarque* : pour maintenir en rapport une surface articulaire, le système ligamenteux est toujours développé à l'inverse du système musculaire.

P 36, ligne 6, *lire* : n'étant plus nécessaire, la fibre rouge diminue.

P. 36, ligne 21, *lire* : unis par des tendons et contenus dans la même gaine fibreuse.

P. 36, ligne 40 : Dans l'intensité de l'effet de la contraction.

P. 38, ligne 9, *lire* : les jumeaux de la jambe.

P. 39. *Remarque sur le mouvement d'élévation sur la pointe des pieds* : Le mouvement a lieu, il est vrai, dans cette position, mais l'équilibre n'est possible que si la ligne de gravité passe par la base de la sustentation représentée par l'extrémité des orteils. Alors, on voit que le système en équilibre, pied et tibia, sous l'action des muscles extenseurs du pied et la nature du sol, constitue un levier du premier genre, dont le centre de rotation est en B, c'est-à-dire à l'articulation du pied, et non pas à l'extrémité des orteils, comme on a l'habitude de la considérer.

P. 43, ligne 28, *lire* : dans l'un et dans l'autre de ces mouvements.

P. 44, ligne 16, *lire* : qui sont supinateur et pronateur indépendants.

P. 44, ligne 18, *lire* : de dévisser un écrou avec la main droite.

P. 45, ligne 35, *lire* : verticale de bas en haut.

P. 47, ligne 19, *lire* : c'est ainsi que les mouvements, etc.

P. 49, ligne 6, *lire* : c'est ce qui arrive au plus haut degré dans l'effort, lorsqu'on, etc.

P. 49, ligne 19, *lire* : expiration forte et prolongée sans issue d'air.

P. 49, ligne 23, *lire* : de la circulation veineuse, pulmonaire et cérébrale.

P. 49, ligne 43, *lire : de la circulation veineuse et pulmonaire.*

P. 50, ligne 18, *Remarque* : Le ralentissement du cœur qui suit la cessation de l'effort, peut s'expliquer par la tendance à l'uniformité du travail du cœur.

P. 50, ligne 30. La dilatation du cœur droit est manifeste chez tous ceux qui abusent de l'effort ; aussi conseillons-nous de cesser progressivement l'effort pour arrêter la rentrée trop brusque du sang veineux au cœur droit.

P. 51, ligne 1, *lire* : l'expiration peut devenir.

P. 55, ligne 28, *Remarque* : la base du crâne se brise souvent dans cette circonstance.

P. 58, ligne 13, *lire* : il s'accélère sous l'influence de l'exercice du corps dans l'état fébrile.

P. 58, ligne 27, *lire* : qui d'abord mou, durcit et se contracte.

P. 58, ligne 30, *lire* : est dû à la tension des parois des ventricules et des valvules, etc.

P. 58, ligne 31, *lire* : le second bruit, plus bref, correspond au temps, etc.

P. 59, ligne 10, *lire* : ralentissement des battements, etc.

P. 59, ligne 12, *lire* : ralentissent et peuvent arrêter, etc.

P. 59, ligne 35, *lire* : font contracter.

DEUXIÈME PARTIE

P. 62, ligne 2, *lire* : en trois grands groupes.

P. 68, ligne 13, *lire* : tangentes communes.

P. 68, ligne 38, *lire* : l'effort musculaire peut maintenir l'équilibre.

P. 71, ligne 21, *lire* : sur le côté gauche.

P. 74, ligne 8, *lire* : pendant que les rotateurs.

P. 78, ligne 25, *Remarque* : peut-être, dans les mouvements à l'appui fléchi, dits à fond, les pectoraux sont-ils étirés avantageusement pour la nutrition complète de la fibre musculaire.

P. 80, ligne 6, *lire* : la vitesse relative à la masse de chaque segment.

P. 82, ligne 22, *ajouter* : les trapèzes.

P. 96, ligne 24, *lire* : par la résistance.

P. 97, ligne 28, *lire :* avec une grande intensité.
P. 98, ligne 24, *lire :* du premier genre.
P. 98, ligne 31, *lire :* soit sur une verticale.
P. 99, ligne 31, *lire :* dans la même oscillation.
P. 102, ligne 29, *ajouter :* la coordination des mouvements.
P. 105, ligne 5, *lire :* on voit aussitôt.
P. 106, ligne 18, *lire :* par la difficulté.
P. 109, ligne 2, *lire :* à l'oscillation sensiblement isochrone.
P. 109, ligne 2, *lire :* des éléments énoncés du pas.
P. 110, ligne 35, *lire :* pour s'embarquer sur des bateaux.
P. 112, ligne 18, *lire :* mouvement de rotation.
P. 112, ligne 26, *lire :* l'exagération de l'inclinaison.
P. 113, ligne 32, *lire :* au-dessus du pied gauche.
P. 114, ligne 37, *lire :* la durée de l'appui diminue.
P. 114, ligne 39, *lire :* légèrement fléchie et qui s'étend ensuite au maximum.
P. 115, ligne 25, *lire :* au moment extrême des oscillations.
P. 115, ligne 39, *lire :* l'angle de frottement limite la rotation de la jambe.
P. 118, ligne 33, *lire :* il s'élève verticalement.
P. 121, ligne 24, *Remarque :* l'inclinaison influe sur la longueur et la hauteur du saut.
P. 121, ligne 25, *lire :* la hauteur à l'élévation n'est pas la même.
P. 123, ligne 5, *lire :* de l'étude.
P. 126, ligne 19, *lire :* à son point d'appui.
P. 126, ligne 21, *lire :* les extenseurs des jambes.
P. 127, ligne 5, *lire :* mouvements de plancher.
P. 128, ligne 44, *lire :* les mouvements dominant.

Le Mans. — Typographie Ed. Monnoyer.

.

www.ingramcontent.com/pod-product-compliance
Lightning Source LLC
Chambersburg PA
CBHW071956090426
42740CB00011B/1965